KOSMOS – Discover Global Affairs

MInter Group s.r.l.
Collana di libri di Geopolitica

Direttore Scientifico
Michele Pavan

Coordinamento Editoriale
Kaitlyn Elizabeth Rabe

Progettazione grafica e impaginazione
Federico Danesi

Con il contributo di Mondo Internazionale APS, Special Eurasia
ed Opinio Juris

ISBN: 9798386778521

KOSMOS

Discover Global Affairs

INDICE

AFRICA

RUSSIA E ASIA CENTRALE

MEDIO ORIENTE

America Settentrionale

Il Triangolo Geopolitico dell'Artico

Matteo Gabutti – Autore, Mondo Internazionale Post "Legge e Società"

Abstract

Il valore geopolitico dell'Artico si fonda su ingenti risorse naturali e rotte navali potenzialmente strategiche, ma gli effetti del cambiamento climatico ne amplificano rischi e opportunità. Tale situazione cattura un'attenzione sempre crescente da parte di Paesi artici e non. Dalla prospettiva di Washington, il profilarsi di un triangolo geopolitico d'interessi e tensioni contrastanti con Mosca e Pechino rappresenta una potenziale minaccia alla propria sicurezza, nonché alla stabilità dell'ordine mondiale a guida statunitense.

Parole chiave: Artico, triangolo geopolitico, cambiamento climatico, Stati Uniti, Russia, Cina

Keywords: Arctic, geopolitical triangle, climate change, United States, Russia, China

I.   Introduzione

Hic sunt dracones. In un moderno planisfero, la leggendaria locuzione adoperata per indicare un territorio selvaggio e inesplorato non compare. Vi è tuttavia un'area che spesso non viene raffigurata con le altre terre emerse. Il motivo risiede nel fatto che di terra non ne ospita, ma solo ghiaccio circondato dal mare. Perciò l'Artide non può considerarsi un continente alla pari dell'Antartide, ma tuttalpiù un "continente liquido", appellativo riservato dallo storico Fernand Braudel al Mediterraneo. Proprio come il *mare nostrum* in età romana, l'Oceano Artico rappresenta il punto di contatto tra tre continenti e ha il potenziale di acquisire un'importanza strategica fondamentale. La regione è infatti al contempo vittima e motore degli effetti dirompenti dell'emergenza climatica, che ne fanno già adesso la "nuova frontiera delle rivalità geopolitiche" (Haski, 2021).

II.   Cambiamento climatico: rischi e opportunità

Nell'Artico gli effetti del cambiamento climatico - "moltiplicatore di crisi e di minacce" (NATO, 2022) – si stanno manifestando a un tasso tre volte più rapido rispetto al resto del pianeta (Maddox, 2021). La singola dinamica più impattante riguarda la riduzione e l'assottigliamento del ghiaccio della calotta polare. A settembre 2022, l'estensione di mare ghiacciato ha raggiunto una media mensile minima inferiore di quasi il 25% rispetto a quella mediamente registrata dal 1981 al 2010, a conferma di una tendenza decennale. Inoltre, il ghiaccio pluriennale risulta dimezzato rispetto agli anni '80 e '90, con la conseguente proliferazione di polinie – aree di acqua marina circondate dalla banchisa (SIPN[2], 2022). Al suo posto, il ben più sottile ghiaccio stagionale, che avvicinerebbe la prima estate in cui l'Artico sarà completamente liquido tra il 2030 e il 2040 (Peng, 2020).

Altri punti critici che rischiano di scatenare effetti domino planetari includono lo scioglimento della calotta della Groenlandia, che per via dell'acqua dolce rilasciata nell'Oceano minaccia ripercussioni drammatiche sull'innalzamento del livello globale del mare e sul collasso della corrente del Golfo, con severi danni collaterali all'Europa. Il disgelo del permafrost in Alaska e Russia, d'altro canto, rilascerebbe biossido di carbonio e metano, oltre a virus, batteri e quantità potenzialmente nocive di radon e mercurio. Sul lungo termine, poi, la perdita di ghiaccio con il conseguente indebolimento dell'effetto albedo intensifica drasticamente il riscaldamento globale. Infine, tutti questi fattori non fanno che incrementare la probabilità di eventi potenzialmente catastrofici per i Paesi artici, tra cui alluvioni, incendi e tsunami (Maddox, 2021).

Ciononostante, il cambiamento climatico offre anche ricche opportunità. Innanzitutto, il ritiro del ghiaccio amplia l'accessibilità delle acque polari, espandendo tempi e spazi di navigazione. Il numero di navi entrate nell'Artico tra il 2013 e il 2019, infatti, è aumentato di un quarto, e la distanza percorsa addirittura del 75% (Arctic Council, 2021). In particolare, stanno emergendo tre potenziali scorciatoie attraverso il mare cui si affacciano America, Asia ed Europa. La prima è il Passaggio a Nord-Ovest lungo la costa settentrionale del Canada, penalizzata però dalla concentrazione di ghiaccio spesso e dalla moltitudine d'isole. La seconda coincide con la Northern Sea Route (NSR) a seguire il profilo della Federazione Russa dal Mare di Kara allo Stretto di Bering, la via verosimilmente più promettente che il Cremlino ha già descritto come una valida alternativa ai Canali di Suez e di Panama, nonostante le difficoltà pratiche odierne (Arena, 2022). Infine, vi sarebbe anche un'ipotetica rotta transpolare, che verrebbe aperta una volta ridottasi sufficientemente la calotta artica.

Inoltre, lo scioglimento del ghiaccio faciliterebbe la ricerca e l'estrazione delle copiose risorse di cui l'Artico dispone. Stando alla US Geological Survey del 2008, infatti, si stima che la regione ospiti intorno al 13% delle risorse petrolifere convenzionali non ancora scoperte al mondo e circa il 30% di quelle di gas naturale, l'84% delle quali in alto mare (USGS, 2008). Per di più, l'Artico pullula di minerali come rame, oro, diamanti, piombo e platino. In particolare, in Russia e Groenlandia vi sarebbero importanti depositi di terre rare, essenziali per la transizione ecologica e per prodotti d'alta tecnologia. Infine, l'aumento delle temperature marine ha favorito l'estensione verso nord degli habitat di pesci commercialmente rilevanti come merluzzi ed eglefini, attirando nell'Artico flotte pescherecce di ogni bandiera (Meredith, 2019).

III.   Trattati e intese internazionali

Per stabilire l'appartenenza di tali risorse, il riferimento è la Convenzione ONU sul diritto del mare (UNCLOS), un trattato internazionale del 1982 con 168 Parti contraenti (United Nations, 2023). In base all'accordo, uno Stato litorale gode del diritto di sfruttamento unico di tutte le risorse naturali presenti nella propria zona economica esclusiva (ZEE) – fino a 200 miglia nautiche dalla costa –, ed esercita la sovranità su quelle non viventi situate entro la propria piattaforma continentale. Inoltre, se quest'ultima eccede la ZEE, lo Stato può tentare di estendere i propri diritti fino a un massimo di 350 miglia nautiche raccogliendo e presentando un rapporto alla Commissione sui limiti della piattaforma continentale. Infine, al di là vi sono le acque internazionali, dove tutti i Paesi hanno diritto di navigazione, sorvolo, pesca, ricerca scientifica…

La topografia del fondale dell'Artico si presta particolarmente a dispute territoriali. Per esempio, la dorsale Lomonosov, che divide l'Artico attraverso il Polo Nord, è contesa tra Canada, Danimarca e Russia (Henriques, 2020). Ottawa gode dell'alleanza privilegiata con Washington, con cui coopera, *inter alia*, attraverso il NORAD, un'organizzazione bilaterale atta al controllo dello spazio aereo e marittimo per la difesa del Nord America. Quanto a Copenaghen, le sue pretese territoriali si giustificano con la Groenlandia, isola autonoma e indipendentista ma proprietà *de iure* della Corona danese. Mosca, infine, è la capitale con le maggiori aspirazioni espansionistiche nell'Artico, nonostante l'opposizione statunitense. Quest'ultima, tuttavia, è azzoppata dalla mancata ratifica da parte del Senato dell'UNCLOS, su cui pure Washington fonda le proteste alle pretese territoriali di altri Paesi – come quelle di Pechino nel Mar Cinese Meridionale. Nonostante le pressioni di Presidenti, agenzie governative, gruppi d'interesse e militari, infatti, gli Stati Uniti rimangono l'unica grande potenza esclusa dalla Convenzione. Ciò non solo va a detrimento della loro reputazione come promotori di un ordine fondato sul diritto internazionale, ma li priva anche di uno strumento fondamentale quale il sistema vincolante di risoluzione delle controversie stabilito dall'UNCLOS. Inoltre, nessun cittadino statunitense può servire presso le istituzioni sorte all'ombra del trattato, tra cui la stessa Commissione sui limiti della piattaforma continentale (Beckman, 2022).
Ciò di cui gli Stati Uniti fanno parte, invece, è il Consiglio Artico sorto nel 1996. Suoi precursori furono tanto la

crescente rilevanza di politiche ambientali negli anni '80 quanto i tentativi da parte di Michael Gorbačëv di creare un "dialogo sostanziale e franco tra Est e Ovest" nell'Artico (Gorbačëv, 1987). Il Consiglio nacque dunque come forum internazionale per promuovere cooperazione, coordinazione e interazione tra gli otto Paesi Artici – Canada, Danimarca, Finlandia, Islanda, Norvegia, Russia, Stati Uniti e Svezia. A questi si è aggiunto negli anni un numero crescente di Osservatori, che, seppur senza poteri decisionali, con suggerimenti e la propria influenza, giocano un ruolo potenzialmente primario nella governance della regione, intaccandone così gli equilibri di potere. Come sottolineato dal Professor Bruno Pierri, tuttavia, il Consiglio è sorto non con un trattato, ma con una dichiarazione, e consiste dunque in un'intesa "*soft law*", un'entità priva di un'autentica personalità legale. Parte della responsabilità ricadrebbe ancora una volta su Washington, refrattaria a mettere questioni ambientali, economiche e sociali sullo stesso piano del discorso difensivo – dominante per tutta la Guerra Fredda –, e poco propensa ad abbandonare la visione egemonica dell'Artico emersa con la caduta dell'URSS (Pierri, 2022).

IV.   Russia

Quanto all'erede di quest'ultima, non sorprende che lo Stato con il litorale artico più esteso consideri come vitale una regione che per altri – come gli USA – è importante ma non prioritaria. Stando a quanto dichiarato sulla Strategia della Federazione Russa per lo sviluppo dell'Artico fino al 2035, l'area sostiene la produzione di più dell'80% del gas naturale combustibile e del 17% del petrolio russo. Lo stesso documento stima che altrettanta, se non superiore, importanza in termini di risorse naturali sia da attribuire alla piattaforma continentale di Mosca, definita come una "riserva strategica per lo sviluppo della base di risorse minerarie della Federazione". Infine, un ruolo centrale è riservato alla NSR, un "corridoio di trasporto di valore globale", anche in virtù del cambiamento climatico (Russian Federation, 2020).
Di conseguenza, il Cremlino mira da anni a rafforzare la propria presenza economica e militare nell'area. Proprio la militarizzazione rappresenta la maggior preoccupazione per l'Occidente. Già nel 2015, la Strategia di Sicurezza Nazionale russa utilizzava un linguaggio conflittuale, identificando la "crescita del potenziale militare della NATO" come una minaccia alla sicurezza nazionale, e accusando gli USA di

attuare una "politica di contenimento" – attraverso pressioni politiche, economiche, militari e d'informazioni – opposta agli sforzi moscoviti "a dare forma a un mondo policentrico" (Russian Federation, 2015). Da canto proprio, l'America è ostile al tentativo russo di far della NSR una rotta interna, e già da tempo denuncia le aspirazioni da grande potenza per le quali l'Orso sarebbe pronto a giocare la carta del ricatto energetico, soprattutto nei confronti dell'Europa (Lee, 2020). Sicuramente, l'Artico non è stato immune all'aumento delle tensioni tra NATO e Russia, in particolare dall'annessione russa della Crimea nel 2014. L'invasione dell'Ucraina iniziata il 24 febbraio 2022, inoltre, ha varcato un'ulteriore soglia, come dimostrato dall'abisso che divide il Concetto Strategico NATO 2010 – che non faceva menzione dell'area e incoraggiava la cooperazione con Mosca (NATO, 2010) – da quello del 2022 – che identifica la Federazione Russa come "la minaccia più diretta e significativa", capace di "interrompere i rinforzi alleati e la libertà di navigazione" nel lontano Nord (NATO, 2022).

In risposta alle sanzioni occidentali per la questione ucraina – inaugurate nel 2014, potenziate ed estese nell'ultimo anno –, ormai da anni Mosca cerca supporto a Est. Infatti, la cooperazione sino-russa nell'Artico sta procedendo a ritmi sostenuti, a sottolineare il bisogno di anticipare ogni rivale in un'arena ancora relativamente periferica, ma il cui peso geopolitico sembra destinato a lievitare. In particolare, le due potenze hanno interessi convergenti per quanto riguarda il commercio energetico, con Pechino che guarda le importazioni russe come a un'offerta garantita d'idrocarburi sganciata dal Medio Oriente, e Mosca che si confermerebbe una superpotenza energetica mantenendo la sicurezza della domanda sul lungo periodo grazie al gargantuesco mercato cinese. Esempio di questo avvicinamento è stata la cooperazione essenziale della China Development Bank e della compagnia cinese CNPC per il progetto da 27 miliardi di dollari dello Yamal LNG, il primo impianto GNL russo sull'Artico (Humpert, 2017). Inoltre, nel 2017, Putin ha espresso interesse nel connettere la NSR – rafforzata con la ricostruzione di basi e porti come Murmansk, Arkhangelsk e Sabetta, e la modernizzazione di complessi aeroportuali, stradali e ferroviari (Pierri, 2022) – con la Nuova Via della Seta (*Belt and Road Initiative*, BRI) attraverso una serie di progetti infrastrutturali. È chiaro che un simile scenario stravolgerebbe il trasporto di merci per l'Eurasia, per esempio permettendo alla Cina di raggiungere l'Atlantico per una via più breve che non transiti né per l'Oceano Indiano e lo Stretto di Malacca, pattugliati dalla flotta americana, né per il Pacifico e lo Stretto di Panama.

Naturalmente, vi sono dei punti di contrasto tra l'Orso e il Dragone. *Inter alia*, Pechino non è entusiasta del controllo severo della NSR da parte di Mosca, che potrebbe scoraggiare compagnie estere dal percorrerla. La Federazione, da canto proprio, guarda con sospetto all'espansiva influenza economica della Repubblica Popolare, che sul lungo periodo potrebbe minacciare gli interessi egemonici russi nell'Artico. Il summit della Shanghai Cooperation Organization (SCO) di Samarcanda a settembre 2022, inoltre, ha mostrato le crepe dell'amicizia "senza limiti" tra le due nazioni a causa del conflitto ucraino (Limes, 2022). Ciononostante, proprio quest'ultimo ha accelerato dinamiche preesistenti, spingendo Helsinki e Stoccolma tra le braccia della NATO – che conterebbe così ben sette Paesi artici su otto nell'Alleanza. Una divisione in blocchi da Guerra Fredda sembra dunque destinata a ridiventare tremendamente attuale nell'Artico.

V.   Cina

Si peccherebbe tuttavia di miopia nel confondere Cina e Russia in un unico blocco monolitico. Pechino, infatti, persegue una politica estera volta a difendere e promuovere innanzitutto i propri interessi, nell'ottica di conseguire il "sogno del rinnovamento della nazione cinese" entro il 2049, in occasione del centenario del Partito Comunista (Xi, 2012).

La Cina è divenuta Osservatore permanente del Consiglio Artico nel 2013 col supporto entusiasta dell'Islanda, legata economicamente alla PRC da quando quest'ultima l'aveva assistita tramite investimenti dopo la crisi del 2008 (Pierri, 2022). La postura cinese nell'Artico è chiaramente definita nel White Paper del 2018. I princìpi elencati includono rispetto – tanto verso sovranità e giurisdizione dei Paesi artici quanto verso "i diritti e le libertà dei Paesi non-artici di condurre attività in questa regione" –, cooperazione, risultati vantaggiosi per tutti (*win-win results*), e sostenibilità. Gli obiettivi, invece, spaziano dalla protezione dell'Artico – in particolare dall'emergenza climatica – al suo sviluppo socioeconomico – soprattutto grazie a nuove o rimodernate rotte mercantili –, da conseguire con una partecipazione attiva alla governance della regione. Il documento, inoltre, menziona esplicitamente una "via della Seta polare" quale estensione della ragnatela infrastrutturale della BRI che ha nel Regno di Mezzo il proprio centro nevralgico (SCIO, 2018).

Riguardo al linguaggio del White Paper, tuttavia, il Parlamento Europeo suggeriva cautela, asserendo che la sua versione inglese mirasse principalmente a ritrarre una Cina pacifica e cooperativa per un pubblico occidentale estraneo al discorso politico di Pechino – palesemente incentrato sullo sfruttamento delle risorse dell'Artico piuttosto che sulla sua protezione ambientale (Grieger, 2018). Inoltre, interpretazioni diverse possono essere attribuite all'espressione "Stato quasi-artico" (near-Arctic State) con cui la PRC si autodefinisce in riferimento alla propria vicinanza geografica al Circolo Polare Artico. Infatti, se da un lato il sintagma sembra voler significare il disinteresse cinese a raggiungere il medesimo status dei Paesi litorali polari, dall'altro permette al Dragone di differenziarsi rispetto alle altre nazioni non-artiche. In ogni caso, sembra che la Cina si stia costruendo un'identità artica, presentandosi quale legittima "grande potenza polare" – come definita da Xi Jinping nel 2014 –, e la strada maestra per massimizzare il proprio ruolo nella regione è pavimentata soprattutto da cooperazioni bilaterali e piattaforme multipolari (Pierri, 2022). Anche in questo senso, tuttavia, rimane una patina di ambiguità. Sulla carta, infatti, Pechino promette uno sviluppo collettivo e l'osservanza della sovranità dei Paesi artici nella loro ZEE. D'altro canto, la PRC guarda le regioni polari come a "nuove frontiere strategiche", e quindi a bacini di beni globali pronti per lo sfruttamento e la competizione internazionale (Doshi, 2021). In tal senso, gli investimenti aggressivi del Celeste Impero nell'area potrebbero tradursi sul lungo periodo in una politica più competitiva che miri a garantirle la proprietà diretta di risorse naturali nell'Oceano Artico (Hedrick, 2020). Il White Paper, dopotutto, incoraggia espressamente le compagnie cinesi a partecipare alla costruzione d'infrastrutture come vassalle di Pechino, cooperando in varie forme con gli altri stakeholder (SCIO, 2018).

Già nel 2016, gli Stati Uniti sospettavano che dietro l'aspetto nominalmente commerciale degli sforzi cinesi nell'Artico si celassero questioni di sicurezza e di controllo delle risorse (ISAB, 2016). Il timore è che il Dragone possa far valere il proprio peso economico per estendere la propria rete infrastrutturale assicurandosi delle exclave *de facto*, come già accaduto per esempio in Grecia con il Pireo (Varvitsioti, 2021). Emblematico in questo senso è il caso della Groenlandia, oggetto nell'ultimo decennio di un crescente interesse cinese, soprattutto riguardo all'industria mineraria. In particolare, la compagnia cinese Shenghe Resources ha inaugurato una miniera di uranio e terre rare insieme all'australiana Greenland Minerals – che, pur essendo il partner maggioritario, ha concesso alla Shenghe di guidare la lavorazione e la commercializzazione dei minerali estratti con la collaborazione della China National Nuclear Corporation. Inoltre, un'altra joint venture sino-australiana gestisce una miniera di zinco nel nord dell'isola, mentre una compagnia di Hong Kong gode dei diritti di estrazione presso un deposito di ferro a Isua, a sudovest. Preoccupata che l'intervento di Pechino possa non solo costituire un problema di sicurezza, ma anche giocare un ruolo nelle aspirazioni indipendentiste della Groenlandia, Copenaghen è intervenuta per ostacolare ingenti finanziamenti cinesi nei progetti di espansioni aeroportuali dell'isola (Lanteigne, 2019).

In realtà, è interessante notare come diversi investimenti cinesi nei settori minerario ed energetico nell'Artico siano stati ritardati, non abbiano rispettato le promesse fatte, o siano associati a progetti fallimentari. Anche la convinzione diffusa sulla dipendenza economica della regione sulla Cina sembra essere sovrastimata, dal momento che anche le economie artiche più vulnerabili esportano di più verso USA e UE (Doshi, 2021). Ciononostante, i movimenti cinesi nella zona sono costantemente monitorati dal Dipartimento di Difesa Americano, che guarda anche alla ricerca scientifica civile come potenziale via per Pechino per rafforzare la propria presenza militare. Contrariamente ai desideri di Washington, però, tutti i membri europei del Consiglio Artico hanno espresso interesse verso la BRI e sono divenuti firmatari della Banca Asiatica d'Investimento per le Infrastrutture (AIIB) – banca multilaterale con sede a Pechino con 102 Paesi membri di cui la Cina è il maggiore azionista, osteggiata dagli USA come una concorrente della Banca Mondiale e del FMI. Allo stesso tempo, gli Stati Uniti stessi non sono immuni dall'influenza cinese, come testimoniato dai legami sempre più forti tra il Celeste Impero e l'Alaska – come un progetto da 43 miliardi di dollari per il trasporto e la liquefazione del gas naturale stretto dall'Alaska Gasline Development Corporation con la China Petrochemical Corp, China Investment Corporation e la Banca di Cina (Feng, 2018).

Ancora più insidiosa, tuttavia, è l'entrata di compagnie cinesi come Alibaba in gruppi privati quali l'American Legislative Exchange Council, che riuniscono corporazioni e gruppi d'interesse per fare lobbying e redigere norme per conto degli Stati federali in tutto il Paese (Fang, 2018).

VI.   Stati Uniti

Quanto a quest'ultimo, la sua prima strategia ad ampio respiro sulla regione venne stilata nel 2013 sotto l'Amministrazione Obama, e si fondava su tre direttrici: avanzare interessi di sicurezza nazionale, perseguire una gestione responsabile dell'Artico, rafforzare la cooperazione internazionale. Da allora, un numero crescente di documenti è stato redatto da governo ed esercito, tutti a supportare l'entrata di Washington nell'UNCLOS. Le maggiori critiche avanzate contro la politica artica di Obama vertevano sulla sua tendenza a prioritizzare eccessivamente preoccupazioni ambientali rispetto a questioni di sicurezza e allo sfruttamento della regione, trattando l'area da un punto di vista tecnico anziché strategico – mentre Cina e Russia sembravano pronte e ad approfittarne (Rosen, 2015). Nel suo ultimo anno alla Casa Bianca, pertanto, Obama tentò di riequilibrare la rotta, mentre al Congresso sembrava prevalere la tendenza a servirsi delle risorse artiche (Pierri, 2022). Intanto, nell'area si registrava un aumento progressivo delle attività militari e non, in una partita a tre tra USA, Russia e Cina, con un impatto sempre maggiore sulla stabilità e le istituzioni dell'Artide (Anthony, 2021).
Questa dinamica è andata accelerando con Donald J. Trump, la cui Amministrazione si è focalizzata su sicurezza ed estrazione di risorse naturali, oltre che sulla competizione con le altre due grandi potenze, estendendola così in una delle arene più trascurate nel XXI secolo quale l'Artico (Pierri, 2022). In risposta alla modernizzazione degli asset militari russi sull'Oceano Artico, nonché alla miccia degli eventi di Crimea poi accesa con l'invasione dell'Ucraina, l'Occidente si è mobilitato, per quanto a piccoli passi. Per esempio, la Danimarca ha aumentato le spese militari in Groenlandia, per la quale sono intenzionati a fornire investimenti difensivi anche gli Stati Uniti – che sull'isola possiedono la base area militare di Thule. Inoltre, nel 2020 la Seconda Flotta Americana – di pattuglia nell'Atlantico, ma pronta a intervenire anche a Nord – ha nuovamente acquisito una completa capacità operativa in termini di organico tabellare. Ancora, le flotte NATO hanno incrementato le proprie attività

nel Mare di Barents, conducendo esercitazioni navali in acque internazionali ma sconfinando talvolta nella ZEE russa. La crescente attenzione di Washington verso l'Artico, tuttavia, si riflette innanzitutto nel potenziamento delle forze e delle infrastrutture militari americane in Alaska, che pure non implicano ancora un'ampia presenza permanente nella zona.

In generale, l'atteggiamento statunitense è divenuto sempre più aggressivo nei confronti dei propri rivali, soprattutto nei documenti militari. Il Progetto Strategico del Dipartimento della Marina Militare Americana del 2021, per esempio, recitava candidamente che "senza una sostenuta presenza navale americana e senza partnership nella regione artica, la pace e la prosperità saranno sempre più messe alla prova da Russia e Cina, i cui interessi e valori differiscono drammaticamente dai nostri" (Department of the Navy, 2021). Pochi giorni dopo, veniva pubblicato un documento dell'Esercito con un titolo degno della Guerra Fredda: "Riottenere il dominio sull'Artico". Il Documento ritrae l'Artico come un "corridoio per un'allargata competizione strategica tra grandi potenze" su quattro binari principali: sviluppi militari, risorse energetiche e minerarie, trasporto, sicurezza alimentare (Department of the Army, 2021).

Questa è l'eredità artica lasciata al Presidente Joe Biden, che in parte ha agito in continuità con il suo predecessore, come testimoniato nell'Atto sulla Diplomazia dell'Artico del Congresso di maggio 2021. Oltre a stabilire un Ambasciatore straordinario per gli Affari Artici, infatti, il documento ha ribadito come il rapido mutare dell'ambiente artico e l'accresciuta attività militare aumentino il rischio di fare della zona un "rilevante teatro di conflitto nella competizione strategica corrente". Inoltre, incoraggia esplicitamente gli USA a contrastare diplomaticamente l'iniziativa della BRI (Phillips, 2021). Il fil rouge tra i due più anziani Presidenti della storia americana nell'Artide consiste dunque in una postura più energica sul piano diplomatico. D'altro canto, la coppia Biden-Harris è ritornata parzialmente sui passi di Obama riguardo alla tematica ambientale, divenuta uno degli obiettivi principali della politica estera americana, esponendosi così al fuoco incrociato di appetiti economici e sensibilità ecologiche (Richards, 2022). Ecco, dunque, le sfide artiche di fronte a Washington, ben riassunte nei pilastri della Strategia Nazionale per la Regione Artica di ottobre 2022: sicurezza, cambiamento climatico e protezione ambientale, sviluppo economico sostenibile, cooperazione e governance internazionale (The White House, 2022).

VII.   Conclusioni

Con la "fine della storia", il sistema liberaldemocratico e l'economia di mercato degli Stati Uniti emergevano dalla Guerra Fredda da vincitori. Con il disgelo delle tensioni del bipolarismo USA-URSS, l'Artico si defilava gradualmente dai radar della geopolitica. Eppure, già nel 1994, Boris Yeltsin rimarcava come fosse "troppo presto per seppellire una Russia democratica" (Williams, 1994). Con una simile acredine, nel 2007, Vladimir Putin rigettava l'esito della Guerra Fredda denunciando quello unipolare come "mondo in cui c'è un solo padrone, un solo sovrano" (Putin, 2007). Un rifiuto netto, riflesso nella Cina di Xi Jinping e nelle iniziative multilaterali come la SCO e i BRICS. Tutte espressioni del tentativo di creare un contraltare credibile al blocco occidentale, che eroda la legittimità e l'efficacia dell'ordine internazionale a guida americana per sostituirlo con un sistema di governance sfaccettato e policentrico.

Come il cambiamento climatico, anche i mutamenti nei rapporti di forza possono avere ripercussioni amplificate nell'Artide. Quanto al variare dell'ordine mondiale, infatti, "da nessuna parte è questo più evidente che nella regione artica nel XXI secolo" (Raspotnik, 2021). Di certo, la sua progressiva militarizzazione, unita alla convergenza d'interessi economico-strategici, ha contribuito alla ricomparsa dell'Artico nel risiko mondiale, e la "nuova frontiera" potrebbe presto perdere la propria aura di novità. Trovarne il maggiore responsabile sarebbe tuttavia fuorviante. Mosca detiene la flotta di rompighiaccio più imponente e detta i parametri di sicurezza regionali (Marin, 2020). D'altro canto, Pechino non pone limiti al proprio network d'infrastrutture, alimentando la "trappola di Tucidide" che porterebbe la Cina, potenza emergente, a collidere con gli Stati Uniti, potenza egemone minacciata (Allison, 2018). Una dialettica conflittuale in parte assecondata da Washington, che, specialmente con Donald Trump, pur non scardinando il sistema di cooperazione nell'Artico, ha contribuito a reintrodurvi una rivalità tra grandi potenze (Raspotnik, 2021).

Quello che va delineandosi è perciò un triangolo con ai vertici un'Aquila, un Orso e un Dragone. Senza sovrastimare le probabilità di conflitto, in mancanza del deciso sforzo diplomatico di tutti gli stakeholder la situazione è destinata a

14

deteriorare (Anthony, 2021). La guerra in Ucraina non aiuta, e il ticchettio dell'orologio climatico si fa sempre più frenetico. In un tale contesto, "l'Artico è diventato il calibro definitivo [per misurare] i mutamenti nell'ordine internazionale più in generale" (Raspotnik, 2021). Sarà dunque perentorio monitorare con attenzione gli sviluppi della regione dei ghiacci polari, prima che questi si sciolgano irrimediabilmente per l'aumento delle temperature tanto del pianeta quanto della geopolitica mondiale.

VIII.   Fonti:

Allison, G., *Destined for War: Can America and China Escape Thucydides's Trap?*, Scribe, Londra 2018[2].

Anthony, I., Klimenko, E., Su, F., *A Strategic Triangle in the Arctic? Implications of China-Russia-United States Power Dynamics for Regional Security*, SIPRI, Solna marzo 2021. https://www.sipri.org/sites/default/files/2021-03/sipriinsight2103_arctic_triangle_0.pdf.

"The Arctic Council", Arctic Council, 2023. https://www.arctic-council.org/. Consultato il 7 febbraio, 2023.

Arena, A., "Dubbi e sanzioni, la Northern Sea Route cambia rotta", Osservatorio Artico, 15 settembre, 2022). https://www.osservatorioartico.it/northern-sea-route-russia-est/.

Beckman, R., "On the United States, the UN Convention on the Law of the Sea and US Freedom of Navigation Operations", ISEAS, 18 luglio, 2022. https://www.iseas.edu.sg/articles-commentaries/iseas-perspective/2022-73-on-the-united-states-the-un-convention-on-the-law-of-the-sea-and-us-freedom-of-navigation-operations-by-robert-beckman/.

Best, A., et al, *International History of the Twentieth Century and Beyond*, Routledge, Londra 2015[3].

Bird, K.J., et al, "Circum-Arctic Resource Appraisal: Estimates of Undiscovered Oil and Gas North of the Arctic Circle", USGS, 2008. https://pubs.usgs.gov/fs/2008/3049/fs2008-3049.pdf.

Department of the Army, "Regaining Arctic Dominance", US Army, 19 gennaio, 2021.

https://www.army.mil/e2/downloads/rv7/about/2021_army_arctic_strategy.pdf.

Department of the Navy, "A Blue Arctic: Strategic Blueprint for the Arctic", US Navy, 5 gennaio, 2021.

https://www.navy.mil/Press-Office/Press-Releases/display-pressreleases/Article/2463000/department-of-the-navy-releases-strategic-blueprint-for-a-blue-arctic/.

Doshi, R., Dale-Huang, A., Zhang, G., *Northern Expedition. China's Arctic Activities and Ambitions*, The Brookings Institution, Washington DC aprile 2021. https://www.brookings.edu/wp-content/uploads/2021/04/FP_20210412_china_arctic.pdf.

Enciclopedia Treccani, "Artico: Una Regione Contesa", Atlante Geopolitico Treccani, 2012. https://www.treccani.it/enciclopedia/artico-una-regione-contesa_%28Atlante-Geopolitico%29/. Consultato il 7 febbraio, 2023.

Fang, L., Surgery, N., "Chinese Corporation Alibaba Joins Group Ghostwriting American Laws", The Intercept, 20 marzo, 2018. https://theintercept.com/2018/03/20/alibaba-chinese-corporation-alibaba-joins-group-ghostwriting-american-laws/.

Fasulo, F., "Nuovo Ordine Globale: Nel Cantiere dei BRICS", ISPI, 28 settembre, 2022. https://www.ispionline.it/it/pubblicazione/nuovo-ordine-globale-nel-cantiere-dei-brics-36287.

Feng, A., Saha, S., "China's Arctic Ambitions in Alaska", The Diplomat, 20 aprile, 2018. https://thediplomat.com/2018/04/chinas-arctic-ambitions-in-alaska/.

Gorbačëv, M., "Speech at the Ceremonial Meeting on the Occasion of the Presentation of the Order of Lenin and the Gold Star to the City of Murmansk", Barentsinfo.fi, 1 ottobre, 1987. https://www.barentsinfo.fi/docs/Gorbachev_speech.pdf.

Grieger, G., *China's Arctic Policy. How China Aligns Rights and Interests*, European Parliamentary Research Service, Bruxelles maggio 2018. https://www.europarl.europa.eu/RegData/etudes/BRIE/2018/6 20231/EPRS_BRI(2018)620231_EN.pdf.

Haski, P., "Il Polo Nord è la nuova frontiera delle rivalità geopolitiche", Internazionale, 20 maggio, 2021. https://www.internazionale.it/opinione/pierre-haski/2021/05/20/artide-rivalita-geopolitica.

Hedrick, L.A., "Examining China's Polar Silk Road", Monterey Naval Postgraduate School, marzo 2020. https://calhoun.nps.edu/bitstream/handle/10945/64939/20Mar _Hedrick_Lance.pdf?sequence=1&isAllowed=y.

Henriques, M., "The Rush to Claim an Undersea Mountain Range", BBC Future, 23 luglio, 2020. https://www.bbc.com/future/article/20200722-the-rush-to-claim-an-undersea-mountain-range

Humpert, M., "Novatek's Yamal LNG to Be Commissioned and Begin Production", High North News, 30 novembre, 2017. https://www.highnorthnews.com/en/novateks-yamal-lng-be-commissioned-and-begin-productio.

International Security Advisory Board, "Report on Arctic Policy", US Department of State, 2016. https://2009-2017.state.gov/documents/organization/262585.pdf.

La Rocca, G., "L'Artico nel nuovo "Grande Gioco" mondiale", Affari Internazionali, 29 settembre, 2022. https://www.affarinternazionali.it/lartico-nel-nuovo-grande-gioco-mondiale/.

Lanteigne, M., Shi, M., "China Steps up Its Mining Interests in Greenland", The Diplomat, 12 febbraio, 2019. https://thediplomat.com/2019/02/china-steps-up-its-mining-interests-in-greenland/.

Lee, M., "US Warns Firms about Sanctions for Work on Russian Pipelines", AP News, 16 luglio, 2020. https://apnews.com/article/bc20dabfe6356e65846cf99d230f3f 0f.

Limes Rivista Italiana di Geopolitica, YouTube, 23 settembre, 2022. https://www.youtube.com/watch?v=xdaY1peczDE.

Maddox, M., *Climate Fragility Risk Brief: Arctic*, adelphi, Berlino luglio 2021.

https://www.wilsoncenter.org/publication/climate-fragility-risk-brief-arctic.

"Madrid Summit Declaration Issued by NATO Heads of State and Government (2022)", NATO, 29 giugno, 2022. https://www.nato.int/cps/en/natohq/official_texts_196951.htm.

Marin, C., "Arctic Icebreaker Fleets, 2020", Le Monde diplomatique, 1 maggio, 2020. https://mondediplo.com/maps/icebreakers.

Meredith, M., et al, "Polar Regions", *IPCC Special Report on the Ocean and Cryosphere in a Changing Climate*, IPCC, 2019, pp. 203-320. https://www.ipcc.ch/site/assets/uploads/sites/3/2019/12/SROCC_FullReport_FINAL.pdf.

NATO, "2022 Strategic Concept", NATO, giugno 2022. https://www.nato.int/strategic-concept/.

"Navigating the Future of Arctic Shipping", Arctic Council, 10 maggio, 2021. https://www.arctic-council.org/news/navigating-the-future-of-arctic-shipping/.

NORAD, "North American Aerospace Defense Command", US Government, 2023. https://www.norad.mil/. Consultato il 7 febbraio, 2023.

NSIDC, "December Lows", Arctic Sea Ice News & Analysis, 5 gennaio, 2023. https://nsidc.org/arcticseaicenews/.

PAO Novatek, "Business : Project Yamal LNG | Проект "Ямал СПГ", Novatek, 2023. https://www.novatek.ru/en/business/yamal-lng/. Consultato il 7 febbraio, 2023.

Peng, G., et al, *What Do Global Climate Models Tell Us about Future Arctic Sea Ice Coverage Changes?*, vol. VIII, Climate, 17 gennaio, 2020. https://www.mdpi.com/2225-1154/8/1/15/htm.

People's Republic of China, Russian Federation, "Joint Statement of the People's Republic of China and the Russian

Federation on the Development of a Comprehensive Strategic Partnership for Collaboration in the New Era", bilaterals.org, 6 giugno, 2019. https://www.bilaterals.org/?joint-statement-of-the-people-s&lang=en.

Phillips, D., *Arctic Diplomacy Act of 2021*, House of Representatives, No. 3433, https://www.congress.gov/bill/117th-congress/house-bill/3433/text. Consultato il 7 febbraio, 2023.

Pierri, B., "The Environment Triangle - Arctic Resources and Great Power Competition", *Nuova Storia Contemporanea*, vol. I, Le Lettere, Firenze, aprile 2022, pp. 75-114.

Putin, V., "Speech at the Munich Conference on Security Policy", Kremlin.org, 10 febbraio, 2007. http://en.kremlin.ru/events/president/transcripts/copy/24034.

Raspotnik, A., Østhagen, A., "A Global Arctic Order under Threat? An Agenda for American Leadership in the North", Wilson Center, 10 marzo, 2021. https://www.wilsoncenter.org/blog-post/no-3-global-arctic-order-under-threat-agenda-american-leadership-north.

Richards, H., "Will Biden's Oil Plans Unleash an Arctic 'Carbon Bomb'?", E&E News, 7 gennaio, 2022. https://www.eenews.net/articles/will-bidens-oil-plans-unleash-an-arctic-carbon-bomb/.

Rosen, Y., "Obama Issues Executive Order to Better Coordinate Arctic Policy", Anchorage Daily News, 22 gennaio, 2015. https://www.adn.com/arctic/article/obama-issues-executive-order-better-coordinate-arctic-policy/2015/01/22/.

Russian Federation, "Russian National Security Strategy", IEEE, 31 dicembre, 2015. https://www.ieee.es/Galerias/fichero/OtrasPublicaciones/Internacional/2016/Russian-National-Security-Strategy-31Dec2015.pdf.

"Strategy for the Development of the Arctic Zone of the Russian Federation and Ensuring National Security for the Period up to 2035", IECCA, 10 dicembre, 2020.

http://www.iecca.ru/en/legislation/strategies/item/1037-
strategy-for-the-.

SIPN2 Leadership Team, "Sea Ice Outlook: 2022 Post-Season
Report", ARCUS, 1 dicembre, 2022.
https://www.arcus.org/sipn/sea-ice-outlook/2022/post-season.

State Council Information Office of the People's Republic of
China (SCIO), "Full Text: China's Arctic Policy",
english.gov.cn, 26 gennaio, 2018.
https://english.www.gov.cn/archive/white_paper/2018/01/26/c
ontent_281476026660336.htm.

The White House, "National Strategy for the Arctic Region",
The White House, 10 maggio, 2013.
https://obamawhitehouse.archives.gov/sites/default/files/docs/
nat_arctic_strategy.pdf.

"National Strategy for the Arctic Region", The White House,
ottobre 2022. https://www.whitehouse.gov/wp-
content/uploads/2022/10/National-Strategy-for-the-Arctic-
Region.pdf.

United Nations, "United Nations Convention on the Law of
the Sea", UNTC, 2023.
https://treaties.un.org/Pages/ViewDetailsIII.aspx?src=TREAT
Y&mtdsg_no=XXI-
6&chapter=21&Temp=mtdsg3&clang=_en. Consultato il 7
febbraio, 2023.

Varvitsioti, E., "Piraeus Port Deal Intensifies Greece's Unease
over China Links", Financial Times, 19 ottobre, 2021.
https://www.ft.com/content/3e91c6d2-c3ff-496a-91e8-
b9c81aed6eb8.

Verma, A.S., "A Case for the United States' Ratification of
UNCLOS", Diplomatist, 2 maggio 2020.
https://diplomatist.com/2020/05/02/a-case-for-the-united-
states-ratification-of-unclos/.

Williams, D., "YELTSIN, CLINTON CLASH over NATO'S
ROLE", Washington Post, 6 dicembre, 1994.
https://www.washingtonpost.com/archive/politics/1994/12/06/

yeltsin-clinton-clash-over-natos-role/19b7b3a1-abd1-4b1e-b4b2-362f1a236ce9/.

Xi, J., "Achieving Rejuvenation Is the Dream of the Chinese People", NEAC, 29 novembre, 2012. https://www.neac.gov.cn/seac/c103372/202201/1156514.shtml.

Il Ruolo delle Security Force Assistance Brigade nella "Great Power Competition"

Saverio Lesti - Head Researcher, Mondo Internazionale G.E.O. Difesa e Sicurezza e **Domenico Molino** - Senior Researcher, Mondo Internazionale G.E.O. Difesa e Sicurezza

Abstract
Questa analisi si propone di delineare il ruolo delle Security Force Assistance Brigade, definendone l'evoluzione dottrinale, la struttura e l'attività sul campo. Questa unità di pregio dell'U.S. Army, contestualizzata nell'attuale ambiente securitario globale, accresce il peso politico e militare che Washington ricopre nell'odierna "Great Power Competition".

Keywords: Security Force Assistance, United States, SFAB, Competition, Confrontation, Integrated Deterrence

I.   Introduzione

L'attuale contesto internazionale testimonia l'indispensabilità di rendere le Forze Armate aderenti ad un *warfighting-style* ad alta intensità, "caratterizzato da elevati livelli di attrito finalizzati ad infliggere danni diffusi e irreversibili sul nemico" (Fasola, 2022). Dunque, per competere e se necessario sconfiggere gli avversari, lo U.S. Army ha intrapreso una riorganizzazione tesa a garantire l'efficace conduzione delle Multi-Domain Operations. Questa evoluzione, da sempre aderente all'indirizzo politico-diplomatico stabilito da Washington, prende in profonda considerazione lo sviluppo tecnologico che mai come nell'ultimo trentennio ha rappresentato in egual misura opportunità e rischi alla sicurezza statunitense, degli alleati, dei partner e per le rispettive forze armate. Da un lato, l'attività delle Forze Armate statunitensi nel post 11 settembre dava ampio spazio alla Security Force Assistance (SFA) tanto che la versione del 2008 del *Field Manual* 3-0 *"Operations"* la definiva quale missione fondamentale, tesa a garantire un approccio *"Whole of government"* (Association of the U.S. Army, 2008). Dall'altro, l'annessione nel 2014 della Crimea da parte della Russia, da nuovo impulso alla produzione analitica e dottrinale, ponendo l'accento sui conflitti ad alta intensità ed elevato indice di attrito. Per tale ragione, all'interno del processo di ammodernamento dell'U.S. Army, viene da chiedersi quale sia il ruolo della Security Force Assistance Brigade (SFAB). È pur vero che, se la guerra in Ucraina ha rimarcato l'essenzialità dei bisogni connessi alle attività cinetiche, essa ha altresì esasperato un ambiente strategico che già da tempo risentiva di un ordine globale resiliente, ma indebolito, frutto della riemersa competizione di lungo termine tra nazioni (U.S. Department of Defense, 2018). Pertanto, gli aspetti di SFA rappresentino una parte integrante della competizione strategica con Russia e Cina, contribuendo alla costruzione delle capacità di alleati e partner (McEnany, 2022). In questa cornice le SFAB, rafforzando gli strumenti statunitensi per la prevenzione ed il consolidamento delle crisi (U.S. Army Command and General Staff College, 2018), garantiscono la difesa collettiva e il rafforzamento della cooperazione internazionale, sanciti rispettivamente dal NATO Strategic Concept e dalla National Security Strategy statunitense del 2022. Da ultimo, il ruolo delle SFAB quali "abilitatori" nella fase cosiddetta di *"Competition Below Armed Conflict"*, stimola la riflessione circa la necessità di sviluppare un analogo assetto anche all'interno delle Forze Armate italiane, quale strumento a tutela dell'interesse nazionale in aree strategiche soggette alla competizione globale.

II. La Competizione Strategica per plasmare il futuro dell'ordine mondiale

L'importanza del ruolo delle SFAB si apprezza maggiormente quando posto in relazione alla visione politico-strategica di Washington, da sempre richiamata all'interno della *National Security Strategy*. A seguito del conflitto in Ucraina, appare evidente come le relazioni internazionali siano entrate in una fase caratterizzata da una marcata competizione strategica finalizzata "al plasmare il futuro dell'ordine internazionale" (White House, 2022). Dunque, se da un lato viene espressamente annunciato il bisogno di garantire al mondo una *leadership* americana, dall'altro vi è molta attenzione nel soffermarsi sulla necessità di raggiungere tale finalità attraverso una maggiore cooperazione globale tra nazioni alleate, partner e non solo (White House, 2022). L'attuale "*Great Power Competition*", accanto ad un conflitto armato su larga scala come quello in Ucraina, vede anche una serie di crisi regionali e di aree in cui la competizione si svolge al di sotto della soglia del conflitto armato. A livello dottrinale, per teatro di crisi si intende "un incidente emergente o una situazione che comporta una possibile minaccia per gli Stati Uniti, i suoi cittadini, forze militari o interessi vitali che si sviluppa rapidamente e crea una condizione di tale importanza diplomatica, economica o militare che l'impegno di forze e risorse militari è contemplato per raggiungere obiettivi nazionali e/o strategici" (JP 3-0). Analogamente, si parla di competizione al di sotto del livello del conflitto armato quando "due o più avversari statali o non statali hanno interessi incompatibili, ma nessuno dei due cerca il conflitto armato" (U.S. Army F.M. 3-0). Le SFAB grazie alle loro capacità di *building partner capacity* risultano essenziali per "l'azione unificata del governo degli Stati Uniti per sostenere lo sviluppo della capacità delle *Foreign Security Force* (FSS) e delle loro istituzioni di supporto" (Walsh,2015).

III. Dottrina e Contesto di Impiego delle SFAB

All'interno della fase di "*Competition Below Armed Conflict*", la versatilità delle SFAB aggiunge un ulteriore tassello per comprendere le complesse, ramificate e multi-domain vicende della competizione globale tra potenze. Difatti, le SFAB sono uno strumento capace di far progredire le relazioni globali degli Stati Uniti, operando in tutto l'arco del confronto: "durante la competizione, le SFAB creano fiducia, interoperabilità e le capacità dei partner. In caso di crisi, le SFAB consentono alla Joint Force e all'unità interagenzia di rispondere rapidamente potenziando gli sforzi di coordinamento. In caso di conflitto, le SFAB migliorano il coordinamento con i partner e possono espandersi fino a diventare brigate capaci di compiere missioni complete" (McConville, 2021).

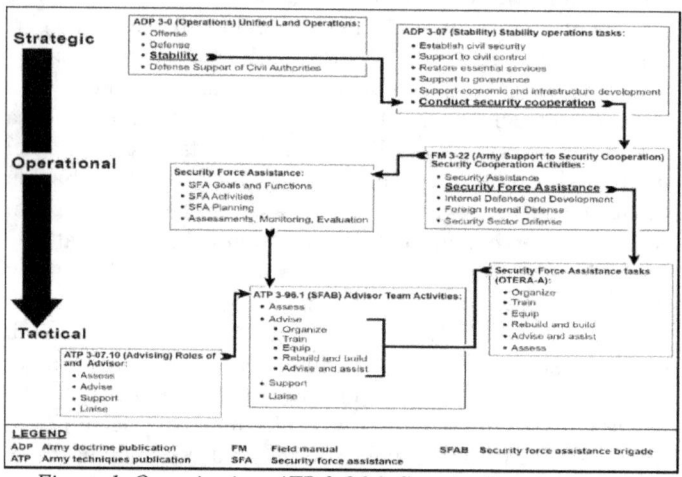

Figura 1, Organization, ATP 3-96.1, Security Force Assistance Brigade, September 2020, Pag. 1-5.

La missione della SFAB è condurre operazioni di SFA a livello operativo e tattico, oltre ad attività di collegamento a sostegno di operazioni multinazionali durante operazioni di combattimento su larga scala a sostegno di obiettivi strategici statunitensi (ATP 3-96.1, 2020). L'FM 3-22 descrive i compiti della SFA di organizzare, addestrare, equipaggiare, ricostruire/costruire, consigliare, assistere e valutare: la SFAB pone l'accento sui compiti di valutazione, formazione, consulenza e assistenza, mentre contribuisce alle attività di organizzare, equipaggiare e ricostruire/costruire che sono svolte da altre organizzazioni (ATP 3-96.1, 2020). In questo quadro, i team di consulenti della SFAB sviluppano le forze di sicurezza straniere, schierando mettendo squadre di consiglieri per operare a fianco delle forze di sicurezza locali. Questi team di consulenti conducono attività, come valutazione, consulenza, supporto e collegamento in collaborazione con le loro controparti straniere. I team di consulenti della SFAB ricevono supporto da organizzazioni esterne per la sicurezza, l'intelligence, il supporto di fuoco, la protezione e il sostegno (ATP 3-96.1, 2020). Le SFAB aumentano la capacità di svolgere i compiti di consulenza ed assistenza su scala più ampia rispetto al passato, fino al livello di Battaglione e Brigata, coinvolgendo anche la Guardia Nazionale con lo State Partnership Program (SPP)(McConville, 2021).

Le SFAB operano in tutto lo spettro dei conflitti. Nella fase di competizione, le SFAB contribuiscono alla deterrenza attraverso una presenza persistente nello strato di contatto dei concorrenti strategici, costruendo al tempo stesso l'interoperabilità dei partner e la situational awareness per le forze congiunte e della coalizione (McEnany, 2022). La competizione consente di prevalere in un conflitto fornendo alla forza congiunta vantaggi posizionali e interoperabilità per operazioni multinazionali.

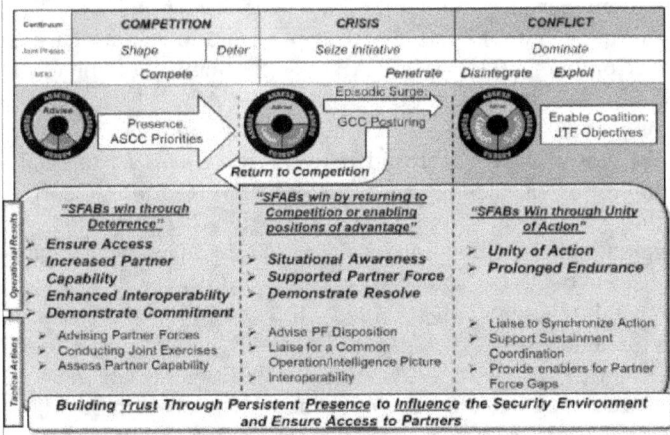

Figura 2, SFAB Concept for Winning in the Conflict Contiuum, Special Forces vs SFAB: It's Not a Competition, MAJ. Thielenhaus C. R., Pag. 5.

In termini dottrinali, la finalità strategica delle SFAB prende il nome di "*Consolidation of gains*", una tipologia di attività che rende duraturo qualsiasi successo operativo iniziale e stabilisce le condizioni per un ambiente di sicurezza sostenibile, consentendo una transizione del controllo ad altre autorità legittime (ADP 3-0). Tale processo, richiede una valutazione realistica e pragmatica delle condizioni strategiche, della legittimità di alleati e partner, dei vantaggi relativi di amici/avversari, della fattibilità di un risultato politico sostenibile, senza tralasciare le operazioni per informare/influenzare il pubblico. Né va tralasciato l'aspetto culturale che, nella dottrina dell'U.S. Army sulla Counter Insurgency, viene definita come la pietra angolare con cui gli individui interpretano, comprendono ed infine reagiscono ad eventi e soggetti. Difatti, le lezioni apprese dall'impiego delle SFAB nei teatri operativi di Afghanistan e Iraq ha dimostrato la profonda importanza di un approccio comprensivo e culturale alle attività di SFA. Ciò, anche in chiave di elaborazione e successivo affinamento dell'assetto, contribuisce a ribadire la necessità di sviluppare una struttura di socio-cultural intelligence di corredo all'attività delle SFAB. (Bradshow, 2018).

IV.   Organizzazione delle SFAB

Sebbene le SFAB siano la prima formazione appositamente costruita per le attività di SFA, l'U.S Army ha condotto queste missioni per decenni, utilizzando le forze speciali e l'SPP (McEnany, 2022). L'U.S. Army ha istituito cinque Brigate (McConville, 2021): 1ª SFAB - U.S. South Command; 2ª SFAB - U.S. Africa Command; 3ª SFAB - U.S. Central Command; 4ª SFAB - U.S. European Command; 5ª SFAB - U.S. Indo-Pacific Command; 54ª SFAB - Guardia Nazionale, con competenza globale e dislocata in Florida, Georgia, Illinois, Indiana, Ohio, Texas (SFAC, 2020). Infine, va aggiunto il 3° Battaglione del 353° Reggimento che svolge funzioni di addestramento per i team da assegnare ai vari comandi regionali (SFAC, 2022). Il Security Force Assistance Command (SFAC) comanda le SFAB e si occupa della selezione, dell'addestramento, dell'organizzazione e dell'equipaggiamento in previsione del loro impiego sul campo (Army, 2022). Una SFAB ha due Battaglioni di fanteria, uno Squadrone di cavalleria, un Battaglione di artiglieria, un Battaglione del genio, un Battaglione logistico e un Quartier Generale della Brigata e una Compagnia Comando (ATP 3-96.1, 2020).

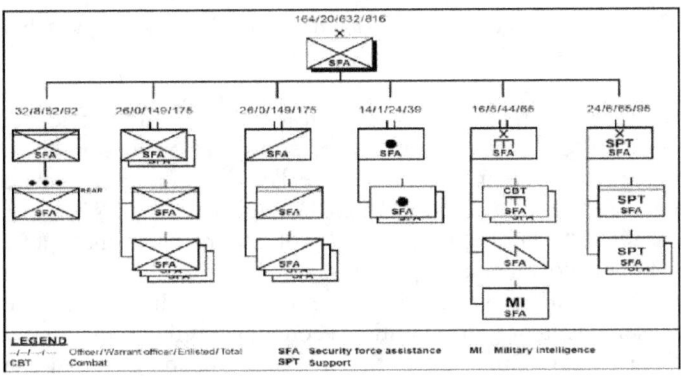

*Figura 3, Organization, ATP 3-96.1, Security Force Assistance
Brigade, September 2020, Pag. 1-2.*

Le pedine operative svolgono le seguenti funzioni: Battaglioni
di manovra consulenza in tutto lo spettro del combattimento:
Battaglione di artiglieria puntamento e supporto di fuoco;
Battaglione del Genio esperti in ingegneria, intelligence e
comunicazioni; Battaglione logistico aspetti medici e logistica
(SFAC, 2022).
Le SFAB reclutano personale esperto, gli ufficiali hanno in
media 13 anni di servizio ed i sottufficiali 10, con una
conoscenza approfondita della loro *Military Occupational
Specialty* (MOS)(CRS, 2022).
Il personale viene formato al Military Advisor Training
Academy (MATA) di Fort Benning che, addestra, istruisce e
aggiorna i consulenti militari per lo SFA, mediante la
frequenza del Combat Advisor Training Course (CATC),
incentrato sulla formazione di consulenti per le FSF (Fort
Benning, 2022). Lo sviluppo del concetto per il corso è
iniziato a novembre 2016, con i primi frequentatori che hanno
iniziato il corso nel 2017 (Friber, 2017). Oltre alla formazione
presso la MATA, molti membri delle SFAB ricevono una
formazione culturale e linguistica specifica, oltre ad un
addestramento su armi straniere, supporto medico avanzato,
guida e tecniche di sopravvivenza, evasione, resistenza e fuga
(SERE)(CRS, 2022). Al personale delle SFAB viene fornito
l'equipaggiamento personale standard e una varietà di veicoli
ruotati armati per la protezione della forza, oltre a capacità di
comando, controllo, comunicazioni, computer e intelligence,
sorveglianza e ricognizione (C4ISR)(CRS, 2022).

V. Impiego delle SFAB nel Teatro Operativo dell'AFRICOM

Il 9 aprile 2018 il senatore James Inhofe, allora presidente dell'Armed Services Committee, scrisse al Segretario della Difesa per valutare la fattibilità e l'opportunità di assegnare una SFAB allo U.S. Africa Command (USAFRICOM)(Judson, 2021). La lettera di Inhofe è tra le prime spinte ufficiali documentate per portare queste unità in Africa (Friberg, 2017). Nel continente, è in atto da anni una costante crescita della presenza politica, economica militare di Russia e Cina (NATO, 2019, 2020, RAND, 2023), dando avvio ad una "great power competition" con un livello di confronto che si colloca la di sotto della soglia del conflitto armato.

Il 12 febbraio 2020 fu annunciato che la 1ª SFAB sarebbe stata schierata in Africa, per svolgere il ruolo di forza di assistenza per la sicurezza in un contesto di competizione globale in maniera più efficace rispetto alle unità convenzionali dell'esercito (U.S. DoD, 2020). Prima del 2020, le SFAB operarono in Afghanistan e Iraq collaborando a sostegno delle operazioni di emergenza e, svolgendo una vasta gamma di attività senza doversi interfacciare con altre autorità di comando e controllo (Propst, 2022). In Africa, lo SFAB è entrato a far parte dei programmi rientranti nel Titolo 10 e Titolo 22, rispettivamente riguardanti la Security Cooperation e della Security Assistance (SRS, 2021). Si tratta di programmi con una portata relativamente limitata rispetto alle attività precedentemente svolte in Afghanistan e, senza tener conto della capacità e struttura peculiari della SFAB nel garantire una presenza continuata in un contesto di competizione tra grandi potenze (Propst, 2022). Questo ha comportato l'annullamento del 60% del piano della Southern European Task Force-Africa (SETAF-AF) per l'impiego della SFAB, oltre ad un ritardo per la notifica al Congresso dei programmi da finanziare nel bilancio del 2021(Propst, 2022).

Va notato che nel suo dispiegamento in Africa, le attività a tutti i livelli delle unità mobili e del comandante di teatro della SFAB, si sono limitate alla familiarizzazione e all'interoperabilità senza sviluppare le capacità degli Stati partner, creando confusione e frustrazione nelle controparti locali. Quindi alla SFAB non è stato permesso di fare quello per cui è concepita, creare una collaborazione duratura lavorando sulle capacità dei partner locali, attraverso una presenza costante e non soltanto avanzata (Propst, 2022). In seguito, la 2ª SFAB, durante il suo dispiegamento in Africa, ha espanso la sua presenza con rotazioni continue e un focus sulla condivisione di informazioni tra le squadre, consistenti in pacchetti di forze che comprendono 20 team di 12 persone che seguono uno schema di rotazione nel continente, consistente in sei mesi di dislocamento a cui fa seguito un periodo di riposo, addestramento e preparazione di 12 mesi prima di un nuovo rischieramento (AUSA, 2021).

VI.   Conclusioni

Gli Stati Uniti devono confrontarsi con un panorama di sicurezza instabile. Sebbene la Cina rappresenti la sfida più completa, la guerra della Russia in Ucraina ci ricorda che anche altri fattori ed attori influenzano la politica estera statunitense. Per tale motivo l'attività di SFA, offre vantaggi unici con effetti sia tattici che strategici. Quasi ogni paese mantiene una forza terrestre, e questo tramite la SFA fornisce alla forza congiunta statunitense accesso, influenza e presenza globali. La presenza delle SFAB sul campo da a Washington il polso sugli sviluppi locali e regionali che spesso possono essere apprezzati solo attraverso rapporti umani diretti con i locali.

Tanto la guerra in Ucraina quanto le decisioni di politica internazionale che ad essa hanno fatto da cornice, rimarcano l'esasperazione di un ambiente strategico che già da tempo testimonia la riemersa competizione di lungo termine tra Stati. Dai Balcani al Caucaso, passando per Nord Africa e Medioriente per giungere all'Indo-Pacifico, sono molte le aree geografiche che, strettamente connesse ai bisogni strategici del nostro Paese, risentono tanto della *"Competition Below Armed Conflict"* quanto di laceranti crisi interne confluite nella competizione internazionale. Pertanto, quando osservato da Roma, il profilo dell'ambiente securitario che ci circonda suggerirebbe di analizzare con ancor più attenzione la natura delle SFAB. Difatti, se in apertura ci siamo domandati quale fosse il ruolo di queste unità specializzate, la risposta principale non può che essere individuata nella loro funzione di strumento militare teso al raggiungimento ed al mantenimento di obiettivi politico-strategici. Si tratta, dunque, di "abilitatori" per un approccio *"Whole of government"* sempre più necessario per contrastare azioni avversarie di penetrazione ed ingerenza mediante la definizione di politiche di *"building partner capacity"*. Tuttavia, l'efficace raggiungimento di questi obiettivi, consistenti nell'addestrare, equipaggiare, ricostruire e costruire, consigliare e assistere richiede di sviluppare una struttura di socio-cultural intelligence dedicata per le attività svolte dalle SFAB. La drammatica caduta di Kabul nell'agosto del 2021 testimonia l'assoluta necessità di sviluppare un credibile sistema integrato tra azione militare, politica e di pubblica sicurezza per sostenere lo sviluppo della capacità delle FSF e delle istituzioni deputate del loro funzionamento (Walsh,2015).

L'importanza dell'integrazione dei partner nelle tre fasi del conflitto non farà che aumentare e, lo stesso Dwight Eisenhower osservava che il futuro della guerra dipende dall'integrazione dei partner (McGrath, 2005). Quindi, sfruttare la capacità dei partner crea sicurezza a livello globale riducendo al contempo il rischio di provocare un conflitto attraverso il confronto di grandi formazioni convenzionali (Walsh, 215). Le attività di SFA servono a fornire anche la cosiddetta "*integrated deterrence*" definite dal Segretario alla Difesa Lloyd Austin come "using every military and non-military tool in lock-step with allies and partners" (U.S. DoD, 2021).

Ad ulteriore conferma di questo ruolo, il Segretario Lloyd al summit del Ukraine Defense Contact Group del 14 febbraio ha ribadito che "Metteremo le capacità nelle mani di forze ucraine addestrate in modo che possano essere integrate sul campo di battaglia….stiamo lavorando insieme all'addestramento delle forze armate ucraine attraverso iniziative di addestramento bilaterali e multilaterali….Quindi oggi continueremo a parlare dell'integrazione e della sincronizzazione del nostro supporto in modo che l'Ucraina disponga di capacità credibili di combattimento" (U.S. DoD, 2023). In questo modo le nuove capacità di SFA sono testate anche in un contesto di conflitto.

In questo contesto l'alleanza che si è instaurata tra Pechino e Mosca, mira a sovvertire l'attuale balance of power costruita e garantita dagli Stati Uniti all'indomani della fine della Guerra Fredda. L'attuale contesto geopolitico globale, vede Cina e Russia proiettare la propria influenza con mezzi politici, economici e militari nell'Indo-Pacifico, in Medio-Oriente ed Africa, dando di fatto avvio ad un confronto globale tra grandi potenze. La scelta del terreno di scontro non è casuale, in quanto garantisce ai due paesi l'ottenimento di obiettivi strategici: accesso a risorse strategiche, controllo e sfruttamento di rotte marittime, capacità di proiettare la propria potenza oltre i confini nazionali.

Si vengono a creare situazioni critiche, al di sotto della soglia del conflitto armato, che richiedono azioni specifiche e ben calibrate per essere gestite e risolte. Si tratta della fase del confronto nel più ampio contesto di great power competition, spettro nel quale le SFAB possono essere impiegate con grande efficacia sfruttandone a pieno non solo le capacità tecniche ma, soprattutto, la grande cura messa nell'approccio linguistico, culturale ed umano. Con questi strumenti si può costruire in maniera sia informale che formale una cooperazione che può evolversi una sorta di alleanza anche informale, basata sulla condivisione di principi, norme, regole e procedure nel settore della SFA.

Disporre di unità SFAB like, definendone il ruolo nel contesto di una strategia di difesa dello Stato, potrebbe costituire nel prossimo futuro un vantaggio strategico al servizio della politica estera, quale strumento per creare una cornice di sicurezza nell'area geografica considerata strategica rispetto agli interessi nazionali in materia politica, economica e militare.

VII.   Fonti:

Alyssa F., "Statement on the Deployment of Army's 1st Security Force Assistance Brigade to Africa", U.S. Department of Defense, 12 Febbraio 2020. https://www.defense.gov/News/Releases/Release/Article/2082314/statement-on-the-deployment-of-armys-1st-security-force-assistance-brigade-to-a/

"Army Advisers Grow Partnership in Africa", Association of the United States Army, 6 Agosto 2021. https://www.ausa.org/news/army-advisers-grow-partnerships-africa

"Army Security Force Assistance Brigades (SFABs)", Congressional Research Service, 1 June 2022. https://sgp.fas.org/crs/natsec/IF10675.pdf

Bradshow C., "The Necessity of a Socio-Cultural Intelligence", Army Press Journal, Giugno 2018. https://www.armyupress.army.mil/Journals/NCO-Journal/Archives/2018/June/Socio-Cultural-Intelligence/

"Competition For African Resources And The Role Of External Actors", NATO Strategic Direction - South Hub, Ottobre 2019. https://thesouthernhub.org/topics/security-conflict/competition-for-african-resources-and-the-role-of-external-actors-.aspx

"Defense Primer: DOD "Title 10" Security Cooperation", Congressional Research Service, 17 Maggio 2021. https://sgp.fas.org/crs/natsec/IF11677.pdf

Fasola N., "How Russia fights", NATO Defence College, Giugno 2022. https://www.ndc.nato.int/news/news.php?icode=1721

Friberg J. "SOF and the Security Force Assistance Brigades (SFABs)", SOF News, 21 Giugno 2017. https://sof.news/sfa/sof-sfabs/

Friberg J., "Military Advisor Training Academy – MATA", SOF News, 9 Dicembre 2017. https://sof.news/sfa/mata-military-advisor-training-academy/

Judson J., "Inhofe wants new adviser brigade in Africa", Defense News, 9 Aprile 2018. https://www.defensenews.com/land/2018/04/09/inhofe-wants-new-adviser-brigade-in-africa/

Maj. Propst S. D., "The Lesson of the Security Force Assistance Brigade in Africa", Military Review, Marzo-Aprile 2022, Pag. 81. https://www.armyupress.army.mil/Journals/Military-Review/English-Edition-Archives/March-April-2022/Propst/

MAJ. Thielenhaus C. R, "Special Forces vs SFAB: It's Not a Competition", 2020. https://www.benning.army.mil/infantry/magazine/issues/2021/Summer/pdf/7_Thielenhaus_txt.pdf

McConville J. C.," Army Multi-Domain Transformation Ready to Win in Competition and Conflict", Headquarters, Department of the Army, Chief of Staff Paper #1, 16 Marzo 2021. https://api.army.mil/e2/c/downloads/2021/03/23/eeac3d01/20210319-csa-paper-1-signed-print-version.pdf

McEnany C., "The U.S Army's Security Force Assistance Triad: Security Force Assistance Brigades, Special Forces and the State Partnership Program", Association of the United States Army, 3 Ottobre 2022. https://www.ausa.org/publications/us-armys-security-force-assistance-triad-security-force-assistance-brigades-special

McGrath J.J., "An Army at War Change in the Midst of Conflict", US Army Command and General Staff College, Combat Studies Institute, 2005. https://cgsc.contentdm.oclc.org/digital/api/collection/p16040coll3/id/165/page/0/inline/p16040coll3_165_0

"Military Advisor Training Academy (MATA)", Fort Benning, U.S. Army Fort Benning and The Maneuver Center of Excellence, Consultato il 4/02/2023. https://www.benning.army.mil/armor/316thcav/MATA/

"Opening Remarks by Secretary of Defense Lloyd J. Austin III at the Ninth Ukraine Defense Contact Group (As Delivered)", U.S. Department of Defense, 14 Febbraio 2023. https://www.defense.gov/News/Speeches/Speech/Article/3297

356/opening-remarks-by-secretary-of-defense-lloyd-j-austin-iii-at-the-ninth-ukraine/

"Revolution in Army Doctrine: The 2008 Field Manual 3-0, *Operations*", Association of the United States Army, Febbraio 2008. https://www.ausa.org/sites/default/files/TBIP-2008-Revolution-in-Army-Doctrine-The-2008-Field-Manual-3-0-Operations.pdf

"Russia's Course of Action in Africa and the Middle East", NATO Strategic Direction - South Hub, Gennaio 2020. https://thesouthernhub.org/topics/security-conflict/russias-course-of-action-in-africa-and-the-middle-east

"Security Force Assistance Brigade", Headquarters, Department of the Army, ATP 3-96.1, Settembre 2020. https://armypubs.army.mil/epubs/DR_pubs/DR_a/ARN30336-ATP_3-96.1-000-WEB-1.pdf

"Secretary of Defense Remarks at the 40th International Institute for Strategic Studies Fullerton Lecture (As Prepared)", U.S. Department of Defense, 27 Luglio 2021. https://www.defense.gov/News/Speeches/Speech/Article/2708192/secretary-of-defense-remarks-at-the-40th-international-institute-for-strategic/

"Security Force Assistance Command", U.S. Army, Consultato il 6/02/2023. https://www.army.mil/sfac#org-about

SFAC Factbook, Security Force Assistance Command, 2022. https://api.army.mil/e2/c/downloads/2022/11/01/0ef1f5b7/sfac-factbook-19sep22-reduced-size.pdf

"Summary of the 2018 National Defence Strategy of The United States of America", U.S. Department of Defense, Gennaio 2018. https://dod.defense.gov/Portals/1/Documents/pubs/2018-National-Defense-Strategy-Summary.pdf

U.S. Army Field Manual 3-0 "Operations", 2008 and 2022 versions. https://usacac.army.mil/node/3048

Walsh L. P., "Enabling Others to Win in a Complex World: Maximizing Security Force Assistance Potential in the Regionally Aligned Brigade Combat Team", U.S. Army War

College, Strategic Studies Institute, Dicembre 2015.
https://publications.armywarcollege.edu/wp-content/uploads/2022/11/2375.pdf

Weinbaum C., Shostak M., Sachs C., Parachini J. V.,
"Mapping Chinese and Russian Military and Security Exports
to Africa", RAND Corporation, TL-A2045-3, 2022.
https://www.rand.org/pubs/tools/TLA2045-3.html

White House, National Security Strategy, Ottobre 2022.
https://www.whitehouse.gov/wpcontent/uploads/2022/10/Biden-Harris-Administrations-National-Security-Strategy-10.2022.pdf

America Centro-Meridionale

Geopolitica della Transizione Energetica: sfide e prospettive per il Triangolo del Litio nell'Era della competizione strategica

Annagrazia Caricato - Senior Researcher, Mondo Internazionale G.E.O. Economia

Abstract
Muovendo da una breve disamina del dibattito attorno alla geopolitica della transizione energetica, il presente elaborato si propone di fare chiarezza sulle sfide e le opportunità che questa pone dinanzi ad una regione la cui storia economica è stata segnata da un'ampia disponibilità di risorse naturali difficili da amministrare. A tal fine, il campo d'analisi viene limitato ad un minerale critico – il litio – cruciale per la transizione energetica, e alla sua gestione all'interno del c.d. "Triangolo del Litio" tra Argentina, Bolivia e Cile. La diversità di strutture legali, nonché gli antecedenti storici, produttivi e di sviluppo rilevabili in ciascuno di questi paesi determinano un approccio differente al controllo della risorsa, scuotendo il tenue equilibrio tra collaborazione e competizione che sta plasmando la nuova geopolitica dell'energia.

Parole chiave: Geopolitica, Competizione, Energia, Litio

Keywords: Geopolitics, Competition, Energy, Lithium

I.   La Nuova Geopolitica dell'Energia

Il dibattito attorno al nesso tra geopolitica ed energia appare tanto variegato e punteggiato da prospettive talvolta distanti quanto intrinsecamente legato ad una equazione essenziale che equipara l'accesso alle risorse energetiche al potere (MacDonald, 2023). Sebbene la variazione di una parte dell'oggetto della discussione non alteri la premessa fondamentale che il controllo sulle risorse e la loro distribuzione fornisca potere agli Stati all'interno del sistema internazionale, le ramificazioni che ne derivano impattano notevolmente sulla natura del dibattito stesso: emerge, così, una tendenza a trasporre la logica geopolitica associata a fonti energetiche quali petrolio e gas sul nuovo fulcro del discorso, ossia le energie rinnovabili e, in un'ottica più ampia, tutte le soluzioni utili a favorire il passaggio da un sistema energetico sostenuto da schemi di produzione e consumo a base fossile ad un modello rivolto verso fonti a bassa intensità di carbonio (Overland, 2019).

L'analisi di tale fenomeno comporta anzitutto un esercizio di sintesi rispetto ai concetti di *geopolitica* e *transizione energetica*, col fine ultimo di delineare quella che si definisce la *"nuova geopolitica dell'energia"* (Bordoff & O'Sullivan, 2021). A tal proposito, è utile ricapitolare l'osservazione proposta da Overland, il quale individua due momenti cruciali nella concezione della *geopolitica*, dapprima intesa come "una relazione causale deterministica tra geografia e affari internazionali, focalizzata sulla rivalità permanente, l'espansione territoriale e le strategie militari dei poteri imperiali," e successivamente riportata entro una connotazione più estesa, denotando piuttosto "l'influenza della geografia sul potere degli Stati e sugli affari internazionali più in generale, con meno enfasi sul determinismo e maggiore (enfasi) sull'importanza strategica delle risorse naturali, la loro localizzazione, vie di trasporto e chocke points." L'autore, inoltre, sostiene il manifestarsi di un'ulteriore fase nel pensiero geopolitico, nata sotto l'impeto della rapida espansione delle energie rinnovabili la quale, pur redirezionando il dibattito verso le nuove fonti energetiche e le tecnologie ed infrastrutture ad esse associate, in parte reitera argomenti a lungo discussi nell'ambito delle energie fossili. Ai fini del presente elaborato, però, limitare il campo d'analisi al solo tema delle energie rinnovabili sarebbe riduttivo; pertanto, muovendo dalla considerazione delle *transizioni energetiche* come processi intricati che includono elementi sociali, tecnologici ed economici, si prenderanno in esame solo alcuni dei fattori determinanti della nuova geopolitica dell'energia, attenzionando in modo particolare i minerali critici, come preludio all'approfondimento regionale che seguirà nella seconda parte della ricerca .

Nonostante il suo potenziale trasformativo per le relazioni internazionali, la geopolitica della transizione energetica è stata trattata in modo piuttosto frammentato e, solo nel 2019, il report dell'Agenzia Internazionale per le Energie Rinnovabili (IRENA) intitolato *A New World. The Geopolitics of the Energy Transition* ha tentato di fornirne una valutazione olistica (Hafner & Tagliapietra, 2020). Il documento, infatti, afferma che "così come i combustibili fossili hanno modellato la mappa geopolitica negli ultimi due secoli, la trasformazione energetica altererà la distribuzione globale del potere, le relazioni fra gli Stati, il rischio di conflitto, nonché i drivers sociali, economici e ambientali dell'instabilità geopolitica" (IRENA, 2019). Tale visione è supportata pure da Hache (2016), il quale rigetta la tesi di una riduzione dei conflitti e delle rivalità legati all'uso delle risorse per mezzo della diffusione delle energie rinnovabili, sostenendo, invece, che le sfide poste dalla transizione energetica potrebbero rivelarsi ancora più complesse e comportare un rischio di tensioni in relazioni più locali e meno centralizzate, come pure di nuove dipendenze. In tal senso, il caso dei minerali critici è esemplificativo: la concentrazione geografica, unitamente alla corsa per soddisfare l'elevata domanda di suddetti elementi e la partecipazione alle catene di approvvigionamento dalla fase di estrazione alla commercializzazione stanno già aggravando le rivalità geopolitiche (Kalantzakos, 2019). Il litio – elemento essenziale per la produzione di batterie per dispositivi portatili e veicoli elettrici (pari al 74% delle destinazioni d'uso globale) oltre che per vetri e ceramiche (14%) – deve la sua criticità a una confluenza di fattori differenti, tra i quali (a) il potenziale di elettrificazione di veicoli su scala globale, (b) la presenza di riserve e produzione in un numero limitato di paesi e, non da ultimo, (c) la struttura oligopolistica del mercato, che potrebbe contribuire a conferire un "nuovo volto alla dipendenza materiale" (Hache, 2016; Mineral Commodities Summaries, 2022). A queste motivazioni, poi, si somma la questione dei diritti di proprietà industriale sulle tecnologie più affidabili in ottica di decarbonizzazione, tanto da spingere Vakulchuk, Overland et al. (2020) ad affermare che i paesi in grado di ottenere una posizione di leadership industriale nell'ambito delle tecnologie pulite – e dunque delle relative patenti – hanno maggiori possibilità di emergere come "vincitori" nella geopolitica della transizione energetica. Infine, sebbene il litio presenti un rischio di approvvigionamento basso ed esistano dei possibili sostituti valutabili in base alle sue applicazioni, l'importanza economica del metallo ne sancisce ancora una volta la criticità (Talens Peiró, Villalba Méndez et al., 2013). Come indica De Ridder (2013), tuttavia, non è tanto la disponibilità totale dei minerali critici ad essere rilevante sul piano geopolitico, bensì la proficuità dei depositi in termini estrattivi con le tecnologie disponibili e alle condizioni di mercato attuali. Mentre è presumibile che i paesi ricchi di minerali abbiano una leva sugli altri – per esempio, attraverso la definizione di quote di esportazione o misure di prezzo impiegabili come strumenti politico-strategici – la capacità di estrarre minerali critici in modo profittevole è attualmente riservata ad un numero ridotto di paesi (De Ridder, 2013).

È ipotizzabile, dunque, che la transizione energetica comporti nuove forme di competizione e di confronto – soprattutto nella fase transizionale, potenzialmente più destabilizzante rispetto a quella finale – nonché nuove fonti di influenza, quali (a) il controllo delle catene di approvvigionamento per minerali critici e terre rare, (b) la capacità di fabbricare componenti per le nuove tecnologie in modo economico, (c) la produzione e l'esportazione di combustibili a basse emissioni di carbonio e, come menzionato poc'anzi, (d) la definizione degli standard per l'energia pulita (Bordoff & O'Sullivan, 2021). Il groviglio di interessi appena descritto appare tanto più difficile da dipanare alla luce di tendenze più o meno nazionaliste alla gestione delle risorse naturali, laddove la predominanza di compagnie di gestione statale spesso implica un allineamento delle politiche all'interesse nazionale, incidendo sostanzialmente sugli attori, i processi e le prospettive di sviluppo dei paesi coinvolti.

II.   Il Triangolo del Litio: risorse, quadri normativi e proposte emergenti

Secondo i dati più recenti, le risorse di litio identificate nel mondo hanno subito una crescita considerevole, raggiungendo un valore pari a 89 mln ton, ripartite in ordine decrescente come segue: Bolivia (21 mln ton), Argentina (19 mln ton), Cile (9.8 mln ton), Australia (7.3 mln ton), Cina (5.1 mln ton). I primi tre paesi, quindi, concentrano circa il 60% delle risorse globali di litio, da cui ne deriva la denominazione "Triangolo del Litio" (Mineral Commodities Summaries, 2022). I vasti giacimenti localizzati sugli altipiani andini, però, rappresentano tanto un'opportunità quanto una sfida, e le prospettive di capitalizzazione risultano fortemente condizionate da una serie di variabili ambientali, sociali, economiche e legali. I processi estrattivi del litio impattano ecosistemi già infragiliti, comportando perdita di biodiversità, inquinamento e contaminazione dei bacini di acqua locale e, non da ultimo, scarsità di risorse idriche. Quest'ultima si ricollega a un tema strettamente sociale, dacché i salari ricchi di ioni di litio sono sovente situati in aree popolate da comunità indigene le cui attività economiche dipendono in larga parte dall'utilizzo di acqua: le procedure minerarie nel Salar de Atacama nella regione di Antofagasta in Cile, per esempio, hanno richiesto un consumo d'acqua equivalente al 65% delle risorse della regione, esacerbando tensioni e conflitti con le popolazioni locali (Egan, 2021). Dal punto di vista economico, poi, l'estrazione e la lavorazione del litio richiedono ampi investimenti: le ultime stime prevedono che nel 2036 i costi marginali per la produzione di litio raffinato, sia di tipo carbonato che idrossido, oscilleranno in un range compreso tra $6,000 e $8,000/t, un fattore potenzialmente esplicativo delle difficoltà di produzione citate nel paragrafo precedente (Innovation News Network, 2022). Inoltre, i profitti dell'industria provengono da una lunga catena del valore per la produzione di batterie; i paesi che assumono un ruolo meramente volto all'estrazione e all'esportazione di litio dispongono, perciò, di guadagni potenziali limitati. Per garantire profitti significativi, quindi, i paesi latinoamericani dovrebbero investire ingenti risorse in attività di ricerca e sviluppo, al fine trattenere parti della catena del valore a livello domestico (López-Calva, 2022). Infine, lo sfruttamento della risorsa è regolato da regimi normativi eterogenei, alcuni dei quali non prevedono una legislazione specifica in materia di litio, limitandosi dunque a ricondurre il minerale nelle più ampie disposizioni codicistiche di carattere minerario, come nel caso dell'Argentina. Sebbene la necessità di coordinamento tra i paesi del Triangolo del Litio sia riconosciuta, meccanismi di gestione comune della risorsa sono tuttora assenti, pur in presenza di alcune timide aperture sia a livello bilaterale tra Argentina e Cile nel solco del *Grupo de Trabajo Binacional sobre Litio y Salares* che regionale, come emerso durante la 39esima sessione della Commissione Economica per l'America Latina e i Caraibi (Ministerio de Relaciones Exterioreres, Comercio Internacional y Culto de

Argentina, 2022; Mercopress, 2022). Il coordinamento trilaterale, infatti, resta un nodo difficile da sciogliere tanto per la diversità di strutture legali sulla quale si soffermerà la sezione successiva dello studio, quanto per gli antecedenti produttivi e di sviluppo scientifico nella produzione del minerale (Lewkowicz, 2022).

a)   *Argentina*

Il regime della governance mineraria argentina si configura come un sistema multilivello nel quale alcune competenze sono riservate alle province in virtù del possesso delle risorse naturali collocate nei propri territori, senza tuttavia disporre di autonomia assoluta nella gestione delle stesse, dovendo inscrivere le proprie decisioni all'interno di un quadro normativo di pertinenza del Governo Federale (Freytes, Obaya et al., 2022). L'art. 124 della Costituzione argentina (*Constitución Nacional*, 1994), infatti, attribuisce alle province il dominio originario sulle risorse naturali esistenti all'interno dei propri territori. Secondo il testo fondamentale (art. 75, inc. 12), però, le provincie delegano al Congresso della Nazione la facoltà di dettare i Codici di fondo, ivi incluso quello Minerario (*Código de Minería*, segue come "Codice"). Quest'ultimo raggruppa le miniere in tre categorie, ossia miniere (i) che appartengono esclusivamente allo Stato, sfruttabili a seguito di concessioni rilasciate dalle autorità competenti, (ii) date in concessione, preferibilmente al proprietario del suolo e destinate allo sfruttamento comune, e (iii) che appartengono unicamente al proprietario e non possono essere sfruttate senza il suo assenso, salvo per i già menzionati motivi di pubblica utilità (Sbrocca, 2011). Nella prima tipologia rientrano, fra le altre, le miniere di litio per le quali, quindi, le autorità competenti – generalmente le province – possono rilasciare concessioni legali. In modo complementare al Codice, la Legge n° 24.196 del 1993 (*Ley de Inversiones Mineras*), modificata dalla Legge n° 25.429 del 2001 e dai suoi decreti normativi, ha istituito un regime speciale per stimolare gli investimenti nel settore minerario prevedendo, *inter alia*, la stabilità fiscale per trent'anni dalla presentazione dello studio di fattibilità. Nel quadro normativo federale, poi, figura la Legge n° 25.765 del 2002 (*Ley General del Ambiente*), che regola i presupposti minimi per la gestione sostenibile dell'ambiente, nonché il procedimento per gli studi di impatto ambientale. Il regime che ne risulta è di carattere sostanzialmente liberale, atto a favorire il "libero ingresso" degli investimenti nell'industria mineraria, un dato determinante per il funzionamento della governance del litio nel Paese (Freytes et al., 2022).

Sul piano provinciale, invece, si denota una grande eterogeneità dovuta alla coesistenza di strutture amministrative e procedimenti distinti, con risvolti non solo sui costi di transazione in capo alle imprese attive nel settore, ma anche sulla coerenza tra normativa federale e provinciale. A tal proposito, giova menzionare che la provincia di Jujuy – una delle tre dove sono collocati i principali salari, assieme a Salta e Catamarca – ha dichiarato le riserve minerarie contenenti litio una risorsa naturale strategica, per mezzo della Legge n° 5.674. Non stupisce, dunque, che tra le provincie si facciano strada strumenti emergenti per la gestione del litio, quale il Trattato Interprovinciale firmato nel 2021 che ha istituito la c.d. Regione del Litio e una Commissione Regionale sul Litio incaricata del coordinamento dei requisiti provinciali afferenti ad aspetti d'interesse comune quali ricerca, produzione, industrializzazione e commercializzazione lungo la catena del valore (Heredia, Martinez et al., 2022).

b)   Bolivia

I prodromi dell'attuale sistema della governance del litio in Bolivia sono riconducibili al governo di Evo Morales (2006-2019), contraddistinto da un'agenda di carattere nazionalista in materia di gestione delle risorse naturali, rispondente pure alle istanze di industrializzazione avanzate dai movimenti sindacali (Kohl & Farthing, 2012). Già nel 2007, mediante la Legge n° 3.720, alla *Corporación Minera de Bolivia* (COMIBOL) vengono attribuite competenze lungo l'intera catena produttiva, esercitando le funzioni di esplorazione, sfruttamento, industrializzazione, commercializzazione e amministrazione degli oneri fiscali. Il Decreto Supremo n° 29.496 del 2008, poi, riconosce l'industrializzazione del Salar de Uyuni come priorità nazionale, assegnando la responsabilità sulle risorse del giacimento alla COMIBOL. A tale processo di consolidamento ha poi fatto seguito la promulgazione della Costituzione del 2009 (*Constitución Política del Estado*), nella quale si stabilisce il carattere strategico e di interesse pubblico delle risorse naturali per lo sviluppo del Paese. La Strategia di Industrializzazione delle Risorse degli Evaporiti (2010) reitera tale approccio, riconoscendo la potestà esclusiva dello Stato sullo sfruttamento del salario e ammettendo, seppure in grado minoritario e solo in alcune fasi della produzione, la partecipazione di aziende private in associazione con lo Stato. Nel contesto delle riforme del 2017, la Legge n° 928 istituisce l'impresa pubblica nazionale Yacimientos de Litio Bolivianos (YLB), rafforzando al contempo la parziale apertura alle aziende straniere già anticipata dalla Legge n° 535 del 2014 (*Ley de Minería*) nei "processi posteriori di semi-industrializzazione, industrializzazione e trattamento dei rifiuti" (Obaya, 2021).

L'esperienza boliviana offre una prospettiva significativa sul tema della produzione profittevole del litio più volte citato nel corso dell'elaborato: in questo caso, gli antecedenti storici legati allo sfruttamento di risorse naturali hanno trovato riscontro in un sistema improntato alla produzione di valore aggiunto, in grado di andare oltre l'utilizzo della risorsa come forma di materia prima passando attraverso un più profondo processo di industrializzazione (Brusca, 2023). I risultati di suddetta strategia, tuttavia, restano paralizzati da un contesto domestico turbolento, segnato dagli accadimenti del 2019 che hanno visto l'ex Presidente Morales rassegnare le dimissioni e il successivo insediamento dell'attuale Presidente Luis Arce, il quale ha enunciato obiettivi ambiziosi volti a rendere lo Stato Sudamericano "la capitale mondiale del litio" (Stone, 2020).

c)   Cile

Rispetto ai casi precedentemente analizzati, il quadro normativo che disciplina il litio in Cile presenta caratteristiche miste, frutto di una peculiare evoluzione il cui discrimine si colloca nel 1979, anno in cui, mediante il Decreto-legge n° 2.886, art. 2, si sancisce "che l'interesse nazionale richiede di riservare allo Stato il litio, con le eccezioni necessarie per salvaguardare debitamente gli interessi dei particolari." I testi precedenti, e in particolare il Codice Minerario del 1932, art. 3 (*Código de Minería*), avevano dichiarato il litio una risorsa naturale soggetta a concessione, tratto mantenuto anche quando, nel 1975, il minerale venne definito di interesse nucleare, accordando un importante ruolo regolatorio alla *Comisión Chilena de Energía Nuclear* (CCHEN), da alcuni ritenuto una potenziale barriera all'ingresso di nuovi capitali nell'industria del litio nazionale (Perotti & Coviello, 2015; Observatorio Latino Americano de Conflictos Ambientales [OLCA], 2019). Nel corso degli anni '70, dunque, la *Corporación Nacional del Cobre de Chile* (CODELCO), registra diverse concessioni minerarie di litio nei Salari di Pedernales, Aguiler, Infieles e Cotos, mentre la *Corporación del Fomento de la Producción* (CORFO) svolge la medesima azione – c.d. "pertinencias Oma" – nel Salar de Atacama. Il cambio di rotta segnalato nel 1979 non influisce sulle concessioni antecedenti a quell'anno, le quali restano escluse dai provvedimenti successivi, ma muta notevolmente il panorama del litio nel Paese. La Costituzione del 1980, infatti, sancisce che i giacimenti contenenti sostanze non suscettibili di concessione potranno essere esplorati e sfruttati (a) direttamente dallo Stato o dalle sue imprese, (b) per mezzo di concessioni amministrative o (c) di contratti speciali di operazione. La Legge n° 18.097 del 1982 (*Ley Organica Constitucional Sobre Concesiones Mineras*), inoltre, riconosce il litio come "materiale strategico" e il Codice Minerario del 1983, così come la Legge n° 18.248, reiterano le disposizioni contenute nella Costituzione. Il sistema cileno, infine, è integrato da normative in materia ambientale che hanno visto nascere, nel 1997, il *Servicio de Evaluación Ambiental* (SEA) il quale prevede meccanismi di valutazione dell'impatto ambientale dei progetti minerari, così come di partecipazione cittadina e di consultazione indigena.

Seppure in Cile il litio sia una risorsa riservata allo Stato, le modalità di concessione ammesse dai testi appena esaminati permettono, di fatto, la partecipazione di imprese private. CORFO – una delle maggiori istituzioni statali attive nel settore del litio, insieme a CODELCO e all' *Empresa Nacional de Minería* (ENAMI) – ha stipulato contratti con Sociedad Quimica y Minera de Chile (SQM) e Albemarle, due delle principali produttrici di litio a livello mondiale mentre ENAMI, che ha pure inserito l'estrazione del litio tra i suoi obiettivi strategici, ha intrapreso un'associazione con l'impresa statunitense Wealth Minerals nel Salar de Atacama e nella Laguna Verde (OLCA, 2019).

III.   La contesa dell'oro bianco: come cambia la Geopolitica dell'America Latina

La breve disamina operata nei paragrafi precedenti offre un punto di partenza per contestualizzare le sfide e le possibilità che si aprono dinanzi ai paesi del Triangolo del Litio in una fase storica in cui l'accesso a tale risorsa emerge come nuovo elemento di competizione strategica. La Cina dispone di un vantaggio rispetto ai propri *competitors* nell'industria del litio, dovuto all'elevata capacità di raffinazione e di produzione di

batterie. Malgrado il gigante asiatico figuri tra i primi cinque paesi per riserve di litio, però, la domanda del minerale ne eccede la disponibilità domestica, rendendo impellente la necessità di assicurare fonti esterne di litio. Ganfeng e Tianqi Lithium – rispettivamente terza e quarta maggiore compagnia di litio al mondo – sono attive sia in Argentina che in Cile. Nel 2018, infatti, Tianqi ha finalizzato un investimento dal valore di $4.1 mld per l'acquisizione di una quota di minoranza di SQM e, all'inizio del 2022, l'azienda BYD si è aggiudicata un contratto di estrazione di litio nel Paese (American Enterprise Institute [AEI], 2021; Asia Financial, 2022). In Argentina, in seguito all'acquisizione della canadese Neo Lithium, la Zijin Mining ha annunciato un investimento pari a $380 mil per la costruzione di un impianto di carbonato di litio attraverso la sussidiaria locale Liex, come parte del progetto Tres Quebradas nella provincia di Catamarca (Reuters, 2022). Oltre all'apertura del settore minerario agli investimenti, il potenziale inesplorato nell'industria del litio rende l'Argentina un attore degno di nota per gli investitori stranieri. Con 36 progetti in fase di sviluppo, il Paese attrae anche aziende interessate alla produzione di nuove tecnologie: per esempio, Eramine, sussidiaria argentina della francese Eramet sta sviluppando un progetto nel Salar Centenario Ratones per testare un processo innovativo noto come Direct Lithium Extraction (DLE) insieme alla cinse Tsingshan (Vásquez, 2023). Seppure la recente adesione del Paese sudamericano alla Belt and Road Initiative (BRI) lasci intendere un trend di avvicinamento alla Cina, comunque, il dinamismo argentino non cattura solo l'attenzione cinese. Bisogna ricordare, infatti, che negli ultimi anni l'Argentina è stata la principale fonte di importazione di litio per gli Stati Uniti, seguita dal Cile, rappresentando rispettivamente il 54% e il 37% delle importazioni totali di litio tra il 2017 e il 2020 (Mineral Commodities Summaries, 2022). Nonostante la gestione del litio in Cile non sia contraddistinta da un grado di apertura paragonabile a quello argentino, anche qui si notano dei tentativi di sviluppo degni di nota, quale il progetto di Albemarle per la creazione di un impianto DLE mediante l'impiego di tecnologia tedesca (Vásquez, 2023). La crescita prevista in Argentina, però, pone il Cile in una posizione svantaggiosa rispetto al vicino, tanto da spingere alcuni analisti a sostenere che nel 2028 la produzione di litio argentina supererà quella cilena (Ibarra, 2022).
Liebetreu (2022), invece, ritiene la Bolivia un caso in cui i vantaggi dell'interazione con attori cinesi e statunitensi

potrebbero coincidere. La composizione chimica delle risorse di litio boliviane – contenenti una parte elevata di magnesio il cui trattamento richiede tecnologie avanzate di DLE ancora non testate su larga scala – rende il tema dell'avanzamento tecnologico cruciale per il progresso dell'industria stessa. Dopo l'insuccesso della joint venture tra YLB e la tedesca ACI Systems, sei aziende sono state coinvolte nella fase pilota del progetto di DLE. Le notizie più recenti riportano la firma di un contratto tra YLB e la cinese CATL BRUNP & CMOC (CBC) per l'avvio di due complessi industriali con tecnologia DLE nei salari di Oruro e Potosí, segnalando l'inizio di quella che il Presidente Arce ha definito "l'era dell'industrializzazione del litio boliviano" (YLB, 2023). Nella stessa occasione, il capo del Governo ha ribadito l'apertura alle imprese straniere, da mantenere sempre nella cornice del modello che vede lo Stato boliviano ricoprire un ruolo da protagonista nella gestione delle risorse naturali e strategiche (YLB, 2023).

Se si estende lo sguardo oltre il Triangolo del Litio, lo scenario appare ancora più complesso. Il Decreto approvato dal Presidente messicano Andrés Manuel López Obrador nel 2022 ha istituito un organismo pubblico denominato *Litio para México*, incaricato della gestione del litio ubicato in territorio nazionale, così come del controllo delle catene di valore del minerale. Di recente, poi, una superficie di circa 235.000 ettari nello stato di Sonora è stata dichiarata zona di riserva mineraria di litio per cause di utilità pubblica, contribuendo ulteriormente alla strategia di nazionalizzazione già avviata.

Per una regione storicamente tanto ricca quanto drenata delle proprie risorse naturali – e il libro di Eduardo Galeano citato in apertura del capitolo ne è un manifesto letterario senza eguali – navigare le difficoltà insite nella gestione di una risorsa critica come il litio costituisce una sfida la cui risoluzione passa inevitabilmente per traiettorie diverse, adeguate all'esperienza storica e alle necessità proprie di ciascuna realtà, che si stagliano sullo sfondo di un sistema internazionale in cui il tenue equilibrio tra collaborazione e competizione sta plasmando una nuova faccia della geopolitica.

IV.   Fonti:

AEI   China   Global   Investment   Tracker.
https://www.aei.org/china-global-investment-tracker/.
Consultato il 1 marzo, 2023.

"A New World. The Geopolitics of the Energy Transition",
IRENA, 2019. https://www.irena.org/publications/2019/Jan/A-
New-World-The-Geopolitics-of-the-Energy-Transformation

"Argentina y Chile promueven la cooperación bilateral en
materia de litio", *Ministerio de Relaciones Exteriores,
Comercio Internacional y Culto de Argentina*, agosto 2022.
https://cancilleria.gob.ar/es/actualidad/noticias/argentina-y-
chile-promueven-la-cooperacion-bilateral-en-materia-de-litio

Biblioteca   del   Congreso   Nacional   de   Chile.
https://www.bcn.cl/leychile/ Consultato il 1 marzo, 2023.

Bordoff, J., O'Sullivan, M. L. "Green Upheaval – The New
Geopolitics of Energy", *Foreign Affairs*, gennaio/febbraio
2022.   https://www.foreignaffairs.com/articles/world/2021-11-
30/geopolitics-energy-green-upheaval

"China's BYD Wins Chile Lithium Extraction Contract," *Asia
Financial*,   gennaio   2022.
https://www.asiafinancial.com/chinas-byd-wins-chile-lithium-
extraction-contract

"China's Zijin Mining to invest $380 mln in Argentina lithium
plant",   *Reuters*,   febbraio   2022.
https://www.reuters.com/article/argentina-lithium-zijin-
mining/chinas-zijin-mining-to-invest-380-mln-in-argentina-
lithium-plant-idUSL6N2UF06P

De Ridder, M. "The Geopolitics of Mineral Resources for
Renewable Energy Technologies", *The Hague Centre for
Strategic Studies*, Agosto 2013.

"ECLAC's 39th session gets underway in Buenos Aires",
MercoPress,   ottobre   2022.
https://en.mercopress.com/2022/10/25/eclac-s-39th-session-
gets-underway-in-buenos-aires

Freytes, C., Obaya, M. et al. *Federalismo y desarrollo de capacidades productivas y tecnologías en torno al litio*. Fundar, ottobre 2022.

Galeano, E. *Le Vene Aperte dell'America Latina*. Roma: Edizioni SUR, 2021.

Hache, E. "Do renewable energies improve energy security in the long run?" *IFP Energies Nouvelles, Les cahiers de l'économie*, n. 109, settembre 2016.

Hafner, M., Tagliapietra, S. (eds.) *The Geopolitics of the Global Energy Transition*. Cham, Svizzera: Springer, 2020.

Heredia, F., Martinez, A.L., et al. "The Important Role of Mining Within the Energy Transition: The Case of the Lithium Sector in Argentina", in Wood, G., Neira-Castro, J.F. (eds.) *From Fossil Fuels to Low Carbon Energy Transition*. Cham, Switzerland: Springer, 2022, p. 137-151.

Ibarra, V. "JPMorgan advierte que Argentina superara a Chile en la producción de litio en 2028", *Diario Financiero*, agosto 2022. https://www.df.cl/empresas/mineria/jpmorgan-advierte-que-argentina-superara-a-chile-en-produccion-de-litio

Kalantzakos, S. "The Geopolitics of Critical Minerals", *IAI Papers* 19|27, dicembre 2019.

Lewkowicz, J. "América Latina discute una estrategia regional para la producción del litio", *Diálogo Chino*, Agosto 2022. https://dialogochino.net/es/actividades-extractivas-es/57203-america-latina-discute-una-estrategia-regional-para-la-produccion-del-litio/

Leyes Argentinas. https://www.argentina.gob.ar/normativa. Consultato il 1 marzo, 2023.

Liebetreu, D. "Adversaries in the Altiplano: Strategic Competition in South America's Lithium Triangle", *InterAgency Journal*, Vol. 12, n. 12, 2022.

López-Calva, L.F. "Lithium in Latin America: A new quest for "El Dorado"? *UNDP Latin America and the Caribbean*, maggio 2022. https://www.undp.org/latin-america/blog/graph-for-thought/lithium-latin-america-new-quest-el-dorado

MacDonald, Scott B. "The Geopolitics of South America's Lithium Triangle", *Global Americans*, gennaio 2023. https://theglobalamericans.org/2023/01/the-geopolitics-of-south-americas-lithium-triangle/

"A New Age for South America's Lithium Triangle?", *Global Americans*, dicembre 2022. https://theglobalamericans.org/2022/12/a-new-age-for-south-americas-lithium-triangle/

"Marco Normativo del Litio Chileno", *OLCA*, 2019. https://olca.cl/articulo/nota.php?id=107638

"Mineral Commodities Summaries, U.S. Geological Survey, 2022. https://pubs.er.usgs.gov/publication/mcs2022

Obaya, M. *Una mirada estratégica sobre el triángulo del litio. Marco normativo y políticas productivas para el desarrollo de capacidades en base a recursos naturales.* Buenos Aires: Fundar, marzo 2021.

Overland, I. "The geopolitics of renewable energy: Debunking four emerging myths", *Energy Research & Social Science*, Vol. 49, 2019, p. 36-40.

Perotti, R., Coviello, M.F. *"Governance of Strategic Minerals in Latin America: The Case of Lithium"*, *ECLAC*, 2015.

"Presidente Arce: hoy empieza la era de la industrialización del litio boliviano", *YLB*, gennaio 2023. https://www.ylb.gob.bo/

"Producing high-quality battery-grade lithium carbonate in South America", *Innovation News Network*, febbraio 2012. https://www.innovationnewsnetwork.com/high-quality-battery-grade-lithium-carbonate-south-america/18305/

Rusca, E. "La Bolivia e il litio: tracce di un colpo di stato", *Gli Stati Generali*, gennaio 2013. https://www.glistatigenerali.com/energia-economiareale_geopolitica/la-bolivia-e-il-litio-tracce-di-un-colpo-di-stato/

Sbrocca, M. "Terre rare in sudamerica: analisi della legislazione mineraria argentina", *Diritto & Diritti*, dicembre 2011.

Secretaria de Gobernación. Diario Oficial de la Federación. https://www.dof.gob.mx/index.php#gsc.tab=0 Consultato il 1 marzo, 2023.

Stone. M. "The world needs lithium. Can Bolivia's new president deliver it?" *Grist*, novembre 2020. https://grist.org/energy/the-world-needs-lithium-can-bolivias-new-president-deliver-it/

Talens Peiró, L., Villalba Méndez, G. et al. "Lithium: Sources, Production, Uses, and Recovery Outlook", *JOM*, Vol. 65, n.8, 2013, p. 986-996.

Vakulchuk, R., Overland, I. et al. "Renewable energy and geopolitics: A Review", *Renewable and Sustainable Energy Reviews*, Vol. 122, 2022.

Vásquez, P.I. "Lithium Production in Chile and Argentina: Inverted Roles" *Wilson Center Latin American Program*, gennaio 2023.
Vicepresidencia del Estado, Presidencia de la Asamblea Legislativa Plurinacional. Sistema de Información Legal del Estado Plurinacional. http://www.silep.gob.bo/ Consultato il 1 marzo, 2023.

Europa

La Direttiva "Whistleblowing": verso una governance aziendale inclusiva

Ludovica Chiappini – Senior Researcher, Mondo Internazionale G.E.O. Politica

Abstract

La governance aziendale è l'insieme di norme, regolamenti, accordi volontari e meccanismi atti alla realizzazione del processo decisionale dell'impresa. L'entrata in campo della responsabilità sociale d'impresa sta avendo un impatto significativo sul ruolo della governance aziendale in relazione ai temi di sostenibilità. Essa é cruciale nel far sì che sviluppo e benessere aziendale coabitino. Il Patto Mondiale delle Nazioni Unite ha coniando il concetto di Transformational Governance, una *"filosofia basata sui principi di sviluppo sostenibile che invita le imprese a essere più responsabili, etiche, inclusive e trasparenti per guidare una condotta aziendale responsabile"* (Guterres, Ojiambo, 2022). Si tratta di una governance aziendale inclusiva orientata agli obiettivi di sviluppo sostenibile. Per crearla, le aziende devono coinvolgere, nelle loro decisioni, i cosiddetti "stakeholders", ovvero tutte le parti interessate che possono avere e/o essere oggetto dell'impatto delle attività aziendali. Una governance aziendale inclusiva consentirebbe alle parti interessate di esercitare voce e influenza nei processi decisionali che le riguardano tramite l'accettazione di un dialogo sociale. Affrontare l'esclusione e adottare processi di governance aziendale inclusiva, significherebbe adattare le strutture di potere e ridefinire le relazioni tra l'impresa ed i suoi attori, contribuendo al raggiungimento degli obiettivi di sviluppo sostenibile. Una corporate governance inclusiva è favorevole all'azienda, riducendo i rischi e i costi di controllo a lungo termine, creando un ambiente di fiducia e trasparenza redditizio e sostenibile per gli affari (Guterres, Ojiambo, 2022).

Ma come puo' essere incentivata la modifica delle strutture di potere, la ridefinizione delle relazioni tra l'impresa ed i suoi attori, il dialogo sociale nelle aziende che contribuirebbe all'istituzione di una governance aziendale inclusiva e permetterebbe alle imprese di essere più responsabili? La finalità di questo articolo è di esplorare come la Direttiva (UE) 2019/1937 del Parlamento Europeo e del Consiglio del 23

Ottobre 2019 riguardante la protezione dei whistleblowers (informatori), può essere considerata una leva per incentivare il dialogo sociale aziendale, ridefinendo le relazioni di potere e favorendo una governance aziendale inclusiva orientata agli obiettivi di sviluppo sostenibile.

Parole chiave: Governance aziendale inclusiva, Direttiva (UE) 2019/1937, protezione dei whistleblowers, dialogo sociale aziendale, canali interni di segnalazione.

Keywords: Transformational Governance, inclusive governance, whistleblower protection

I. Introduzione

La *corporate governance* o governance aziendale è l'insieme di norme, regolamenti, accordi volontari e meccanismi, legati alle specificità delle singole società, atti alla realizzazione del processo decisionale dell'impresa. La *corporate governance* identifica il modo in cui le società sono governate e il loro scopo (OECD, 2015). I soggetti che compongono la governance aziendale sono essenzialmente l'alta dirigenza, l'organo di supervisione strategica, l'organo di gestione, l'organo di controllo e altri a seconda della forma giuridica della società.

L'entrata in campo della responsabilità sociale d'impresa, definita dalla Commissione Europea nel 2001 come *"l'integrazione volontaria delle preoccupazioni sociali ed ecologiche delle imprese nelle loro operazioni commerciali e nei loro rapporti con le parti interessate"* (Commissione europea, 2001), sta avendo un impatto significativo sul ruolo della *corporate governance* in relazione ai temi di sostenibilità. Essa é cruciale nel far sì che sviluppo e benessere aziendale coabitino.

L'OECD ha coniato il concetto di "governance inclusiva" concentrandosi piuttosto sulla governance degli Stati. In particolare, ha rilevato il suo importante valore intrinseco che consiste nel permettere alle persone di esercitare voce e influenza nei processi che le riguardano basandosi sul dialogo sociale e offrendo le fondamenta per forgiare un'identità condivisa e valori comuni (OECD, 2020). Affrontare l'esclusione, consentire processi di governance inclusiva e risultati di sviluppo inclusivo significa modificare le strutture di potere e ridefinire le relazioni tra Stato e società contribuendo al raggiungimento degli obiettivi di sviluppo sostenibile (SDGs).

Il Patto Mondiale delle Nazioni Unite (UN Global Compact) ha identificato l'SDG 16 adattandolo alle imprese e coniando il concetto di *Transformational Governance,* una *"filosofia basata sui principi di sviluppo sostenibile che invita le imprese a essere più responsabili, etiche, inclusive e trasparenti per guidare una condotta aziendale responsabile, migliorare le prestazioni ESG e rafforzare le istituzioni, le leggi e i sistemi pubblici"* (Guterres, Ojiambo, 2022) . Si tratta di una *corporate governance* inclusiva orientata agli obiettivi di sviluppo sostenibile. Per crearla, le aziende devono coinvolgere, nelle loro decisioni, i cosiddetti "stakeholders", ovvero tutte le parti interessate che possono avere e/o essere oggetto dell'impatto delle attività aziendali. Una *corporate governance* inclusiva, allo stesso modo di quella menzionata dall'OECD per gli Stati, consentirebbe, dunque, alle parti interessate di esercitare voce e influenza nei processi decisionali che le riguardano tramite l'accettazione di un dialogo sociale che può essere la base per forgiare un'identità aziendale condivisa e valori comuni. Affrontare l'esclusione e adottare processi di governance aziendale inclusiva, significherebbe adattare le strutture di potere e ridefinire le relazioni tra l'impresa ed i suoi attori, contribuendo al raggiungimento degli obiettivi di sviluppo sostenibile.

Una *corporate governance* inclusiva è favorevole all'azienda, riducendo i rischi e i costi di controllo a lungo termine, creando un ambiente di fiducia e trasparenza redditizio e sostenibile per gli affari (Guterres, Ojiambo, 2022).

Ma come può essere incentivata la modifica delle strutture di potere, la ridefinizione delle relazioni tra l'impresa ed i suoi attori, il dialogo sociale nelle aziende che contribuirebbe all'istituzione di una *corporate governance* inclusiva e permetterebbe alle imprese di essere più responsabili?

La finalità di questo articolo è di esplorare come la Direttiva (UE) 2019/1937 del Parlamento Europeo e del Consiglio del 23 Ottobre 2019 riguardante la protezione dei *whistleblowers* (segnalanti o informatori), può essere considerata una leva per incentivare il dialogo sociale aziendale, ridefinendo le relazioni di potere e favorendo una governance aziendale inclusiva orientata agli obiettivi di sviluppo sostenibile.

Tale lavoro vuole dimostrare come l'esistenza di un canale interno di segnalazione, garante, secondo quanto previsto dalla Direttiva UE, di una protezione equilibrata ed efficace degli informatori, sia uno strumento di pressione per gli stakeholders aziendali interni ed esterni. Facendo leva sul rischio finanziario, giuridico e reputazionale dell'azienda, i canali interni di segnalazione giocherebbero un ruolo essenziale nel favorire il dialogo sociale e l'istituzione di una *corporate governance* inclusiva.

A tal fine, nel primo paragrafo, si tratteranno le disposizioni della Direttiva UE e la sua trasposizione negli ordinamenti degli Stati membri, con particolare attenzione al dispositivo di segnalazione interno alle aziende. Nel secondo paragrafo, ci si concentrerà sull'impatto della Direttiva UE sulle aziende, dimostrando come una buona applicazione del canale interno di segnalamento e delle disposizioni di questa Direttiva possa favorire un dialogo sociale risultante in una *corporate governance* inclusiva, a vantaggio di tutti. In conclusione, si sottolineerà l'importanza della trasposizione delle Direttiva al fine di creare una cultura aziendale che dia valore all'ascolto e accolga questa risorsa di trasformazione positiva per l'azienda.

II. La Direttiva Europea sul *Whistleblowing*: focus sul dispositivo di segnalazione interno alle aziende e sulla trasposizione negli ordinamenti degli Stati membri

Pubblicata nel dicembre 2019, la Direttiva (UE) 2019/1937 del Parlamento Europeo e del Consiglio del 23 Ottobre 2019 impone a certi attori di implementare canali di segnalazione interni, attraverso i quali dipendenti e terze parti possono segnalare in modo riservato atti illeciti. È opportuno precisare che coesistono due canali di segnalazione: quello esterno, cioè rivolto alle autorità e/o alla stampa, e quello interno, in cui il dipendente o terzi si rivolgono a un membro dell'organizzazione interessata per effettuare la loro segnalazione. Tale articolo si concentra sul ruolo e impatto del canale interno di segnalamento delle aziende.

a. Gli elementi essenziali della Direttiva

Lo scopo: la Direttiva mira a rilevare e prevenire comportamenti scorretti e violazioni di leggi e regolamenti; a migliorare l'applicazione della legge implementando canali di segnalazione efficaci, affidabili ed equilibrati per proteggere i segnalanti da eventuali ritorsioni; a proteggere ulteriormente i *whistleblowers* garantendo la possibilità di segnalare in modo anonimo.

L'ambito di applicazione: si distingue l'ambito materiale e l'ambito personale relativo alle aziende.
Per quanto riguarda l'ambito di applicazione materiale, la direttiva stabilisce norme minime comuni di protezione delle persone che segnalano le seguenti violazioni del diritto dell'Unione: frode fiscale, riciclaggio di denaro, reati relativi agli appalti pubblici, alla sicurezza dei prodotti e dei trasporti,

alla protezione dell'ambiente, alla salute pubblica e alla protezione dei consumatori e dei dati. Tuttavia, incoraggia i legislatori nazionali a estendere tale ambito anche nelle rispettive legislazioni nazionali.

È importante precisare che la Direttiva non pregiudica la possibilità degli Stati di garantire la sicurezza nazionale. Dunque, non si applica alle segnalazioni su violazioni in materia di appalti di difesa o di sicurezza, su informazioni classificate, coperte dal segreto professionale o dalla la segretezza delle deliberazioni degli organi giudiziari.

Per quanto riguarda l'ambito di applicazione personale relativo alle aziende, la Direttiva si applica:

- Alle persone segnalanti che lavorano nel settore privato e che hanno acquisito informazioni sulle violazioni in un contesto lavorativo: dipendenti; lavoratori autonomi; azionisti e i membri dell'organo di amministrazione, direzione o vigilanza di un'impresa, compresi i membri senza incarichi esecutivi; i volontari e i tirocinanti retribuiti e non retribuiti; qualsiasi persona che lavora sotto la supervisione e la direzione di appaltatori, subappaltatori e fornitori.
- Alle persone segnalanti qualora segnalino o divulghino informazioni sulle violazioni acquisite nell'ambito di un rapporto di lavoro nel frattempo terminato.
- Alle persone segnalanti il cui rapporto di lavoro non è ancora iniziato, nei casi in cui le informazioni riguardanti una violazione sono state acquisite durante il processo di selezione o altre fasi delle trattative precontrattuali.
- Ai facilitatori; a terzi connessi con le persone segnalanti e che potrebbero rischiare ritorsioni in un contesto lavorativo, quali colleghi o parenti delle persone segnalanti; e ai soggetti giuridici di cui le persone segnalanti sono proprietarie, per cui lavorano o a cui sono altrimenti connesse in un contesto lavorativo.
- Alle aziende con più di 50 dipendenti. La direttiva obbliga tali attori a predisporre adeguati canali interni di segnalazione; dispone che gli Stati membri debbano incoraggiare e prediligere le segnalazioni mediante canali interni rispetto agli esterni, laddove la violazione possa essere affrontata seriamente a

livello interno, e la persona segnalante ritenga che non sussista il rischio di ritorsioni.

Il contenuto: ci si focalizza sulla protezione delle persone segnalanti e sugli obblighi per le aziende nelle procedure di segnalamento interno.

Per quanto riguarda le condizioni per la protezione delle persone segnalanti, queste ultime beneficiano di protezione a condizione che siano in buona fede e abbiamo rispettato le procedure di segnalazione previste dall'articolo 7 della Direttiva. Le persone coinvolte sono protette dal licenziamento e da altre forme di discriminazione.

Per quanto riguarda gli obblighi per le aziende, esse sono tenute a:

- Garantire la protezione dei dati personali nel rispetto del GDPR.
- Determinare la persona "più adatta" a ricevere e gestire le segnalazioni.
- Rispettare le tempistiche: le aziende devono confermare la ricezione della segnalazione al segnalante entro sette giorni. Il *whistleblower* deve essere informato di qualsiasi azione intrapresa entro tre mesi, dello stato dell'indagine interna e del suo esito.
- L'obbligo d'informazione: le aziende sono tenute a fornire all'autorità competente informazioni sul processo di segnalazione interno, nonché sui canali di segnalamento. Queste informazioni devono essere facilmente comprensibili e accessibili, non solo ai dipendenti, ma a tutte le parti interessate.
- L'archiviazione dei dati: tutte le segnalazioni ricevute devono essere conservate in luogo sicuro in modo che possano essere utilizzate come prove, se necessario.

Le aziende che ostacolano o tentano di ostacolare la segnalazione subiranno sanzioni. Lo stesso vale se le aziende non mantengono riservata l'identità del segnalante o attuano ritorsioni nei loro confronti. Allo stesso modo, sanzioni sono previste per i segnalanti che esercitano tale strumento non in buona fede. La gravità di tale sanzione ricade nella competenza dei legislatori nazionali.

b. Il recepimento della Direttiva 2019/1937 in Italia e negli altri Stati membri

Il termine per il recepimento negli ordinamenti nazionali degli Stati membri è scaduto il 17 dicembre 2021. Tuttavia, come si può osservare dall'immagine aggiornata al 5 dicembre 2022 (EQSGroup, 2021) diversi sono gli Stati membri che non hanno ancora provveduto all'adeguamento della normativa nei rispettivi ordinamenti.

L'Italia è tra questi paesi anche se non risulta del tutto scoperta di una normativa in merito. Il *whistleblowing*, infatti, è attualmente regolato dalla Legge 179 del 2017, che aveva introdotto l'obbligo di dotarsi di canali di segnalazione anche per le aziende del settore privato dotate di modello organizzativo 231, integrando la preesistente disciplina prevista per il settore pubblico (art. 54-bis, D. Lgs. n. 165/2001).

A seguito della discussa scadenza, nel 2021, della legge delega che prevedeva il decreto legislativo per il recepimento della Direttiva *Whistleblowing*, il 10 settembre 2022 è entrata ufficialmente in vigore la nuova legge delega e il 9 dicembre 2022, il Consiglio dei Ministri ha approvato il decreto legislativo per il recepimento della Direttiva UE in materia di *whistleblowing* (Camera dei deputati, 2022).

Al contrario, la Francia è tra i paesi virtuosi che ha adeguato la propria legislazione approvando la *"LOI n° 2022-401 du 21 mars 2022 visant à améliorer la protection des lanceurs d'alerte"* a cui tutti gli attori interessati hanno dovuto adeguarsi il 1° settembre 2022. Tale legge modifica la normativa già presente dal 2017, la cosiddetta *Loi Sapin II*, che aveva introdotto l'obbligo per le aziende, con più di 50 dipendenti, di avere canali interni di segnalamento. Il 16 febbraio 2022, il parlamento francese ha emanato una nuova legge sulla tutela del *whistleblower* con la quale implementa la Direttiva UE in modo ancora più ambizioso.

È interessante andare ad analizzare le performance dei canali interni di segnalamento prima dell'entrata in vigore delle misure della Direttiva al fine di poter comprendere meglio quale sarà il suo impatto potenziale.

III. La portata della Direttiva UE sulle aziende: incitare al dialogo sociale tra le parti e favorire una governance aziendale inclusiva

In Italia, uno studio di Transparency International per l'anno 2021 ha potuto appurare forti criticità rispetto alla tutela dei *whistleblowers*. In effetti, dopo che questi ultimi hanno subito discriminazioni, i provvedimenti sanzionatori di A.N.AC. nei confronti di chi ha violato la legge sono stati pochissimi, così come non sembrano esserci stati provvedimenti della magistratura in favore degli informatori. Se la percentuale di segnalazioni del 2021 che provengono dalle pubbliche amministrazioni è del 78%, questo non vale per il settore privato. In quest'ultimo, inteso come piccole, medie e grandi imprese, la percentuale registrata l'anno 2021 é pari al 4%. Ciò può essere riconducibile alla Legge n.179/2017 che ha da sempre regolamentato il *whistleblowing* nel settore pubblico a differenza del settore privato, piuttosto lacunoso (Transparency International Italia, 2021). In effetti, vi sono dubbi sull'istituto del *whistleblowing* sia da parte dei segnalanti stessi, per la mancata protezione, sia da parte delle aziende, per la paura che tale strumento possa essere usato male e come elemento di pressione o di ricatto sui propri superiori.

In Francia, un punto della situazione è stato fatto nel 2022, 5 anni dopo l'entrata in vigore della *Loi Sapin 2*, nel 2017, e prima della trasposizione della Direttiva. Lo studio in collaborazione Ethicorp.com-AFJE ("Compliance: Progrès Significatifs En 2022," 2022) mostra un relativo progresso nella conformità delle aziende rispetto al 2017. Tuttavia, sebbene la maggior parte di esse disponga di un sistema di allerta (80,77%), il 34,58% delle aziende ha solo da 1 a 10 allerte all'anno e il 9,35% ha solo da 11 a 50 allerte. È quindi necessario un ulteriore sforzo per garantire che i sistemi siano realmente utilizzati e operativi. I limiti individuati dai responsabili conformità intervistati sono principalmente la mancanza di fiducia dei dipendenti (52,07% rispetto al 71,90% dello studio nel 2019), poi la paura di conseguenze o ritorsioni (51,24% rispetto al 67,77% dello studio 2019).

Infine, uno studio del 2021 ("Whistleblowing Report - Learnings from European Companies," 2021), evidenzia che le aziende europee di grandi dimensioni che hanno già introdotto un sistema di *whistleblowing* sono numerose mentre la percentuale di PMI dotate di un sistema di segnalazione tende ad essere ridotta. Le aziende intervistate, che non hanno ancora introdotto un sistema di allerta, sottolineano le ragioni seguenti per cui non l'hanno fatto: da un lato, ritengono di possedere già una forte cultura d'integrità e, dall'altro, affermano che non sussiste alcun obbligo giuridico in tal senso. Inoltre, sostengono di non disporre di sufficienti risorse umane perché destinate altrove. Infine, tali aziende affermano di essere disposte a introdurlo solo se obbligate per legge.

Dunque, i vari studi sul *whistleblowing*, antecedenti alla Direttiva UE, hanno in comune i seguenti motivi per cui canali aziendali interni di segnalazione non sono incentivati, oppure se ci sono, sono poco efficaci:

-   la mancanza di risorse umane e finanziarie destinate a tali programmi;
-   la mancanza di fiducia dei dipendenti nell'utilizzare questo strumento, poiché non sicuri di essere protetti da ritorsioni;
-   timore delle aziende che questo strumento possa essere un sistema di ricatto;
-   mancanza di obblighi legislativi.

La Direttiva UE va a colmare potenzialmente la mancanza di fiducia dei dipendenti, la mancanza di obblighi legislativi, la mancanza di risorse umane e finanziarie destinate a tali programmi e il timore delle aziende. In effetti, aumenta la protezione per i segnalanti tutelandoli da ritorsioni; rende obbligatorio lo strumento per le società di più di 50 dipendenti; predispone figure apposite per la gestione di tali canali; protegge ugualmente le aziende prevedendo *"sanzioni effettive, proporzionate e dissuasive applicabili alle persone segnalanti per le quali sia accertato che hanno scientemente effettuato segnalazioni o divulgazioni pubbliche false. Gli*

Stati membri prevedono anche misure per il risarcimento dei danni derivanti da tali segnalazioni o divulgazioni conformemente al diritto nazionale".

Per le aziende, i benefici della Direttiva non sono unicamente limitati a eliminare la minaccia di un utilizzo diffamatorio delle segnalazioni nei loro confronti. Si ritrovano anche nell'incentivare l'uso di uno strumento che è al servizio della prevenzione e riduzione della responsabilità giuridica; delle perdite finanziarie dovute a frodi; del miglioramento continuo della compliance e della gestione del rischio; della differenziazione dell'azienda e della sua competitività (Transparency International, 2017). Infine, una corretta implementazione della Direttiva nell'ambito dei canali interni di segnalamento permetterebbe di favorire il dialogo sociale con tutti gli *stakeholders* interni ed esterni coinvolti nelle attività aziendali e lungo tutta la catena globale del valore. Le informazioni sulle questioni sollevate attraverso un sistema di segnalazione interna consentirebbero alle organizzazioni di migliorare le proprie politiche e procedure, d'identificare i punti in cui sono necessarie maggiori risorse per ridurre l'esposizione al rischio, di tener conto di tutti gli interessi in gioco; consentirebbero di capitalizzare il valore dell'ascolto. Tutto ciò porterebbe ad una *corporate governance* inclusiva, alla *Transformation Governance*. Una *corporate governance* inclusiva interna e nelle catene del valore globali non farebbe che aumentare le performance dell'azienda, rendendola più competitiva, e raggiungere maggiori livelli di sostenibilità (Chiappini & Uccello, 2022).

IV. Conclusioni

I segnalamenti interni sono il primo strumento di detezione di atti illeciti delle aziende. Le imprese che implementano canali interni di segnalazione ne beneficiano riducendo rischi reputazionali, legali e finanziari. La Direttiva UE rende obbligatori tali canali e tutela sia i segnalanti che le aziende. Tali misure potrebbero avere un impatto rilevante sulla cultura aziendale. Difatti, i segnalamenti porterebbero alla luce delle problematiche e dei bisogni. Le aziende potrebbero utilizzare queste informazioni come una sorta di processo consultivo per creare politiche aziendali inclusive e appropriate al caso; per prevenire e gestire rischi che mettano in pericolo la competitività del sistema aziendale. Questo dialogo sociale d'impresa che verrebbe a crearsi, porterebbe all'istituzione di una *corporate governance* inclusiva orientata agli obiettivi di sviluppo sostenibile.

Tale potrebbe essere l'impatto della Direttiva. Servirà qualche anno per dimostrarlo. La cosa necessaria, ora, è che gli Stati membri adeguino le loro leggi nazionali alla Direttiva e sensibilizzino le aziende a utilizzare i canali interni promuovendo tutti i benefici che ne derivano per stessi attori economici.

V. Fonti:

"The Business Case for 'Speaking Up': How Internal Reporting Mechanisms Strengthen Private-Sector Organisations," Transparency International, 31 luglio, 2017. https://www.transparency.org/en/publications/business-case-for-speaking-up.

Camera dei deputati. Schema di decreto legislativo recante attuazione della direttiva (UE) 2019/1937 riguardante la protezione delle persone che segnalano violazioni del diritto dell'Unione e recante disposizioni riguardanti la protezione delle persone che segnalano violazioni delle disposizioni normative nazionali (10) (2022). http://documenti.camera.it/apps/nuovosito/attigoverno/Schedal avori/getTesto.ashx?file=0010.pdf&leg=XIX#pagemode=non e.

Chiappini, L., e Uccello, L., "The SDGs and Value Chains: Customized Solutions for an Inclusive Global Value Chain Governance." In *10th International Conference on Sustainable Development*, 2022. https://ic-sd.org/wp-content/uploads/2022/11/submission_160.pdf.

Commissione europea: Directorate-General for Employment, Social Affairs and Inclusion, EMPL. Libro verde - Promuovere un quadro europeo per la responsabilità sociale delle imprese /* COM/2001/0366 def. */ (2001). https://eur-lex.europa.eu/legal-content/IT/ALL/?uri=CELEX:52001DC0366.

"Compliance☐: Progrès Significatifs En 2022," April 7, 2022. https://www.afje.org/actualite/compliance-progres-significatifs-en-2022--281.

Direttiva (UE) 2019/1937 del Parlamento europeo e del Consiglio, del 23 ottobre 2019, riguardante la protezione delle persone che segnalano violazioni del diritto dell'Unione (2019). https://eur-lex.europa.eu/legal-content/IT/ALL/?uri=CELEX%3A32019L1937.

EQSGroup. "Panoramica Della Direttiva UE Sul Whistleblowing." *EQS Integrity Line* (blog), October 4, 2021. https://www.integrityline.com/it/competenza/white-paper/direttiva-ue-sul-whistleblowing/.

EQS Integrity Line. "Whistleblowing Report - Learnings from European Companies," October 7, 2021. https://www.integrityline.com/expertise/white-paper/whistleblowing-report/.

Guterres, A., e Ojiambo, S., "SDG 16 Business Framework: Inspiring Transformational Governance." UN Global Compact - SDG 16 Business Framework. Accessed July 26, 2022. https://sdg16.unglobalcompact.org/.

G20/OECD Principles of Corporate Governance, OECD Publishing, Paris, 2015. https://doi.org/10.1787/9789264236882-en.

"Trasformare il nostro mondo: l'Agenda 2030 per lo Sviluppo Sostenibile", Nazioni Unite, 2015. https://unric.org/it/wp-content/uploads/sites/3/2019/11/Agenda-2030-Onu-italia.pdf.

Terracol, M., "Internal Whistleblowing Systems: A Game-Changer - Blog." *Transparency.Org*, 3 novembre, 2022. https://www.transparency.org/en/blog/internal-whistleblowing-systems-game-changer.

"What does "inclusive governance" mean?: Clarifying theory and practice", OECD Development Policy Papers, No. 27, OECD Publishing, Paris, 2020. https://doi.org/10.1787/960f5a97-en.

"Whistleblowing 2021," Transparency International, 2021. https://www.transparency.it/informati/pubblicazioni/whistleblowing-2021.

Quale etica e quale responsabilità per il cittadino? Come combattere il malessere sottile che serpeggia nelle società democratiche europee

Amm. Sq. (ris) Giorgio Lazio - Presidente Onorario, Mondo Internazionale APS ETS

Abstract
Noi siamo giustamente orgogliosi del nostro percorso storico e politico che ci ha portato negli ultimi settant'anni a godere di una solida democrazia. Ma il percorso democratico non è stato accompagnato da un parallelo sviluppo della maturità politica dei cittadini. Democrazia non significa solo possibilità di votare per eleggere dei governanti, bensì sviluppare una cultura che ci consenta di agire consapevolmente. La combinazione di astensionismo nel voto e de-responsabilizzazione nel dibattito politico lancia un segnale inquietante sul rischio di delegittimazione della democrazia stessa. Per ridare slancio al nostro sistema e combattere la sfiducia nelle istituzioni ci possono venire in aiuto alcuni degli strumenti che caratterizzano la formazione all'interno delle Scuole Militari. Questi strumenti non sono validi solamente per gli aspiranti militari, ma dovrebbero diventare elementi qualificanti nella proposta formativa di ogni cittadino all'interno di una matura democrazia.

Parole chiave: Democrazia, Responsabilità, Etica, Valori, Formazione

Keywords: democracy, responsibility, ethics, values, education

Le notizie che quotidianamente giungono dall'oriente e dal meridione del pianeta parlano di genti oppresse e di sistemi politici e sociali lontani dalla nostra sensibilità (e spesso persino dai nostri valori imprescindibili di riferimento). Parlano anche di difficoltà, nonostante la penetrazione globale garantita dai media e le poderose spinte operate dalle giovani generazioni, di pervenire ad un sentire comune più equilibrato e condiviso. Noi Europei, e pertanto noi Italiani, siamo giustamente orgogliosi del nostro percorso storico e politico che ci ha portato dal 1945 ad oggi, seppure con un diverso grado di convinzione e responsabilità, a godere di una solida democrazia.

È lecito tuttavia domandarsi se il percorso democratico degli ultimi settant'anni sia stato accompagnato da un parallelo sviluppo di maturità politica nei cittadini. Prendiamo i dati di affluenza delle ultime elezioni politiche Italiane, quando hanno votato il 63,91% degli aventi diritto, percentuale mai così bassa. Non va meglio nelle altre grandi democrazie europee; alle ultime elezioni presidenziali francesi del 2022 il 73,69% ha votato al primo turno e il 71,99% al ballottaggio (contro il 77,77% e il 74,56% delle precedenti elezioni), mentre in Germania le ultime elezioni politiche alla Camera, sempre nel 2022, hanno visto una affluenza del 40.87%, a fronte del 54,68% del 2018.

Ma c'è una insidia ancora più profonda dell'astensionismo che mina alle fondamenta il percorso democratico dei nostri paesi. Se è vero che ogni cittadino, indipendentemente dal genere, credo religioso o etnia, ha conquistato il diritto di votare per eleggere i propri rappresentanti, non altrettanto è cresciuta di pari passo la sua capacità di districarsi fra le sirene politiche che promettono con estrema leggerezza obiettivi irrealistici, né la parallela necessaria fiducia nelle istituzioni democratiche che ci siamo dati per sovrintendere al nostro benessere.

In altre parole, democrazia non significa solo possibilità di votare per eleggere dei governanti, bensì sviluppare una cultura che ci consenta di agire consapevolmente. Per scegliere in maniera responsabile è necessario acquisire coscienza e conoscenza della realizzabilità di programmi e intendimenti dei candidati (vigilando poi sulla loro effettiva realizzazione), mentre molto spesso le scelte si fanno in base ad una confusa fede politica di parte, al retaggio delle scelte di sempre o ancora più spesso, negli ultimi anni, al puro interesse economico percepito. Questioni vitali per il futuro della nostra Nazione vengono propagandate e vagliate sotto un profilo ideologico, senza chiedere (né tanto meno ottenere) il beneficio delle categorie interpretative della rilevante struttura scientifica. Quella che crediamo democrazia viene sempre più immersa e affogata nel tifo da stadio.

La combinazione di astensionismo e de-responsabilizzazione dipinge un quadro di maturità politica per lo meno carente, inficiando nell'etica, se non nel diritto, la rappresentatività degli eletti. Inoltre, incoraggia gli stessi eletti ad effettuare una campagna politica basata sulla capacità di appellarsi "alla pancia" degli elettori piuttosto che al loro buon senso. Un "trend" questo che, se non rovesciato, porterà necessariamente una involuzione nei valori democratici dei quali siamo giustamente orgogliosi portatori nel mondo.

Come siamo arrivati ad imboccare questa pericolosa china? Ognuno degli Stati europei ha subito un degrado diverso, funzione della propria storia, cultura e società. La democrazia rappresentativa ha funzionato bene nel nostro Paese fino agli anni '80 del secolo scorso, quando i partiti si sono trasformati in oligarchie all'interno dello Stato e in centri autoreferenziali, generando una ondata di sfiducia crescente alimentata da corruzione e scandali. Le identità collettive sono state sostituite da partiti personali e, come conseguenza di questa svolta, abbiamo ceduto alla tentazione di affidare i nostri destini ad un capo che fa promesse di salvezza con governi formati da gruppi politici disomogenei.

Cosa fare per ridare slancio alle nostre democrazie? Non ci sono soluzioni rapide né univoche. La storia che ci qualifica univocamente come Nazione ci consegna retaggi e logiche sociali specifiche, buone pratiche e perverse abitudini, dalle quali nessuno deve credere di poter rifuggire nell'elaborare e mettere a punto soluzioni. Men che meno nell'applicare in maniera acritica soluzioni sperimentate anche con successo in altre latitudini e longitudini.

Qualcosa però possiamo sicuramente fare, e dobbiamo iniziare a farlo subito perché i risultati si potranno vedere solo fra diversi anni. Proprio per questo servono degli statisti per risalire la china, che guardino alle prossime generazioni invece che alle prossime elezioni. E se qualcuno obiettasse che di statisti non ce ne sono più ai nostri tempi, il brillante esempio offerto dal primo Ministro neozelandese Jacinda Ardern deve farlo riflettere.

Dobbiamo da un lato pretendere di tornare ad essere corroborati nelle nostre scelte dal contributo di associazioni e scuole di Politica (si, con la P maiuscola), recuperando la capacità di agire da soggetti intermedi, resistendo così alla facile tentazione offerta dalla "rete" di creare e/o entrare a far parte di gruppi fondati solo sull'ostilità contro comuni nemici (o percepiti tali). In questo modo ridaremo fiato alla possibilità di un sano confronto, superando la sterile e semplicistica contrapposizione fra "slogan".

Ma, ancora più importante, dall'altro dobbiamo recuperare con convinzione e in tutti i livelli di relazione, educazione e formazione i principi che i nostri padri, all'uscita dal turbolento primo cinquantennio del secolo scorso, ci avevano donato, a prezzo di indicibili tragedie e sofferenze. E' facile scadere nella retorica, ma la galoppante sfiducia nelle istituzioni, alimentata da una serie infinita di scandali, la persistente primazia dell'interesse privato su quello pubblico, dimenticando che ciò che è di tutti è anche nostro, e la ricerca di soluzioni semplici a problemi complessi stanno paralizzando la crescita democratica, minando alle fondamenta l'architettura sociale dei nostri Paesi. Proprio in questo periodo di grandi tensioni internazionali ci sarebbe ancora maggiore bisogno di fiducia e certezze identitarie, per opporsi con successo ai fenomeni destabilizzanti che pervengono da ogni dove, tramite le varie forme di terrorismo, nei domini sociale e "cyber", le sfide culturali poste dall'immigrazione, i contraccolpi economici causati dalle situazioni di conflitto internazionale, fino ad arrivare all'uso della forza militare, che ci eravamo illusi di avere esorcizzato o almeno allontanato definitivamente dai nostri confini relegandola a teatri distanti.

Eppure, è proprio riscoprendo e ripartendo dalla formazione del cittadino in armi, non quella tecnico-militare del "soldato" ma quella valoriale del professionista al servizio della Nazione, che potremmo trarre nuova linfa per irrobustire la nostra maturità democratica.

Intendiamoci bene: non sto certo suggerendo che tutti i cittadini dovrebbero ricevere una educazione militare, seppure da più parti nel nostro Paese assistiamo a richiami al patrimonio formativo che abbiamo perso da quando il servizio di leva è stato "congelato" (non abolito). E comunque ogni tentativo di resuscitare la leva sotto un'ottica formativa per un periodo consono (diciamo di 12 mesi), al netto di iniziative superficiali e propagandistiche si scontrerebbe contro l'impresa ("mission impossible") di trovare idonee coperture finanziarie, dal momento che la scelta obbligata di virare verso Forze Armate di professionisti ha assorbito completamente le risorse finanziarie che storicamente il nostro Paese è stato in grado di assicurare per la funzione "difesa". No, il mio è un auspicio legato non ad una esperienza generalizzata in uniforme, ma all'adozione di alcuni dei principi fondanti che regolano l'educazione e formazione dei militari italiani, estendendola a tutti i cittadini nel loro percorso scolastico.

Intendo parlare di acquisizione di un alto senso di responsabilità personale, interiorizzazione dei valori fondanti del nostro Paese, sviluppo della fiducia e tolleranza nei confronti dell'operato delle istituzioni (che rimangono certamente fallibili, ma indispensabili), promozione della credibilità dei quadri dirigenti, ricerca della solidità dei legami generati dallo "spirito di squadra", consapevolezza che la propria missione, o i propri obiettivi per estrapolare il concetto dal gergo militare, si portano a casa solamente "remando tutti insieme dalla stessa parte". Questi non sono valori che appartengono ad una specifica area politica, né caratteristici di un ceto sociale, né di un particolare ambito professionale: sono l'a-b-c del militare, ma potrebbero facilmente diventare anche l'a-b-c del cittadino se ci spogliassimo dei preconcetti e condizionamenti culturali che abbiamo assorbito più o meno inconsapevolmente negli ultimi decenni.

Come è noto la specifica preparazione dei gradi direttivi delle Forze Armate parte dalle Accademie. Ma le stesse Forze Armate si sono anche dotate negli anni di Scuole Militari che, contrariamente al sentire comune, non sono intese principalmente come percorso formativo preferenziale per gli aspiranti Ufficiali e Sottufficiali, bensì come Istituti di formazione per il cittadino che crede nei valori fondanti che ivi vengono proposti, ed è pronto ad assimilarne i principi formativi nella successiva vita professionale e privata, ovunque lo porti la scelta di vita che farà al termine del ciclo di scuola superiore, dal momento che un successivo percorso professionale in uniforme è solo una delle tante scelte possibili (seppure naturalmente agevolata).

Le Scuole Militari sono quattro, operate dalle diverse Forze Armate ma tutte egualmente valide in quanto a percorsi di studio e crescita personale: la "Nunziatella" di Napoli, fra le più antiche d'Europa, e la "Teulié" di Milano per l'Esercito; la Scuola Navale "Francesco Morosini" di Venezia per la Marina, e la "Dohuet" di Firenze per l'Aeronautica. I programmi di studio sono gli stessi ai quali devono attenersi tutti i licei nazionali, ma gli studi sono integrati da numerose esperienze formative che vogliono trasferire agli allievi, a fattor comune in tutti questi Istituti, il sistema valoriale del mondo militare e, in maniera mirata a seconda della propensione della singola Forza Armata che gestisce l'Istituto, l'amore per la dimensione che la caratterizza. Per la Scuola Navale ovviamente non può che essere la passione per il mare, il rispetto per la sua forza come per la sua fragilità, ma anche per le insidie che presenta, e la comprensione del ruolo che il mare può giocare nel forgiare personalità e nell'unire genti e realtà molto differenti fra loro. Questi obiettivi vengono primariamente raggiunti grazie al ricorso massiccio ad attività sportive, pratiche di vita in comune e l'insegnamento della disciplina militare non come veicolo di cieca obbedienza, bensì come strumento di organizzazione aggregante in grado di stimolare la fiducia ed il rispetto reciproci.

Il successo di questa formula è dimostrato dal numero degli ex allievi delle Scuole Militari che raggiungono i più alti livelli di merito nelle carriere che hanno scelto nella vita civile come in quella militare. Li troviamo nelle posizioni apicali in tutte le professioni, e tutti sono convinti portatori di una storia condivisa, in cui si riconoscono e si sentono rappresentati. Anche quando sono trascorsi numerosi anni dal tempo della loro formazione nelle Scuole Militari, essi amano ritrovarsi periodicamente unendo il ricordo degli anni giovanili trascorsi in simbiosi con la condivisione delle diverse esperienze di vita che li hanno contraddistinti successivamente.

Si tratta insomma di un sistema formativo che incoraggia lo spirito di squadra ed il mantenimento nel tempo di un legame condiviso. Credo di poterlo affermare a ragion veduta, essendo io stesso un prodotto della Scuola Navale (allora Collegio navale) "Francesco Morosini", al quale ero approdato in maniera del tutto fortuita senza avere alcun tipo di tradizione familiare da seguire. Al termine del percorso di scuola superiore avevo poi scelto l'Accademia navale, proprio perché in quella formazione avevo trovato spunti di vita che mi avevano stimolato. Ma solo una percentuale minima dei miei compagni di corso del Morosini aveva poi fatto la mia scelta (o quella di altra carriera militare); con loro sono comunque in contatto e mi incontro periodicamente, rinverdendo ogni volta gli elementi che ci avevano unito allora e che fanno parte ancora del nostro bagaglio culturale, qualunque diverso percorso professionale abbiamo da allora intrapreso nelle nostre vite.

Non dico che questo legame sia esclusivo degli ex studenti delle Scuole Militari; lo ritroviamo anche in altri Istituti (principalmente privati) di scuola superiore e in alcune Università di maggior prestigio, sebbene nel nostro Paese siamo ancora lontani dal promuoverlo e custodirlo in maniera efficace come avviene, ad esempio, nel Regno Unito, dove sin dal primo grado di istruzione elementare si incoraggia il ricorso allo spirito di corpo, nutrendolo proprio con alcuni istituti tipici del mondo militare, primo fra tutti l'adozione di una uniforme e di "colori" tipici dell'Istituto di appartenenza, che gli ex allievi continueranno a custodire nel tempo.

Proprio l'esempio britannico, al di la delle obiettive differenze sociali, culturali e storiche che diversificano i nostri popoli, ci fa capire come gli stessi principi e valori che caratterizzano il mondo militare possano proficuamente essere mutuati dal mondo civile, in ogni grado di educazione e formazione, costituendo delle solide fondamenta grazie alle quali il cittadino adulto potrà aspirare ad una maturità democratica avanzata; costituendo, in altre parole, una architettura sociale e un riferimento costante che gli permetterà di fare scelte responsabili ed informate, di destreggiarsi con efficacia fra le sirene politiche che accompagnano ormai la vita democratica di tutti i nostri Paesi.

Dirò di più: gli stessi principi formativi che vedono interagire il potere aggregante e responsabilizzante della vita in mare con il solido riferimento offerto dalla gerarchia militare a bordo di una Unità della Marina Militare possono costituire un ausilio importante anche per il supporto alle disabilità fisiche, alla salute mentale ed al disagio sociale famigliare e scolastico. Questi sono gli elementi alla base della "terapia di Nave ITALIA", una realtà unica nel suo genere che è nata 16 anni fa per iniziativa della Marina Militare e dello Yacht Club Italiano, alla quale sono fiero di prestare anche il mio contributo. La Fondazione "Tender To Nave ITALIA" promuove la cultura del mare e della navigazione come strumenti di educazione, formazione, riabilitazione, inclusione sociale e terapia. I beneficiari sono associazioni "non-profit", scuole, ospedali, servizi sociali, aziende pubbliche o private che promuovano azioni inclusive verso i propri assistiti e le loro famiglie.

Non esiste insomma una ricetta che favorisca lo sviluppo in tempi rapidi dell'etica e della responsabilità, che devono costituire elementi di riferimento per i cittadini di una democrazia matura e funzionante al meglio delle sue possibilità. Esiste un percorso di maturazione della Nazione lungo ma necessario, che beneficerebbe enormemente dall'adozione di alcuni degli insegnamenti che appartengono tradizionalmente al mondo militare, prendendoli ad integrazione e supporto ai programmi formativi di ogni ordine e grado. Questo favorirebbe interazioni sociali e professionali in grado di superare il pericoloso senso di sfiducia ed insoddisfazione che attanaglia sempre di più le nostre società europee. Proprio nel momento che vede una recrudescenza di crisi internazionali a tutto campo, solo attingendo ai migliori valori della nostra società potremo tenere a bada i tanti elementi disgreganti del nostro tempo. La nostra società e la nostra democrazia sono sicuramente imperfette, ma grazie ai sacrifici dei nostri padri abbiamo beneficiato di un periodo di pace e benessere sconosciuto in passato. Cerchiamo di non erodere questo sistema di vita solo per l'incapacità di riscoprirne i riferimenti chiave. Lo dobbiamo ai nostri figli e nipoti.

Fonti

Bartolini S, *"Le radici della crisi delle democrazie a livello mondiale ed europeo"*, Il Federalista, 2018. https://www.thefederalist.eu/site/index.php/it/saggi/2388-le.radici-della-crisi-della-democrazia-a-livello-mondiale-e-europeo;

Battistelli F., *"L'opinione pubblica italiana e la difesa"*, *Quaderni di Sociologia* vol. 32, 2003, pp. 8-36. https://journals.openedition.org/qds/1180?lang=en;

Cominelli G. e Silva F., "La crisi dei partiti e della democrazia", Il Mulino, 2022, https://www.rivistailmulino.it/a/la-crisi-dei-partiti-e-della-democrazia, *25 febbraio 2022;*

Elezioni presidenziali in Francia del 2022, Wikipedia. https://it.wikipedia.org/wiki/Elezioni_presidenziali_in_Francia_del_2022. Consultato il 15 gennaio 2023.

Eligendo, Ministero dell'Interno DAIT, il portale delle elezioni, https://elezioni.interno.gov.it/camera/votanti/20220925/votanti CI. Consultato il 15 gennaio 2023.

Frau, A., *"La crisi della democrazia nel mondo si vede a occhio nudo"*, agi.it, 26 gennaio, 2018. https://www.agi.it/blog-italia/mappe/democrazia_crisi_mondo_casa_bianca_mappe-3417510/post/2018-01-26/.

Gentile, E., *"La crisi della democrazia rappresentativa"*, RAI Cultura, dicembre 2021. https://www.raicultura.it/filosofia/articoli/2022/02/Emilio-Gentile-La-crisi-della-democrazia-rappresentativa--83953278-d577-4f80-9422-cd742d71d904.html

Marina Militare, Sito ufficiale della Scuola Navale Francesco Morosini, https://www.marina.difesa.it/il-tuo-futuro-e-il-mare/formazione-in-marina/morosini/Pagine/default.aspx. Consultato il 15 gennaio 2023.

Metrangolo C., *"L'etica militare in Italia e l'influenza della dialettica pace-guerra di Kant ed Hegel"*, Università degli Studi di Padova, Corso di Laurea in Filosofia – elaborato finale, 2013. http://www.anacomi.it/wp-content/uploads/2015/05/Etica-militare-in-Italia_.pdf,

"Risultati politiche 2022 in Germania", Corriere della Sera. https://www.corriere.it/elezioni/risultati-politiche-2022/camera/estero/europa/germania_230.shtml. Consultato il 15 gennaio 2023.

Tortora R., *"Etica e tipicità dell'Ordinamento Militare"*, Informazioni della Difesa, 2008, pp. 18 a 23. https://www.difesa.it/InformazioniDellaDifesa/periodico/IlPer iodico_AnniPrecedenti/Documents/Etica_e_tipicit%C3%A0_dellordinament_18militare.pdf;

Il lobbying in Europa: fra sviluppi normativi e scandali epocali

Tiziano Sini - Autore, Mondo Internazionale Post "Organizzazioni Internazionali"

Abstract

L'obiettivo dell'analisi è quello di esaminare lo stretto rapporto fra il fenomeno del *lobbying* ed il contesto europeo. Una relazione che ha costituito un *unicum* a livello internazionale, ma che allo stesso tempo ha sollevato numerose perplessità sulla tenuta del sistema stesso, accentuate dal più grave scandalo corruttivo che ha colpito le istituzioni europee, denominato *Qatargate*.

Attraverso l'analisi del contesto e dell'attività legislativa è possibile valutare non solo il peso giocato dal *lobbying* nel processo di integrazione, ma avanzare una profonda riflessione sistemica sulle criticità attualmente riscontrate. Sforzo necessario per il raggiungimento di una maturità istituzionale, che trovi concretezza in elevati standard di trasparenza e partecipazione, al momento, per numerosi aspetti, non riscontrabile.

Parole chiave: lobbying, trasparenza, Unione Europea, Qatargate

Keywords: Lobbying, transparency, European Union, Qatargate

I. Introduzione

Il *lobbying* ha assunto una straordinaria rilevanza negli ultimi anni, come è possibile desumere dal numero e dal rilievo assunto dai portatori di interesse nei contesti nazionali ed in quello europeo. Un'incidenza riscontrabile anche dall'attenzione posta sul tema nel dibattito pubblico, segnatamente, dopo il recente scandalo del *Qatargate*.

Il fenomeno non costituisce certamente una novità nel panorama istituzionale, ma anzi una pratica piuttosto complessa e antica, come testimonia la genesi della parola stessa, la cui radice deriva proprio dalla parola *"lobby"*, l'anticamera situata all'ingresso del *House of Commons* inglese, in cui i parlamentari avevano l'occasione di incontrare e discutere con giornalisti e portatori di interessi, prima e dopo le sedute.

Con questo termine è stato in questo modo designata quell'azione finalizzata ad influenzare l'elaborazione delle politiche ed il processo decisionale, al fine di ottenere un determinato risultato dalle autorità governative e dai rappresentanti eletti nei vari livelli (dalla dimensione nazionale a quella sovranazionale) (Polidori, Sestili, 2019).

Queste ragioni rendono il *lobbying* elemento nodale dei sistemi liberal-democratici (Amato, 2006), nonché strettamente legato alla crescita ed allo sviluppo delle Istituzioni democratiche nazionali e sovranazionali stesse (De Virgottini 2007).

Partendo proprio da quest'ultimo assunto, il processo relativo all'integrazione europea diventa estremamente esemplificativo per lo studio del fenomeno, come dimostra la predisposizione di una dimensione istituzionale estremamente peculiare, al cui interno, sin dalle origini, ha avuto luogo una grandissima proliferazione dei gruppi di pressione. Si è venuta dunque a delineare una simbiosi, fra questi ultimi e le Istituzioni europee, quasi imprescindibile.

Per converso, però, le Istituzioni europee intrinsecamente aperte al confronto, oltre che formalmente impegnate da anni nel riconoscimento costituzionale delle *lobby* nel processo decisionale, come testimoniano i Trattati dell'Unione, si sono trovate in ritardo nell'adozione di misure volte alla regolamentazione delle attività di influenza, necessarie per garantire elevati *standard* di trasparenza, oltre che di partecipazione all'interno del sistema.

Gli ultimi 20 anni sono stati essenziali in questo frangente per cercare di mettere in atto iniziative mirate, tese a colmare il suddetto gap, in relazione anche ad un progressivo incremento del numero dei portatori di interessi attivi ed all'accresciuta rilevanza assunta dalle Istituzioni europee.

L'analisi che seguirà avrà l'obiettivo, quindi, di esaminare il fenomeno del *lobbying* nel contesto europeo, seguendo le tappe principali dal punto di vista prevalentemente legislativo, misurando l'efficacia delle diverse iniziative e valutandone l'impatto.

II.   Uno sguardo sistemico

La pratica del *lobbying* assume nel contesto europeo un significato estremamente articolato ed istituzionalmente complesso, la cui genesi ha seguito la parabola di crescita e definizione delle istituzioni comunitarie stesse, giocando, in questo processo, un ruolo centrale e propulsivo.

Queste ragioni rendono tale contesto un vero e proprio *unicum*, anche in relazione ai differenti modelli nazionali che compongono l'area europea.

Numerosi sono, pertanto, gli elementi che rendono tale contesto oltremodo singolare: in primo luogo, la dimensione transnazionale in cui operano gli attori, del tutto atipica e totalmente inedita, e caratterizzata da una fortissima trasversalità degli interessi coinvolti. Peculiarità che si combina ad un altro elemento altrettanto centrale: l'assenza di partiti politici strutturati su base europea.

Una criticità a cui le istituzioni stanno cercando di ovviare, come conferma la proposta del Parlamento europeo di promuovere liste transnazionali, riformando l'organizzazione elettorale (2020/2220(INL). Squilibri che, purtroppo, difficilmente saranno compensabili nel breve periodo, vista l'enorme eterogeneità sociale, economica e culturale rappresentata all'interno del sistema europeo, minato recentemente dagli scandali corruttivi.

Proprio all'interno di questa dimensione dinamica e trasversale, i gruppi di pressione hanno giocato da sempre un ruolo dirimente, veicolando interessi spesso estremamente differenti, provenienti da aree geograficamente e culturalmente lontane; semplificando, in questa maniera, la trasmissione di istanze distinte dal piano sociale, economico e culturale, a quello istituzionale.

Tale cornice ha consentito l'evoluzione e la crescita della Comunità prima e dell'Unione Europea successivamente, permettendo di sopperire, almeno parzialmente, a quel presunto "deficit democratico" che dalle origini affligge il sistema europeo (Petrillo, 2019).

In questo ambito prettamente normativo, l'operato dei portatori di interesse è riconosciuto all'interno dell'ordinamento europeo, come si evince dall'art. 11 del Trattato sull'Unione europea (TUE), che sancisce con chiarezza il diritto da parte di cittadini ed associazioni di far conoscere e scambiare le proprie opinioni e punti di vista con i decisori europei, che a loro volta, come recita il paragrafo 2 del medesimo, hanno il dovere di *"mantenere un dialogo aperto, trasparente e regolare con le associazioni rappresentative e la società civile"*.

Analogamente l'art.15 del Trattato di Funzionamento dell'Unione Europea (TFUE), richiamando l'art. 255 del Trattato sulla Comunità europea, afferma le medesime prerogative, precisando che per promuovere il buon governo e garantire la partecipazione della società civile, siano necessarie trasparenza e dialogo continuo fra cittadini ed associazioni e tutti gli organismi dell'Unione (Carloni, 2009).

Questo processo di reperimento di istanze differenti, discussione e sintesi diventa così essenziale per regolamentare e legiferare a livello europeo, armonizzando posizioni e punti di vista differenti.

Un sistema che per essere funzionale ha però bisogno di regole precise, che garantiscano ampia partecipazione, ma, soprattutto, trasparenza (Bitonti, Mariotti, 2022).

Proprio su quest'ultimo aspetto, relativo al processo di integrazione, diventa determinante evidenziare un tema chiave per comprendere con chiarezza le vicende recenti: per quanto la tenuta del sistema non sia mai stata messa in discussione, la mancanza di un confronto politico serrato e maturo, sostituito dalle dinamiche sopra elencate, a cui, ovviamente, ha concorso l'assenza di un sistema rappresentativo pienamente adeguato al contesto, ha generato una debolezza sistemica, in particolare nell'organo di rappresentanza popolare: il Parlamento.

A questo primo particolare se ne aggiunge un secondo, anch'esso pertinente: la progressiva integrazione e, soprattutto, il graduale spostamento del baricentro decisionale verso Bruxelles rispetto al livello nazionale - scelta determinante che ha sancito la supremazia del diritto comunitario - ha comportato quindi, da un lato, un sempre più rilevante ruolo del fenomeno lobbistico a livello europeo, mentre dall'altro una sempre più tangibile difficoltà a regolarlo. Ciò è indicativo di una fragilità insita nelle istituzioni stesse (Polidori, Sestili, 2019).

III. La regolamentazione del lobbying a livello europeo

Il quadro precedentemente illustrato definisce la dimensione sulla quale si è mossa l'azione delle Istituzioni nella regolamentazione del *lobbying*. Un'attività progressiva, ma particolarmente lenta, in forte ritardo rispetto al medesimo processo di integrazione.

Per il primo vero contributo in tema di trasparenza nel processo decisionale si devono attendere, infatti, gli anni '90, quando, nel rispetto del principio di *accountability* e di più ampio accesso ai processi di partecipazione decisionale, il Parlamento fu spinto ad adottare un primo modello di Elenco (Vedaschi, 2001).

Uno strumento che consentiva la registrazione di tutti quei soggetti che ambivano ad ottenere il tesserino di accesso permanente ai locali del Parlamento, al fine di attuare attività di influenza nei confronti del decisore.

Una novità importante, rimasta a lungo un'esclusiva nel panorama istituzionale europeo, che di fatto non introduceva nessun tipo di regolamentazione del fenomeno lobbistico, ma solamente misure legate alla trasparenza (attraverso la sottoscrizione di un Codice etico), per i soggetti che desideravano accedere ai locali dell'organo di rappresentanza popolare europea (Cuoccolo, Sguero, 2014).

A ciò fece seguito, dopo più di 10 anni (2008), la decisione di adozione di uno strumento analogo da parte della Commissione (Guéguen, 2008).

Ma la vera svolta fu raggiunta alcuni anni dopo, con l'*Interistitutional Agreement* (2010/2291(ACI), siglato fra la stessa Commissione ed il Parlamento europeo, nel 2011. Per la prima volta, oltre ad istituire uno strumento comune (Registro per la trasparenza), si propose di rendere chiare e trasparenti le modalità di partecipazione dei gruppi di pressione ai processi decisionali europei (sulla base dell'art.11 TUE e 15 TFUE).

Una novità che presentò alcune criticità, rintracciabili nei limiti insiti nell'accordo stesso, che sollecitarono ben presto ad una modifica del medesimo, volta a garantire la creazione di uno strumento maggiormente articolato e puntuale (Greenwood, Dreger, 2013).

Tale modifica fu conseguita durante il 2014, attraverso un accordo che prevedeva l'adozione di un *Registro per la trasparenza delle organizzazioni e dei professionisti che svolgono attività di concorso all'elaborazione e all'attuazione delle politiche europee*, a cui fu anche affiancata l'adozione di un nuovo Codice di condotta, in grado di definire in maniera più organica il fenomeno e la nozione di lobbista; oltre che un sistema di incentivi all'iscrizione (Sassi, 2015).

Quest'ultimo elemento rimarrà l'unico stimolo nel corso degli anni, vista la totale volontarietà relativa all'adesione al Registro. Mostrando la più profonda delle criticità riscontrabili in tale strumento, ritenuto a ragione limitato, debole ed incapace di intercettare la totalità dei portatori di interessi operanti; vanificando, di conseguenza, anche la centralità e la rilevanza del Codice di condotta in 12 punti allegato al medesimo (allegato III).

A quest'ultima debolezza se ne aggiunsero anche altre, a partire dalla designazione dei soggetti chiamati a registrarsi (Korkea-aho, 2021), oppure all'assenza di norme finalizzate alla regolamentazione del fenomeno del *revolving door* all'interno del Codice di condotta (Polidori, Sestili, 2019).

Il sistema di incentivazione all'iscrizione "a fisarmonica" (Petrillo, 2019), definito così poiché suscettibile di modifiche da parte di Parlamento e Commissione, in base alle esigenze contingenti, da architrave dell'impianto divenne quindi ben presto elemento di fragilità su cui, oltre che l'opinione pubblica, si concentrarono le riflessioni delle Istituzioni stesse (Mulcahi, 2015).

IV.   Il nuovo Accordo interistituzionale tripartito

Le criticità emerse negli ultimi anni hanno spinto le Istituzioni ad intraprendere un percorso di adeguamento normativo, che fosse in grado di eliminare zone grigie nella regolamentazione, incrementando, allo stesso tempo, trasparenza e partecipazione. Seguendo le parole della Presidente della Commissione Ursula von der Leyen *"as institutions, we serve citizens, so they should know with whom we meet in our work, with whom we conduct talks, and what position we hold in them"* (European Commission, Directorate General for Communication, Leyen, 2020).

Un primo passo, per quanto sciolto dalla diretta regolamentazione del fenomeno del *lobbying*, riguarda proprio l'introduzione di maggiori presidi legati alla trasparenza, in particolare di carattere finanziario, introdotti con la Direttiva 2014/95/UE del 2017. Sforzi che hanno tracciato il passo, determinando, dopo una difficilissima fase di concertazione, una serie di notevoli mutamenti istituzionali.

Durante il 10° anniversario dell'istituzionalizzazione del Registro per la trasparenza, come strumento congiunto adottato da Parlamento e Commissione, il 1° luglio 2021, è entrato ufficialmente in vigore il nuovo *Accordo interistituzionale tripartito*, che, attraverso l'adesione del Consiglio dell'Unione Europea, realizza un cambio di passo non indifferente nel panorama europeo.

Numerose sono le novità: in prima battuta, dopo aspre critiche, viene definitivamente superato il principio di volontarietà, che permetteva ai portatori di interessi di iscriversi in maniera totalmente discrezionale al registro stesso. Ai sensi dell'art. 2, viene introdotto, inoltre, il principio di "condizionalità" "*in base al quale la registrazione rappresenta una condizione preliminare necessaria affinché i rappresentanti d'interessi possano svolgere determinate attività contemplate*" (Interinstitutional Agreement, 2021).

Viene, inoltre, sostenuto un approccio rafforzato in termini di governance congiunta, a cui si aggiungono misure finalizzate al consolidamento dei requisiti di trasparenza (art. 5, AII), per garantire e promuovere la rappresentanza dei vari interessi in maniera etica, ma soprattutto equa. (Pierewoj, 2022).

Oltre all'adozione di un registro unico per le tre Istituzioni, è stata infatti posta una maggiore attenzione alla gestione del Registro stesso, partendo dalla definizione di una nuova direzione duale, costituita da un Consiglio di amministrazione e da un Segretario responsabile della gestione ordinaria.

Uno sviluppo a livello di *governance* volto a garantire maggior flessibilità e funzionalità del RT, assicurata anche da un miglior sistema di monitoraggio e gestione, in particolare dei contenuti (es. pubblicazione online delle riunioni) a cui si affianca anche un ulteriore novità concernente le valutazioni preliminari sull'ammissibilità dei nuovi soggetti e la qualità delle nuove domande di registrazione, ovvero l'attivazione dell'obbligo di monitoraggio prima della pubblicazione.

Senza dimenticare, infine, la volontà di rendere meno complesse e più fluide le procedure amministrative interne, specificatamente per lo svolgimento di indagini ed il trattamento dei reclami relativi a presunte violazioni del codice di condotta, in ottemperanza del pieno rispetto dei diritti procedurali dei richiedenti e dei soggetti registrati (Relazione annuale sul funzionamento del Registro per la trasparenza, 2021).

I dati reperibili nell'apposito portale online delineano il successo dell'iniziativa, con 13.366 soggetti iscritti. Ma l'aspetto considerevolmente più rilevante non risiede nei numeri, ma nel coinvolgimento nell'iniziativa del Consiglio (decisione (UE) 2021/929); vera e propria *"black box"* istituzionale, al cui interno le attività svolte non sempre hanno risposto ad elevati standard di trasparenza.

È necessario, tuttavia, riconoscere che l'Accordo interistituzionale contiene anche alcune criticità, come ad esempio l'esclusione di alcuni soggetti dagli obblighi previsti e la mancanza di chiarezza su alcune dinamiche relative all'attività dei gruppi di interesse.

Significativa, infatti, è l'esclusione delle *"rappresentanze permanenti degli Stati membri"* (art 12), il cui ruolo è tutt'altro che secondario all'interno del Consiglio; quella *"delle autorità pubbliche subnazionali "*(Stati federali, Regioni, municipalità), delle *"pubbliche autorità degli Stati membri"* e delle *"associazioni e reti pubbliche di autorità a livello europeo, nazionale e subnazionale"* (Korkea-aho, 2021). Discorso analogo che può essere esteso anche ad *"organizzazioni intergovernative, incluse le agenzie e gli organi che emanano dalle stesse"*, *"pubbliche autorità di paesi terzi, incluse le loro missioni diplomatiche e ambasciate, salvo laddove tali autorità siano rappresentate da soggetti giuridici, uffici o reti senza status diplomatico, o da un intermediario"*. Ma ancora *"partiti politici, ad eccezione di qualsiasi organizzazione creata da partiti politici o ad essi affiliata"*; ed infine, *"chiese e associazioni o comunità religiose"* (art.4), (Pierewoj, 2022).

V.   Lo scandalo del Qatargate e le criticità che il modello presenta

Il quadro delineato nei paragrafi precedenti ha mostrato non solo la genesi della pratica del *lobbying* in Europa, ma ha cercato di evidenziare le novità che hanno caratterizzato gli ultimi anni.

Per misurare l'effettiva efficacia di quanto precedentemente discusso è però necessario analizzare i recenti accadimenti europei. La vicenda del *Qatargate* risulta in questo caso quanto mai interessante per avanzare delle valutazioni che aiutino a cogliere le criticità che tuttora interessano il sistema.

L'analisi che seguirà non ha nessuna intenzione di ripercorrere lo scandalo dal punto di vista giudiziario, ma solamente di far luce sulle lacune e le problematicità che hanno permesso che ciò accadesse.

A seguito delle indagini condotte dalla magistratura belga, i primi giorni di dicembre sono stati arrestati alcuni componenti del Parlamento, oltre ad ex parlamentari ed esponenti di spicco di alcune associazioni che operavano a Bruxelles, con l'accusa di corruzioni da parte di Marocco e Qatar. Quest'ultimo è un rilevante partner commerciale europeo nel Medio Oriente, soprattutto nel settore energetico, nonché in quei giorni organizzatore dei discussi Mondiali di calcio.

Il caso non ha sconvolto solamente l'organo di rappresentanza, ma anche le altre Istituzioni, per la gravità e la portata dell'episodio, che risulta al momento il più importante scandalo che ha colpito il sistema europeo dalla sua costituzione.

A fornire probabilmente maggiori preoccupazioni è il modo in cui le Istituzioni stesse si sono mosse fin dal primo momento. Questo aspetto è di notevole importanza e per questa ragione merita una attenta riflessione, partendo proprio dalla narrazione, in questo caso non solo mediatica, ma soprattutto politica.

L'intera vicenda è ruotata, fino a questo momento, intorno al perno del *lobbying* come pratica non sana e veicolo del malaffare. Quello che però emerge dalla vicenda è più pragmaticamente un episodio di corruzione, le cui radici non sono aprioristicamente rintracciabili nella pratica del *lobbying*.

Ciò non esonera in nessuna maniera dall'obbligo e dalla necessità di compiere una riflessione assennata sulle problematiche attinenti le modalità in cui si esercitano le influenze e sui comportamenti dei Parlamentari, come approfondito nel paragrafo successivo; ma porta sostanzialmente ad interrogarsi sulla necessità di adottare un comportamento differente e proattivo che consenta di migliorare le storture presenti, senza adottare comportamenti autoassolutori. Addossare la colpa a soggetti esterni al contesto istituzionale e politico europeo, in questo caso Ong e Paesi stranieri, per quanto accettabile, risulta pericoloso se non accompagnato ad una riflessione seria anche sull'atteggiamento dei membri del Parlamento.

Questa scelta politica e comunicativa si è accompagnata, peraltro, alla sovrapposizione della figura del lobbista con quella del corruttore, scaricando responsabilità dalle istituzioni e rischiando di innescare un processo di deresponsabilizzazione che potrebbe frenare qualsiasi tentativo di autocritica e maturazione, non solo dal punto di vista politico, ma anche normativo, a discapito della preservazione dello *status quo ante*.

VI. Il Parlamento europeo: regolamentazione interna e trasparenza

A fronte del quadro appena illustrato è necessario analizzare e verificare quali sono i presidi introdotti negli ultimi anni dall'organo in materia di trasparenza, anche in relazione al ruolo esercitato.

Il Parlamento europeo si è infatti dotato di un Regolamento interno, all'inizio della IX legislatura, pedissequamente con quanto fatto negli anni precedenti.

Oltre a ribadire, al Titolo IV, art. 121, la necessità di garantire elevati livelli di trasparenza durante le attività del Parlamento (in conformità con l'art. 1 par. 2 del TUE, e l'art.15 del TFUE), all'art. 11, viene fatto un chiaro riferimento al rispetto di elevati standard di trasparenza dal punto di vista finanziario da parte dei deputati europei; oltre alla necessità di ricorrere al Registro della Trasparenza.

Proprio all'art. 11 viene, inoltre, richiamato l'allegato I del medesimo regolamento: *Codice di condotta dei deputati al Parlamento europeo in materia di interessi finanziari e conflitti di interesse*. Esso introduce una serie di obblighi che devono essere accolti dal Deputato una volta entrato in carica, i cui oneri non si limitano solamente al piano finanziario, ma soprattutto all'attività professionale svolta e ai potenziali conflitti di interesse derivanti dai ruoli e dalle funzioni ricoperte in precedenza.

Estremamente importante anche la normazione, all'art.35 del medesimo regolamento, degli "intergruppi", uno strumento estremamente interessante che vede la partecipazione trasversale di membri del Parlamento con il *"fine di svolgere scambi informali di opinioni su argomenti specifici tra diversi gruppi politici, con la partecipazione di membri di commissioni parlamentari diverse, e per promuovere i contatti fra i deputati e la società civile"* (Regolamento Parlamento europeo 2019-2024).

A fronte di questi elementi, rimangono però numerose criticità che possono essere risolte non solo con correttivi, ma anche con una profonda riflessione a livello sistemico. É, invero, abbastanza evidente che siano riscontrabili profonde lacune normative, imputabili all'operato del decisore. Il combinato disposto che è venuto a crearsi nel caso dello scandalo corruttivo, infatti, è riconducibile da un lato alla mancanza di obblighi giuridici in capo ai membri del Parlamento europeo, attinenti alle dichiarazioni di incontri con i portatori di interessi. Mentre dall'altro, al *vulnus* legislativo, che di fatto mina l'impianto dell'intero Registro per la Trasparenza, concernente il mancato obbligo di adesione da parte di autorità e ambasciate di Paesi Terzi.

Numerosi sono gli interventi che, quindi, potrebbero essere promossi, mantenendo comunque intatto l'architrave normativo, a partire dal rafforzamento dei livelli di trasparenza.

Un intervento che non si limita solamente all'obbligatorietà della registrazione degli incontri, al fine di garantire una migliore tracciabilità delle attività di influenza, essenziale per delineare l'impronta legislativa su qualsiasi scelta compiuta; ma che deve risolvere anche le implicazioni negative che il fenomeno del *revolving door* può esercitare, attraverso, ad esempio, un'estensione del periodo di *cooling off*, cioè il tempo di attesa prima che i membri del Parlamento assumano nuovi incarichi, una volta cessato il proprio mandato.

Una scelta determinante, che l'istituzione negli ultimi anni non è stata in grado di adottare, e che le consentirebbe di allinearsi a quanto, ad esempio, fatto dalla Commissione durante la Presidenza Junker, con l'adozione del nuovo Codice di condotta del 2018 (2018/C 65/06), che rivolgeva l'attenzione proprio al *revolving door* e alla trasparenza sugli incontri ("*no registration, no meeting*").

È, tuttavia, preventivabile anche una ulteriore modifica al Registro per la trasparenza, finalizzata ad eliminare le storture normative che esonerano dall'iscrizione di alcuni soggetti (autorità di Paesi terzi), provando, infine, anche a circoscrivere ulteriormente il perimetro operativo. Scelta, quest'ultima, finalizzata ad eliminare o comunque limitare la portata dell'azione di quei soggetti che operano in altri luoghi ed altre modalità, nonostante la mancata iscrizione (es. *No Peace without Justice*: ONG coinvolta nel caso). Su questo frangente sarebbe, oltremodo, doveroso intervenire anche sul piano sanzionatorio ritenuto limitato e ancora blando.

In conclusione, una riflessione rilevante ed opportuna non può che riguardare anche il frangente prettamente etico. Un esercizio sicuramente non facile, ma che è utile a porre l'attenzione sul comportamento di funzionari ed eletti, perseguito, ad esempio, attraverso la creazione di un'autorità autonoma di vigilanza (Alemanno, 2020).

Sul medesimo ambito è, inoltre, possibile intervenire anche sulla definizione di "comportamento etico" contenuta nel Registro per la trasparenza, per escludere soggetti che rappresentano direttamente o lavorano in rappresentanza di regimi che violano i diritti umani o che si impegnano in campagne di disinformazione per conto di governi di Paesi terzi.

Una legislazione *ad hoc*, oltre all'integrazione di tali soggetti all'interno del Registro, è un passo che le Istituzioni europee hanno iniziato ad approntare con lo scoppio della Guerra in Ucraina e la grave crisi geopolitica, ma che al momento risulta assolutamente non sufficiente.

VII. Conclusione

Il *lobbying* è quindi quanto mai determinante nel sistema europeo, questo è quanto emerge dall'analisi affrontata nelle pagine precedenti. Una sinergia talmente stretta, che ha sospinto il processo di integrazione europeo negli ultimi 70 anni, convogliando istanze sociali, economiche e culturali, profondamente diverse fra loro, all'interno del sistema europeo. Una dinamica, come visto, agevolata proprio dalla tipicità della Comunità prima e dall'Unione poi, che ha trovato nei gruppi di pressione soggetti dirimenti, per sopperire a quel "deficit democratico" di cui le Istituzioni europee hanno sempre sofferto.

Nonostante un pieno riconoscimento di tali soggetti (art.11 TUE e art.15 TFUE), e del loro ruolo nel processo decisionale, le Istituzioni europee, hanno accumulato uno storico ritardo sul piano normativo. Solamente dagli anni '90 in poi, i vari tentativi delle singole istituzioni prima e gli sforzi comuni poi, hanno consentito di affrontare il tema in maniera matura, come dimostra l'Accordo Interistituzionale trilaterale, firmato da Parlamento, Commissione e Consiglio.

Un tentativo ambizioso, ma non ancora sufficiente per consentire la piena partecipazione ai portatori di interessi, garantendo allo stesso tempo eticità e trasparenza.

Lo scandalo *Qatargate,* il più importante scandalo di corruzione mai capitato fino a questo momento, ha inesorabilmente messo in evidenza alcune criticità sistemiche. Responsabilità delle Istituzioni europee sarà adesso quella di avanzare una profonda ed audace riflessione sull'intero sistema, senza addossare aprioristicamente le colpe sull'attività del *lobbying.*

Questa è l'unica soluzione per eliminare una volta per tutte, in maniera responsabile e ragionevole, le lacune presenti, non facendo così venir meno la fiducia dei cittadini europei nelle stesse istituzioni, già gravate da seri problemi di rappresentatività.

VIII.   Fonti

Accordo interistituzionale, 16 aprile 2014. https://eur-lex.europa.eu/legal-content/IT/TXT/PDF/?uri=CELEX:32014Q0919(01)&from=it

Accordi Interistituzionale tra il parlamento europeo, Il Consiglio dell'Unione europea e la Commissione europea su un registro per la trasparenza obbligatorio, 20 maggio 2021. https://eur-lex.europa.eu/legal-content/EN/TXT/?uri=CELEX:32021Q0611(01)

Accordo tra il Parlamento europeo e la Commissione europea sul registro per la trasparenza delle organizzazioni e dei liberi professionisti che svolgono attività di concorso all'elaborazione e attuazione delle politiche dell'Unione europea, 19 settembre, 2014. https://eur-lex.europa.eu/legal-content/it/TXT/?uri=uriserv:OJ.L_.2014.277.01.0011.01.ITA

Amato, G., Forme di stato e forme di Governo, il Mulino, Bologna, 2006

Bitonti, A., Mariotti, C., "Beyond transparency: The principles of lobbying regulation and the perspective of professional lobbying consultancies". Italian Political Science Review/Rivista Italiana Di Scienza Politica, 1-18, 2022

Cuocolo, L, Sguero, G., Lobby. "La rappresentanza di interessi", Quaderni Bocconi, Paper n.13, 2014

De Virgottini, F., Diritto Costituzionale comparato I, 7° edizione inter. Rivista Padova Cedam, 2007

Decisione del Consiglio (EU, Euratom) 2018/994, 13 luglio 2018. https://eur-lex.europa.eu/eli/dec/2018/994/oj

Decisione della Commissione 2018/C 65/06, 31 gennaio 2018. https://eur-lex.europa.eu/legal-content/IT/TXT/PDF/?uri=CELEX:32018D0221(02)&from=EN

Dichiarazione politica del Parlamento europeo, del Consiglio dell'Unione europea e della Commissione europea in occasione dell'adozione dell'accordo Interistituzionale su un registro obbligatorio, 11 giugno 2021. https://eur-lex.europa.eu/legal-

content/IT/TXT/PDF/?uri=CELEX:32021C0611(01)&from=S
L

Dichiarazione politica del Parlamento europeo, del Consiglio dell'Unione europea e della Commissione europea in occasione dell'adozione dell'accordo Interistituzionale su un registro obbligatorio, 11 giugno 2021. https://eur-lex.europa.eu/legal-content/IT/TXT/PDF/?uri=CELEX:32021C0611(01)&from=S
L

Dichiarazione politica del Parlamento europeo, del Consiglio dell'Unione europea e della Commissione europea in occasione dell'adozione dell'accordo Interistituzionale su un registro obbligatorio, 11 giugno 2021, https://eur-lex.europa.eu/legal-content/IT/TXT/PDF/?uri=CELEX:32021C0611(01)&from=S
L

Guéguen, D., "Lobbying européen", Europolitique, Bruxelles, 2007.

Greenwood, J. e Dregger, J., "The Transparency Register: A European vanguard of strong lobby regulation?", IGA, 2.2, 2013, p.139-162

Heritier, A. e Rhodes, M., New Modes of Governance in Europe: Governing in the Shadow of Hierarchy, Basingstoke, Palgrave Macmillan, Palgrave Studies in European Union Politics, 2011

Korkea-aho, E.,"New Year, New Transparency Register?", 2021. https://www.eu-opengovernment.eu/?p=1235

Mulcahi, S., Lobbying in Europe: hidden influence, privileged access, TI publication, 2015

https://images.transparencycdn.org/images/2015_LobbyingIn Europe_EN.pdf

Petrillo, P., Teorie e tecniche del lobbying, Il Mulino, Bologna, 2019

Pierewoj, J., "Lobbying in the European Union and Interinstitutional Agreement on a Mandatory Transparency

Register for Lobbyists". Studia Europejskie – Studies in European Affairs, 1/2022, 2022

Polidori P. e Sestili, F., "La regolamentazione delle attività di lobbying: esperienze internazionali a confronto", Studi Urbinati, A - Scienze Giuridiche, Politiche Ed Economiche, 70(1-2), 69–138,2019

Regolamento Parlamento europeo, 9° legislatura, 2021. https://www.europarl.europa.eu/doceo/document/RULES-9-2021-01-18_IT.pdf

Sassi, S., La trasparenza a presidio del sistema legislativo europeo: qualche considerazione in margine alla regolamentazione delle lobbies, in Gregorio e Musselli, 2015

Silva, M., The European Union's revolution Door Problem , in Dialer e Richter, 2019.

Schmidt-Meinecke, E., "And yet, it moves: Lobbying Regulation in the Council of Ministers of the European Union", MaRBLE Research papers, Vol. 1, 2002.

Vedaschi, A., Istituzioni europee e tecnica legislativa, Giuffré, Milano, 2001

Africa

Elezioni e Sicurezza in Repubblica Democratica del Congo: Sfide e Prospettive per il Futuro del Paese

Simone Mezzabotta - Junior Researcher, Mondo Internazionale G.E.O. Politica

Abstract

La Repubblica Democratica del Congo rappresenta un attore cruciale nella politica africana, in virtù delle sue dimensioni territoriali, della posizione strategica e delle risorse naturali di cui dispone. Tuttavia, l'instabilità politica, i problemi di sicurezza e le crisi umanitarie, che affliggono principalmente il Congo orientale a causa di numerosi gruppi armati, hanno da sempre costituito un focus primario per i governi che si sono succeduti al potere nel Paese. Le prossime elezioni generali, fissate per il 20 dicembre 2023, potrebbero rappresentare un momento di svolta per la politica congolese, ma il persistere dell'insicurezza nelle province orientali solleva dubbi sulla loro effettiva realizzazione. La presenza di organizzazioni internazionali come le Nazioni Unite e la Comunità dell'Africa orientale (CAO) nell'affrontare la situazione del Paese ha suscitato numerose critiche in merito alla loro efficacia e trasparenza. Per garantire il corretto svolgimento delle elezioni, un coordinamento più efficace tra le forze dell'ONU e della CAO potrebbe fornire un sostegno logistico e militare fondamentale al governo congolese. Inoltre, i principali attori internazionali, tra i quali spiccano Stati Uniti e Cina, potrebbero assumere un ruolo di maggiore rilievo nella politica congolese, alla luce dei loro interessi strategici nel Paese. Nonostante l'inserimento di nuovi attori internazionali sembri improbabile, la recente visita del ministro degli Esteri russo Lavrov potrebbe indicare un interesse crescente da parte di Mosca nel consolidare la propria influenza nella regione.

Parole chiave: Elezioni, Violenza, Repubblica Democratica del Congo, Crisi.

Keywords: Elections, Democratic Republic of the Congo, Violence, Crisis

I.   Introduzione

Secondo le ultime stime dell'ONU, la Repubblica Democratica del Congo (RDC) conta più di 5 milioni di sfollati interni (UNHCR 2023). Questo dato è primariamente attribuibile ai conflitti e alle tensioni che animano l'RDC sin dall'indipendenza nel 1960. Nello specifico, la parte orientale dello stato africano – comprendente, per convenzione, le province del Nord e Sud Kivu, del Maniema, dell'Ituri, dell'Haut-Uélé e del Tanganyika (ex parte del Katanga) – è da anni teatro di scontri particolarmente violenti tra gruppi armati. Secondo alcune stime, circa settanta milizie differenti stanno attualmente operando nel Congo orientale, anche se alcuni esperti tendono a porre il numero molto al di sopra (Nantulya 2017). Nonostante le ripetute accuse di violazioni del diritto internazionale mosse contro i vari gruppi, né Kinshasa né gli attori internazionali presenti sul campo sembrano riuscire a contrastare efficacemente il circolo di tensione e violenza che, spesso, si ripercuote sui civili.

Tra fine 2022 e inizio 2023, diverse fonti riportano un peggioramento della situazione sul campo principalmente dovuto al ritorno all'azione del "Movimento del 23 Marzo" (M23), un gruppo armato attivo soprattutto tra il 2012 e il 2013. L'obiettivo di questo paper è fornire un'analisi previsionale della situazione nella RDC orientale in vista delle elezioni generali previste per il 20 dicembre 2023. L'analisi sarà strutturata in quattro sezioni principali. La prima sezione si concentrerà sui risvolti storici che, dall'indipendenza a oggi, hanno caratterizzato la storia dello stato africano. Essenzialmente, l'obiettivo della sezione è mostrare come il genocidio in Rwanda abbia segnato una svolta tanto nelle relazioni tra Kinshasa e gli Stati dei Grandi Laghi – i.e., Rwanda, Uganda e Burundi – che nel controllo effettivo, da parte del governo, sulla parte orientale del paese. Successivamente, una breve analisi del territorio e delle sue ricchezze minerarie sarà il punto di partenza di una riflessione sugli interessi economici dei diversi attori locali e internazionali presenti nella zona. Una sezione sarà poi interamente dedicata al confronto tra l'ONU, presente sul campo da diversi anni con varie missioni e programmi, e la Comunità dell'Africa orientale (CAO), a cui Kinshasa ha recentemente accordato il permesso di inviare un contingente di truppe sul proprio territorio. Nonostante la presenza di entrambe le organizzazioni si sia dimostrata importante, le difficoltà riscontrate nel contenimento della violenza e nella protezione dei civili sembrano richiedere una riflessione più profonda sullo stato e i mandati delle rispettive missioni. Il paper si concluderà con un'analisi previsionale che, sulla base delle informazioni raccolte, proporrà vari scenari possibili per la parte orientale della RDC nell'anno delle elezioni.

II.   Il Contesto Storico

La RDC, all'epoca denominata Congo belga, ottenne l'indipendenza dal Belgio il 30 giugno 1960, sotto la guida del primo ministro Patrice Lumumba, attivista politico e fondatore del Partito nazionale congolese (PNC) nel 1958. Egli cercò fin da subito di costruire un paese unito e indipendente, ma si scontrò con l'opposizione dei leader regionali e delle potenze straniere che temevano che il paese potesse allinearsi con il blocco comunista. Sul fronte interno, Lumumba dovette fare i conti con la secessione del Katanga, una provincia ricca di risorse naturali del sud-est del paese. La secessione fu guidata dal presidente della provincia, Moise Tshombe, che reclamava l'indipendenza per due ragioni principali. In primo luogo, Tshombe invocava un maggiore controllo sull'economia regionale attraverso una gestione diretta delle proprie risorse. Il Katanga, infatti, era la provincia più ricca del Congo, poiché conteneva diverse ricchezze naturali, tra cui grandi riserve di rame, cobalto e uranio. Inoltre, Tshombe e le compagnie minerarie straniere che operavano nella regione temevano che Kinshasa avrebbe nazionalizzato l'industria mineraria del paese, privando le compagnie straniere dei loro profitti. La nazionalizzazione era un tema di grande importanza nella politica del Congo dell'epoca, poiché Lumumba aveva promesso più volte di nazionalizzare l'industria mineraria e di utilizzare i profitti per finanziare il programma sociale del governo (Stearns 2012).

In risposta alla secessione, Lumumba ordinò un'offensiva militare contro il Katanga, rivolgendosi anche all'Unione Sovietica in cerca d'aiuto, ma la missione si rivelò un fallimento e la situazione nel paese divenne sempre più caotica. Nel frattempo, Tshombe, appoggiato dalle compagnie minerarie straniere, aveva formato un governo separatista che cercava di mantenere il controllo sulle risorse della regione. La situazione nel paese raggiunse il culmine nel settembre 1961, quando Lumumba fu deposto in un colpo di Stato sostenuto da Belgio, Regno Unito e Stati Uniti (Stearns 2012). Il governo del Katanga riconobbe immediatamente il nuovo governo e Tshombe divenne il primo ministro della

Repubblica del Congo, un governo secessionista con sede a Elisabethville, la capitale del Katanga. Lumumba venne arrestato e imprigionato, per poi essere assassinato nel gennaio 1961. Il conflitto nel Katanga continuò per diversi mesi, con il governo centrale e le forze di pace delle Nazioni Unite che cercavano di riconquistare il controllo della regione. Nel gennaio 1963, le truppe dell'ONU riuscirono a catturare Elisabethville e a ripristinare il controllo del governo centrale sulla provincia. Nel complesso, la secessione del Katanga fu un evento significativo nella storia della RDC, poiché ha evidenziato come la lotta per il controllo delle risorse naturali potesse alimentare conflitti e instabilità nel paese.

L'assassinio di Lumumba ha avuto conseguenze drammatiche per la storia del Congo, scatenando una profonda crisi politica e contribuendo a un clima di instabilità che ha messo a dura prova l'unità nazionale (Stearns 2012). Nonostante gli sforzi del governo del successore Kasavubu, appoggiato dalle Nazioni Unite e dagli Stati Uniti, il paese si trovava diviso in varie fazioni rivali, con numerosi gruppi che lottavano per l'indipendenza e il controllo delle risorse naturali del paese. In questo contesto di caos e violenza, Mobutu Sese Seko trovò l'opportunità di emergere come leader carismatico e, una volta al potere nel 1965, di governare il Congo (noto come Zaire dal 1971 al 1997) ininterrottamente per più di trent'anni. Durante il suo governo, Mobutu cercò di mantenere il controllo del Paese attraverso una combinazione di repressione politica e controllo militare, promuovendo, allo stesso tempo, l'unità nazionale e la cultura zairese. La parte orientale del paese è stata oggetto di particolare attenzione da parte del governo di Mobutu. La regione era stata teatro di numerosi conflitti tra gruppi etnici, ribelli e forze governative, nonché di un forte interesse internazionale a causa delle sue risorse naturali e della sua posizione strategica vicino ai confini con Uganda, Rwanda e Burundi. Politicamente, Mobutu cercò di mantenere il controllo sulla regione attraverso una combinazione di repressione politica e uso della forza militare, arrivando a utilizzare la sua rete di servizi di sicurezza per controllare l'opposizione politica nella regione. Egli tentò inoltre di cooptare leader locali e gruppi etnici, offrendo loro posizioni di potere e privilegi in cambio di fedeltà. Di fatto, Mobutu mirava a sfruttare le immense risorse naturali della regione, come oro e diamanti, per finanziare il suo regime. Tuttavia, questo processo ha contribuito a destabilizzare la regione attraverso l'aumento del traffico di armi e del numero di gruppi armati nell'area.

Secondo gli esperti, il genocidio in Rwanda del 1994 ha avuto un forte impatto sulla RDC, contribuendo a scatenare una serie di conflitti armati e turbolenze politiche nella regione (Prunier 2009). Dall'aprile al luglio di quell'anno, centinaia di migliaia di tutsi e hutu moderati hanno perso la vita i Rwanda e, per cercare di contrastare l'ondata di violenza che regnava su tutto il territorio, la Francia, su autorizzazione del Consiglio di Sicurezza dell'ONU (Risoluzione 929), ha imbastito l'*Opération Turquoise*. L'Operazione, che aveva come obiettivo quello di mettere fine ai massacri, ha portato alla creazione della *"Zone Humanitaire Sûre"* all'estremità sud-occidentale del Rwanda. Nonostante mirasse a impedire gli scontri tra le forze armate del Paese e il Fronte patriottico ruandese, che stava guadagnando sempre più terreno, la scelta di creare una zona sicura fu oggetto di dure critiche in quanto essa permise ad alcuni dei colpevoli del genocidio di rifugiarvisi temporaneamente per poi scappare in Zaire. Di conseguenza, nel 1996, le forze armate ruandesi, insieme ad altri gruppi armati, oltrepassarono il confine per cercare di scovare ed eliminare i miliziani hutu che vi avevano trovato rifugio, dando il via alla Prima guerra del Congo: un conflitto regionale che ha coinvolto diversi attori centrafricani, tra cui l'Uganda (Stearns 2012).

In quegli stessi anni, Laurent-Désiré Kabila, un attivista politico originario del Kivu, guidò una ribellione contro il regime di Mobutu e, grazie al sostegno attivo di Ruanda e Uganda, raggiunse Kinshasa nel maggio del 1997 per rovesciare Mobutu, ponendo fine al suo lungo governo autoritario e, *de facto,* alla guerra. Tuttavia, una volta insediatosi come presidente, le relazioni tra Kabila e i suoi sostenitori internazionali si deteriorano rapidamente. Nel 1998, le forze ribelli del Movimento per la Liberazione del Congo (MLC) e il Rally per la Democrazia (RCD) lanciarono un'offensiva contro il governo di Kabila, a sua volta supportato dall'Angola, dalla Namibia e dalla Zimbabwe. Iniziò così la Seconda guerra del Congo, altresì nota come Grande Guerra Africana, che coinvolse nove paesi africani e numerose fazioni armate, inclusi gli eserciti di vari stati e gruppi ribelli, e portò alla morte di diversi milioni di persone (Prunier 2009). Nel 2001, l'assassinio del presidente Kabila per mano di una delle sue guardie del corpo portò alla nomina di suo figlio, Joseph Kabila, come presidente ad interim. La morte di Kabila padre ha contribuito a destabilizzare ulteriormente la regione orientale della RDC, dove vari gruppi armati hanno cercato di sfruttare la situazione di caos per guadagnare ulteriore potere e controllo sui ricchi giacimenti di risorse naturali della regione.

Nel 2003, gli Accordi di Sun City, firmati in Sudafrica, posero fine alla Seconda guerra del Congo, portarono alla creazione di un governo di transizione guidato dal presidente ad interim, e all'organizzazione di elezioni democratiche nel 2006, che ufficializzarono l'approvazione elettorale su cui poteva contare Joseph Kabila. Tuttavia, i conflitti nella parte orientale del paese continuarono, alimentati da una vasta gamma di fattori, tra cui la concorrenza per le risorse naturali, l'interferenza straniera e la corruzione (Melvern 2008). Nel 2008, il generale Laurent Nkunda, un leader ribelle tutsi del gruppo armato *Congrès national pour la défense du peuple* (CNDP) che si era schierato contro il governo centrale della RDC, guidò l'esercito congolese all'offensiva nella provincia del Nord-Kivu. L'operazione mirava a proteggere la minoranza tutsi nella regione e a impedire l'ingresso di gruppi armati hutu provenienti dal Rwanda che avevano partecipato al genocidio ruandese e che erano stati coinvolti in vari conflitti nella provincia. Tuttavia, di fatto, Nkunda alimentò ulteriore instabilità e violenza nella regione, causando la fuga di migliaia di civili e il deterioramento delle già fragili condizioni di sicurezza. In risposta all'offensiva del CNDP, le forze armate della RDC ricevettero il supporto di truppe dell'ONU, che intervennero per ripristinare l'ordine nella regione come parte della Missione delle Nazioni Unite nella Repubblica Democratica del Congo (MONUC), attiva dal 1999 e sostituita dalla Missione delle Nazioni Unite per la Stabilizzazione in Congo (MONUSCO) nel 2010. Il 23 marzo 2009, il CNDP e il governo congolese firmarono l'Accordo di Goma, che prevedeva il disarmo del CNDP e l'integrazione dei suoi soldati nelle forze armate della RDC. Tuttavia, molti membri del gruppo ribelle non furono effettivamente integrati e Nkunda fu arrestato nel gennaio 2009 dalle autorità ruandesi, a seguito di una disputa con il presidente congolese Joseph Kabila.

Nel 2012, un manipolo di ex combattenti congolesi, che inizialmente erano stati integrati nell'esercito nazionale, ha fondato il Movimento del 23 marzo (M23), un gruppo armato tutsi che ha accusato Joseph Kabila, eletto per un secondo mandato nel 2011, di non rispettare l'Accordo di Goma e di non proteggere la minoranza tutsi del paese. Il Ruanda è stato accusato di fornire armi e supporto logistico al gruppo, che, nel novembre 2012, ha lanciato un'importante offensiva nel Nord-Kivu. Nonostante la presenza dell'esercito congolese a

Goma, fulcro economico della regione, l'M23 riuscì a catture quest'ultima senza incontrare una forte resistenza. La caduta di Goma ha suscitato la preoccupazione della comunità internazionale e ha portato all'invio di una forza di interposizione dell'ONU, parte della MONUSCO, per proteggere la città, mentre Kinshasa e l'M23 aprivano i negoziati sotto la mediazione dell'Uganda. Nel febbraio 2013, le due parti firmarono l'Accordo di pace di Addis Abeba, il quale prevedeva anche l'integrazione degli ex combattenti dell'M23 nell'esercito congolese. Tuttavia, il Movimento accusò ben presto il governo di non rispettare l'accordo e, pertanto, l'M23 riprese le ostilità nel maggio di quell'anno. Nel novembre 2013, dopo intensi combattimenti, il gruppo ribelle fu sconfitto dalle forze armate congolesi e ruandesi, appoggiate dalla MONUSCO. La fine della ribellione fu sancita con la firma dell'Accordo di Nairobi tra il governo congolese e il M23.

Nel 2018, hanno avuto luogo le elezioni presidenziali, che, nonostante le contestazioni e le accuse di frode e irregolarità, hanno portato all'elezione dell'oppositore Felix Tshisekedi. Nel frattempo, la RDC ha continuato a sperimentare tensioni e conflitti, in particolare nella parte orientale del paese. Gruppi armati come le Forze Democratiche per la Liberazione del Ruanda (FDLR) e l'*Alliance of Democratic Forces* (ADF) hanno continuato a operare nella regione, portando a migliaia di morti e sfollati e a una serie di scontri con l'esercito congolese e le forze dell'ONU sul campo. In particolare, a partire da maggio 2022, l'esercito è stato impegnato in pesanti scontri con l'M23, nell'offensiva più significativa da parte di quest'ultimo dopo il 2012-2013. Nello specifico, tra la seconda metà del 2022 e l'inizio del 2023, l'M23 avrebbe ripreso a combattere intensamente le forze armate congolesi (FARDC) e altri gruppi armati, riuscendo a occupare diverse zone tra cui la città strategica di Kitshanga, che blocca la strada per Goma e ad avvicinare le sue truppe alla città di Sake. Il conflitto ha dato il via ad una crisi diplomatica tra Kinshasa e Kigali, accusata di supportare i ribelli e di aver inviato le proprie truppe nel Congo orientale. Il presidente ruandese Paul Kagame ha più volte negato ogni coinvolgimento per poi sottolineare come l'incapacità di Tshisekedi di controllare l'est del Paese costituisca una minaccia per la sicurezza ruandese. Tra le decine di gruppi armati operanti sul territorio congolese, il Ruanda è particolarmente preoccupato per le FDLR, create da hutu ruandesi legati agli autori del genocidio del 1994, mentre l'M23 afferma di combattere le FDLR per proteggere i tutsi congolesi che subiscono discriminazioni. L'esercito del Congo ha occasionalmente collaborato con le FDLR per combattere l'M23 e altri avversari in passato e, secondo gli esperti del Ruanda e delle Nazioni Unite, ciò sta accadendo di nuovo. Parallelamente, l'amministrazione di Tshisekedi sostiene che il vero interesse del Ruanda sia legato ai ricchi minerali del Congo e l'incidente di fine gennaio 2023, nel quale l'esercito ruandese ha sparato e danneggiato un caccia congolese che avrebbe violato il suo spazio aereo, ha ulteriormente acuito le tensioni tra i due paesi. Il Congo ha respinto l'accusa di aver violato lo spazio aereo del Ruanda, sostenendo che il suo aereo si trovava in territorio congolese al momento dell'attacco. Il 15 febbraio, il Ruanda ha inoltre rilasciato una dichiarazione in cui accusa i soldati della RDC di aver sparato oltre confine, riportando come le forze delle FARDC siano entrate in un territorio non governato tra i due Paesi e abbiano iniziato a sparare contro i posti di frontiera ruandesi. Questi eventi hanno portato a un aumento delle tensioni tra Kigali e Kinshasa e ha contribuito a intensificare i timori di un possibile conflitto armato. A causa dell'intensificarsi degli scontri, l'Unione Africana ha organizzato un vertice straordinario sulla pace e la sicurezza regionale ad Addis Abeba, in cui i capi di Stato della CAO hanno emesso un comunicato, datato 17 febbraio, che ordina il ritiro di tutti i gruppi armati nella regione orientale della DRC entro il 30 marzo 2023. Inoltre, i leader hanno richiesto la cessazione immediata delle ostilità nella zona colpita dal conflitto e hanno raccomandato il reinsediamento degli sfollati interni. Nel frattempo, le truppe della CAO hanno iniziato ad operare attivamente sul campo per contrastare le forze ribelli.

III.   Il Contesto Economico

Secondo la Banca Mondiale, la Repubblica Democratica del Congo è una delle regioni più ricche al mondo in termini di risorse naturali e la maggior parte di queste è concentrata nelle regioni orientali. Nel Paese, sono presenti importanti riserve d'oro, cobalto e rame di alta qualità che non sono state ancora completamente sfruttate. Tuttavia, i significativi rischi per la sicurezza e la mancanza di infrastrutture solide accentuano le complessità legate all'estrazione e all'esportazione. A livello globale, la RDC si trova in una posizione strategica nella transizione energetica grazie alla sua produzione di cobalto, uno dei metalli chiave per la produzione di veicoli elettrici.

Nel 2020, il paese è stato il maggiore produttore di cobalto al mondo, con una produzione di 95.000 tonnellate, pari a quasi il 41% del cobalto globale. Inoltre, la RDC è il sesto produttore mondiale di diamanti industriali, con una produzione di 3,7 milioni di carati nel 2020 (International Trade Administration 2023). Inoltre, il Paese possiede alcune delle riserve di rame di alta qualità più importanti del mondo, con alcune miniere che contengono livelli di concentrazione superiori al 3%, significativamente più elevati rispetto alla media globale dello 0,6-0,8%. Questo ha attirato l'attenzione delle compagnie minerarie internazionali, attratte dalle miniere di alta qualità e a basso costo nella cintura di rame della RDC nella parte meridionale del paese. Anche il settore minerario aurifero della RDC sta registrando un rinnovato interesse da parte delle compagnie minerarie. Nel 2021, la produzione di risorse minerarie è passata da 10.000 tonnellate a quasi 1 milione, indice di una notevole crescita (International Trade Administration 2023).

In generale, gli investimenti e le esportazioni del settore minerario costituiscono i principali motori della crescita congolese, grazie al miglioramento dei prezzi dei minerali e all'aumento degli investimenti pubblici. Secondo recenti stime, il miglioramento dei prezzi dei metalli dovrebbe compensare l'aumento dei prezzi dei prodotti alimentari e del petrolio, portando a un pareggio delle partite correnti e contribuendo ad accumulare riserve. Inoltre, le entrate fiscali sono state stimate al 14,4% del PIL nel 2022 grazie ai prezzi favorevoli delle materie prime e alla digitalizzazione del processo di riscossione delle entrate, mentre le spese (18,7% del PIL) dovrebbero aumentare a causa degli adeguamenti salariali e dei sussidi al carburante. Le prospettive a medio termine per la RDC sono favorevoli, con una crescita stimata in accelerazione al 6,4% entro il 2024. Tuttavia, l'economia rimane vulnerabile alle oscillazioni dei prezzi delle materie prime e ai risultati di crescita dei principali partner commerciali, che potrebbero essere disturbati da conflitti geopolitici e da una recrudescenza della pandemia COVID-19. In più, l'aumento dei prezzi globali dell'energia e dei generi alimentari, dovuto alla guerra in Ucraina, continua ad esercitare pressioni al rialzo sull'inflazione interna.

In aggiunta, secondo una relazione dell'Organizzazione per la Cooperazione e lo Sviluppo Economico (OCSE), il commercio illegale di minerali provenienti dal Congo ha contribuito al finanziamento dei gruppi armati nella regione (OCSE 2005). La relazione ha anche richiamato l'attenzione sul coinvolgimento di aziende multinazionali nel commercio di minerali provenienti dalla regione, a volte ignorando la provenienza illecita di questi materiali. Alcune organizzazioni internazionali, come *The Enough Project*, hanno cercato di monitorare e combattere il commercio illecito di minerali provenienti dal Congo orientale. Tuttavia, la situazione rimane complessa e molte delle risorse della regione continuano ad essere sfruttate illegalmente (Enough Project 2009). L'importanza strategica delle risorse naturali del Congo orientale ha attirato l'interesse di molti attori regionali e diverse superpotenze, tra cui Cina e Stati Uniti (Brautigham 2010).

IV.   ONU e CAO: Missioni a Confronto

Oltre agli stati, diverse organizzazioni internazionali sono presenti in Congo orientale da anni. Esse tendono a ricoprire un ruolo fondamentale nella regione, soprattutto nel fornire supporto alle FARDC nella lotta contro i ribelli e nella protezione dei civili. Attualmente, le due organizzazioni più rilevanti che operano in Congo orientale sono l'ONU e la Comunità dell'Africa orientale (CAO). La missione attuale dell'ONU, la MONUSCO, opera sul campo dal 2010, in sostituzione della MONUC. L'obiettivo principale della MONUSCO è quello di fornire supporto alla stabilizzazione del paese, alla promozione dei diritti umani e al consolidamento della pace dopo i diversi conflitti armati che hanno colpito la regione. La missione si occupa di varie attività, collaborando spesso con Kinshasa. Tra queste, la protezione dei civili è sicuramente l'attività più impegnativa in termini di risorse, seguita dalla promozione dei diritti umani, dal sostegno al processo di democratizzazione e ai programmi di sviluppo socio-economico, a cui vengono spesso associati la riforma del settore della sicurezza e la lotta contro l'impunità. La MONUSCO dispone di una vasta presenza sul territorio congolese, con 18.278 membri del personale civile e militare complessivamente dispiegati secondo i dati risalenti a giugno 2022. La missione si concentra principalmente sulle province orientali del paese, dove i conflitti armati sono stati più intensi e, per questo, il 70,2% del personale della missione è composto da truppe militari. In generale, la MONUSCO è finanziata attraverso un conto separato approvato annualmente dall'Assemblea Generale ed è una delle missioni più costose della storia dell'ONU, con un budget annuale che ha spesso rasentato o superato il miliardo di dollari.

Nonostante il ruolo importante dell'ONU nel promuovere la pace e la sicurezza nella DRC, l'organizzazione è stata criticata per non essere in grado di prevenire la violenza e gli abusi dei diritti umani in alcune aree del paese, nonostante la sua presenza. Ad esempio, nel 2009, Human Rights Watch (HRW) ha accusato la MONUC di aver fallito nel proteggere la popolazione civile durante una serie di attacchi da parte delle forze armate ugandesi e ruandesi (Human Rights Watch 2009). Nello specifico, HRW ha sottolineato come la missione fosse diventata un partner dell'esercito congolese nelle operazioni militari e, nonostante il mandato del Consiglio di Sicurezza l'autorizzasse a proteggere i civili con la forza se necessario, la MONUC è stata giudicata colpevole di non aver messo in atto misure adeguate alla protezione della popolazione prima dell'avvio delle operazioni. Al di là degli sforzi delle truppe, che hanno indubbiamente contribuito a salvare vite umane, in molti casi i Caschi Blu sono arrivati troppo tardi o non sono arrivati affatto, lasciando la popolazione locale esposta agli attacchi. Inoltre, la MONUSCO è stata criticata per il suo costo elevato e per l'efficacia limitata delle sue operazioni sul terreno, tanto che, nel 2018, il governo congolese ne ha chiesto la riduzione del contingente dispiegato sul territorio nazionale, affermando che il paese era in grado di garantire la sicurezza interna senza il supporto dell'organizzazione.

L'altra organizzazione ad aver dispiegato una forza di combattimento in Congo orientale è la Comunità dell'Africa orientale (CAO), un'organizzazione regionale con sede ad Arusha composta dalla RDC – divenuta membro ufficiale nell'estate del 2022 – e altri sei paesi: Burundi, Kenya, Ruanda, Sud Sudan, Tanzania e Uganda. Il lavoro della CAO è regolamentato dal trattato che ha istituito la Comunità, firmato il 30 novembre 1999 e diventato operativo il 7 luglio 2000 dopo la ratifica dei tre paesi fondatori (Kenya, Tanzania e Uganda). Essa ospita oltre 283,7 milioni di persone e si estende su quasi cinque milioni di chilometri quadrati. Questi dati, combinati ad un prodotto interno lordo complessivo di 305,3 miliardi di dollari nel 2022, rendono la CAO un importante attore regionale dal punto di vista economico, strategico e geopolitico. Nell'estate del 2022, la CAO ha accettato di dispiegare tra le 6.500 e le 12.000 truppe con l'obiettivo di contenere, sconfiggere e sradicare i gruppi armati in quattro province della Repubblica Democratica del Congo: Haut-Uélé, Ituri, Nord Kivu e Sud Kivu. Guidata da un comandante keniota e con sede a Goma, la forza di combattimento opererebbe con un mandato rinnovabile di sei mesi, soggetto a una revisione strategica bimensile. Il presidente Tshisekedi ha confermato il dispiegamento delle truppe il 26 settembre, mentre tentava di sensibilizzare i donatori a sostenere questa forza regionale, la quale, su esplicita richiesta di Kinshasa, non comprende forze ruandesi. Il Burundi e il Kenya sono stati i primi due stati ad inviare le proprie truppe, con le truppe burundesi dispiegate il 15 agosto nella provincia del Sud Kivu e le Forze di Difesa del Kenya (KDF) che hanno iniziato a fornire sistemi di supporto logistico nella provincia del Nord Kivu intorno alle città di Bunagana e Kasindi (appena oltre il confine sud-occidentale dell'Uganda) a partire dalla metà di settembre.

Nonostante gli sforzi sul campo, gli analisti rimangono dubbiosi circa l'efficacia delle forze della CAO. L'architettura stessa della missione prevede che la maggior parte delle unità della forza congiunta vadano a rinforzare le truppe già presenti nella RDC, in modo che ciascun contributore abbia una missione specifica (ADF 2022). Tuttavia, questa differenziazione potrebbe portare i paesi africani a privilegiare i propri interessi e porli su un piano superiore rispetto alla stabilizzazione complessiva della zona, oltre ad una maggiore difficoltà nel coordinamento delle truppe. I soldati ugandesi, ad esempio, stanno combattendo l'ADF, una coalizione di ribelli ugandesi affiliati allo Stato Islamico, nella provincia del Nord Kivu e nell'Ituri, mentre i soldati kenioti mirano a contrastare altri gruppi ribelli nel Nord Kivu. Le truppe tanzaniane e burundesi stanno operando invece nel Sud Kivu, dove l'esercito burundese sta già combattendo le milizie RED-Tabara con la tacita approvazione di Kinshasa. Infine, un piccolo contingente di soldati del Sud Sudan sta affrontando il *Lord Resistance Army* (LRA) nell'Haut-Uélé. Per questa ragione, Nene Morisho, membro del *think tank* congolese Pole Institute, teme che le forze armate della CAO possano essere usate per proteggere gli interessi economici dei paesi membri e che la competizione economica tra quest'ultimi possa trasferirsi a questioni relative alla sicurezza (). Inoltre, il mandato delle forze della CAO sembra priorizzare lo sradicamento dei vari gruppi armati alla protezione dei civili, tra i quali, vista la storia recente del Congo, serpeggia il sospetto di nuove truppe straniere sul territorio. Secondo Ghislain Muhiwa, co-fondatore di LUCHA, un importante gruppo della società civile congolese, la missione è rischiosa per il paese, alla luce della maggiore destabilizzazione che la CAO potrebbe causare (ADF 2022). Per altri, invece, l'inefficacia dimostrata dai Caschi Blu negli ultimi vent'anni renderebbe necessario un ricambio di forze del paese e quelle della CAO, in quanto africane, sarebbero addirittura da preferire ai contingenti stranieri dell'ONU (The New Humanitarian 2022).

V.   Conclusione

Il Congo è un attore fondamentale sulla scacchiera africana, principalmente per dimensioni, posizione geografica e risorse naturali. Tuttavia, la storia recente del Paese tende a sottolineare la relativa centralità dei problemi securitari e delle crisi umanitarie nelle agende dei vari governi che si sono succeduti. In particolare, le regioni orientali sembrano sfuggire al pieno controllo del governo, il quale lotta da anni per sradicare da quelle province la grande quantità di gruppi armati che operano in zona. Storicamente, la situazione sembra essere peggiorata con il genocidio ruandese del 1994, con l'attraversamento delle frontiere da parte di fuggitivi hutu collegati al massacro. In generale, le vaste risorse naturali della RDC e la situazione economica del Paese rendono il Congo un Paese fondamentale sul piano internazionale, tanto che la sua situazione interna ha attirato sia l'interesse sia dei paesi limitrofi che quello di superpotenze come gli Stati Uniti e la Cina. Il controllo delle risorse è ritenuto fondamentale dai vari gruppi armati, che usano spesso i soldi ricavati dal commercio illegale di materie prime per finanziare i loro programmi militari. Nelle province orientali, l'insicurezza e la violenza hanno causato una vera e propria crisi umanitaria, con milioni di rifugiati nei paesi vicini (soprattutto negli Stati dei Grandi Laghi), sfollati interni e morti. Per questo, diverse organizzazioni internazionali operano sul campo da diversi anni, tra cui l'ONU e la CAO. Mentre il mandato della forza di combattimento della CAO è più incentrato sul contrasto attivo dei gruppi armati, la MENUSCO sembra avere degli obiettivi più ampi, tra cui la protezione dei civili. Entrambe le organizzazioni hanno sollevato perplessità e critiche tra gli esperti, soprattutto riguardo l'efficacia e la trasparenza delle operazioni.

Il 2023 potrebbe essere un anno fondamentale per la storia politica congolese, alla luce delle elezioni generali fissate per il 20 dicembre. Il 17 febbraio, la Commissione elettorale congolese ha iniziato a registrare i voti nel Nord Kivu, una delle province più popolose che, al momento, è parzialmente occupata dall'M23. Tuttavia, completare la registrazione è, finora, risultato impossibile per via delle tensioni nel territorio. Alla luce della situazione nella parte orientale del Paese e le difficoltà legate al processo di registrazione, il Presidente Tshisekedi ha affermato il 27 febbraio che un conflitto con i ribelli a est potrebbe intralciare i preparativi per le elezioni (Reuters 2023). Ad oggi, questo scenario sembra altamente probabile. In più di una dozzina di province occidentali, la Commissione elettorale ha già posticipato il limite per la registrazione due volte e, se la situazione a est dovesse rimanere simile a quella attuale, sarebbe difficile completare i normali processi elettorali nelle zone in cui operano gruppi armati come l'M23. Tuttavia, la possibilità di portare a termine tutti i preparativi in tempo per svolgere regolarmente le elezioni potrebbe migliorare sensibilmente nel caso in cui la comunità internazionale decidesse di intervenire in modo deciso e coordinato nell'est del paese. In particolare, nei prossimi mesi, è possibile aspettarsi un miglioramento della coordinazione tra i Caschi Blu e le forze della CAO, che, insieme, potrebbero fornire un supporto armato e logistico importante a Kinshasa. Nel frattempo, gli Stati Uniti e la Cina potrebbero giocare un ruolo ancora più importante nella RDC non solo in termini economici, ma anche politici. Sicuramente, Biden e Xi Jinping seguiranno con attenzione le elezioni del 2023, consapevoli che la RDC è già un partner strategico importante tanto per Washington che per Beijing.

L'inserimento di nuovi attori sulla scena sembra difficile, vista la densa presenza internazionale sul campo. Nonostante la visita di Lavrov lo scorso 25 luglio avesse come obiettivo quello di avvicinare Kinshasa a Mosca, la guerra in Ucraina rende improbabile un accostamento russo al Congo, sulla scia di quelli già visti in Mali e Repubblica Centrafricana. Allo stesso modo, l'UE potrebbe concentrarsi più sul conflitto a est dei suoi confini che sullo sviluppo della sua politica in Africa. Il 23 febbraio, Bernard Quintin, Direttore del Servizio europeo per l'azione esterna (SEAE), ha presentato a Kinshasa la nuova strategia dell'UE per la regione dei Grandi Laghi, che mira a contribuire alla pace, alla sicurezza e allo sviluppo sostenibile nelle province orientali della RDC e in tutta la regione (ACP 2023). Con l'occasione, ha anche risposto ad alcune domande sul Ruanda, ribadendo l'importanza della diplomazia nella strategia europea. Nonostante le tensioni siano alte, una guerra aperta tra il Congo e il Ruanda è ritenuta improbabile dalla maggior parte degli analisti politici. Tuttavia, l'attenzione rivolta dagli altri paesi africani alla RDC potrebbe essere fondamentale per riallacciare e rafforzare i rapporti diplomatici tra Kigali e Kinshasa, la cui cooperazione è cruciale non solo per la sicurezza di entrambi i Paesi, ma per la stabilità politica e lo sviluppo economico dell'intera regione.

VI.   Fonti:

Brautigam, D., "China's Presence in the Congo", Council on Foreign Relations, 14 settembre 2010, https://www.cfr.org/backgrounder/chinas-presence- congo.

"Can an East African Military Force Stabilise DR Congo?", The New Humanitarian, 25 November 2022. https://www.thenewhumanitarian.org/analysis/2022/11/25/Eas t-African-force-M23-Congo-EAC-Uganda-Rwanda..

"Congo President Says Unrest in East Could Disrupt Elections", Reuters, and Stars Insider, 27 febbraio 2023. https://www.msn.com/en-us/news/world/congo-president-says-unrest-in-east-could-disrupt-elections/ar-AA1807rx.

'DRC: A Medley of Armed Groups Play on Congo's Crisis – Paul Nantulya', Africa Center for Strategic Studies. https://africacenter.org/spotlight/medley-armed-groups-play-congo-crisis/ Consultato il 28 febbraio 2023.

'Democratic Republic of Congo', BBC. https://www.bbc.co.uk/news/topics/cvenzmgylgwt/democratic -republic-of-congo. Consultato il 25 febbraio 2023

'Democratic Republic of the Congo - Mining and Minerals', International Trade   Administration. https://www.trade.gov/country-commercial-guides/democratic-republic-congo-mining-and-minerals. Consultato il 25 febbraio 2023.

'Democratic Republic of the Congo Refugee Crisis Explained | USA for UNHCR', UNHCR. https://www.unrefugees.org/news/democratic-republic-of-the-congo-refugee-crisis-explained/. Consultato il 22 febbraio 2023.

'EAC Regional Force Coming Into Focus in Eastern DRC'. *Africa Defense Forum*, ADF, 11 ottobre 2022. https://adf-magazine.com/2022/10/eac-regional-force-coming-into-focus-in-eastern-drc/

"East Africa's DR Congo Force: The Case for Caution - Democratic Republic of the Congo", ReliefWeb, 25 agosto

2022. https://reliefweb.int/report/democratic-republic-congo/east-africas-dr-congo-force-case-caution.

"Explainer-What Is Driving the Violence in Eastern Congo?", The Star, 1 febbraio, 2023. https://www.thestar.com.my/news/world/2023/02/01/explainer-what-is-driving-the-violence-in-eastern-congo

"Illicit Trade in Natural Resources: Understanding and Addressing the Consequences of Globalisation" Paris, OCSE Publishing, 2005.

Melvern, L., "The War in the East". African Affairs, vol. 107, no. 427, 2008, pp. 157-166.

Musoni, E., e Karashani, B., 'M23 Rebels Declare War to End Genocide in DR Congo', 26 gennaio 2023. https://www.msn.com/en-xl/africa/other/m23-rebels- declare-war-to-end-genocide-in-dr-congo/ar-AA16MhBl

'New EU strategy for the Great Lakes presented to Foreign Affairs', ACP, 23 febbraio 2023. https://acpcongo.com/index.php/2023/02/23/new-eu-strategy-for-the-great-lakes-presented-to-foreign-affairs/

Njeru, B., 'EAC Heads of State Want All Armed Groups out of DR Congo by April', The Standard. https://www.standardmedia.co.ke/africa/article/2001467 384/eac-heads-of-state-want-armed-groups-out-of-dr- congo-by-april. Consultato il 26 febbraio 2023.

Prunier, G., 'Africa's World War: Congo, the Rwandan Genocide, and the Making of a Continental Catastrophe'. Oxford University Press, 2009.

The Role of Corporations in the Mineral Trade of the Congo, Enough Project, 2009.

Ross, A., 'Explainer: The Congo Rebellion Inflaming Regional Tensions'. *Reuters*, 21 giugno 2022, sec. Africa. https://www.reuters.com/world/africa/congo-rebellion-inflaming-regional-tensions-2022-06-21/

Sawyer, I., 'You Will Be Punished'. *Human Rights Watch*, 13 dicembre 2009. https://www.hrw.org/report/2009/12/13/you-will-be-punished/attacks-civilians-eastern-congo

Stearns, J., 'Dancing in the Glory of Monsters: The Collapse of the Congo and the Great War of Africa'. PublicAffairs, 2012.

'Why Congo and Rwanda Are at Each Other's Throats', Bloomberg, 2 febbraio 2023. https://www.bloomberg.com/news/articles/2023-02-02/why-congo-and-rwanda-are-at-each-other-s-throats.

World Bank. 'The World Bank in DRC', The World Bank. https://www.worldbank.org/en/country/drc/overview. Consultato il 25 febbraio 2023.

Spirito identitario e spirito del passante. Note antropologiche per una possibile comunità della cura

Prof. Fabio Gabrielli - Membro del Comitato Scientifico ed Accademico, Mondo Internazionale APS ETS

Abstract
L'umano non esaurisce la sua esperienza nella logica del Medesimo e del godimento, neppure nello spirito identitario e nelle grammatiche del confine. C'è dell'*altro*, un'eccedenza mai pienamente definita, che, nel contempo, non possiamo evitare, organizzata attorno alla logica della casa e della connessa comunità della cura.
Una *casa spirituale* e una *democrazia a venire*, oltre la rassegnazione, oltre il miraggio.

Parole chiave: Identità, Confine, Apertura, Casa, Cura

Keywords: Identity, Border, Opening, Home, Care

I.   Introduzione

«Il filosofo - scrivono G. Deleuze e F. Guattari - è l'amico del concetto [...] Ciò vuol dire che la filosofia non è una semplice arte di formare, inventare o fabbricare concetti, perché i concetti non sono necessariamente delle forme, dei ritrovati o dei prodotti. La filosofia, più rigorosamente, è la disciplina che consiste nel creare concetti. [...] Creare concetti sempre nuovi è l'oggetto della filosofia. E' proprio perché il concetto deve essere creato, che esso rinvia al filosofo come a colui che lo possiede in potenza o che ne ha la potenza e la competenza. [...] I concetti non sono già fatti, non stanno ad aspettarci come fossero corpi celesti. Non c'è un cielo per i concetti; devono essere inventati, fabbricati o piuttosto creati e non sarebbero nulla senza la firma di coloro che li creano». Deleuze e Guattari, con la consueta lucidità, colgono il punto: l'umano è chiamato a *creare concetti* immergendosi nel flusso della vita, nel suo inesausto trasformarsi, nel suo polimorfico mostrarsi.

Tuttavia, si badi, il concetto deve essere sempre innervato da un *pathos*, un sentire, un sentimento che ne metta in scena vitalità e potenza ad essere.

In Deleuze e Guattari, non a caso, l'amicizia e l'eros sono le condizioni del pensare, forme sorgive, vitali dell'inquietudine umana, capaci di fare del pensiero un atto creativo, non un esercizio di catalogazione meccanica di fatti a noi indifferenti.

In questo senso, la filosofia deve essere "aggressiva", non è "al servizio di nessuna potenza consolidata", proseguono Deleuze e Guattari.

Essa, inoltre, "serve a rattristare: una filosofia che non rattristi, che non riesca a contrariare nessuno, che non sia in grado di arrecare alcun danno alla stupidità e di smascherare lo scandalo, non è filosofia".

La riflessione - il cui etimo, non dimentichiamolo, rinvia al "piegarsi su se stessi", al "ripiegamento", insomma al volgere indietro il pensiero nel segno dell'attenzione - sul contemporaneo, allora, deve evitare le luci per incontrare, come sottolinea G. Agamben, il fascio di buio che abita il suo tempo.

Un pensiero che sappia stare all'altezza del contemporaneo, sarà sempre inattuale, poiché, con le parole del Nietzsche delle *Considerazioni inattuali* (II, 1874), coglie" come un male, un inconveniente, un difetto, qualcosa di cui la sua epoca va giustamente orgogliosa".

In altri termini, se è vero che l'umano è costituito da un intreccio di parola ed essere (J. Lacan usa il neologismo *parlêtre*), se la parola lo costituisce, è altrettanto vero che essa si configura come posizione, mondo, apertura, dunque occorre starne all'altezza, abitarla con un pensiero opportuno.

Tra le parole che usiamo con estrema disinvoltura, quando non implode nella faciloneria, nella più disarmante superficialità, o peggio nella retorica *bianca* delle buone intenzioni, emergono "identità", "altro/alterità", "cura", sovente impiegate per fare della geopolitica più seriosa che seria.

Su queste parole vitali è necessario riflettere seriamente, soprattutto con sincerità.

II. L'identità o la logica del Medesimo

Nei confronti dello straniero o del migrante, così come dei contesti politici e antropologici delle ex colonie, ma anche delle scene di violenza, tirannia e protesta (vedi, per esempio, l'Iran) che dalle televisioni e dai social rimbalzano nelle metropoli occidentali, abbiamo un atteggiamento simile ai resoconti o alle fotografie di antropologi, esploratori, naviganti e fotografi reduci dai viaggi tropicali: una sorta di spettacolarizzazione, afferma C. Lévi-Strauss, di *sozzure gettate sul volto dell'umanità*, una recitazione retorica per lavarsi la coscienza dei propri misfatti.

Scrive C. Lévi-Strauss: «L'Amazzonia, il Tibet, l'Africa invadono le vetrine sotto forma di libri di viaggio, resoconti di spedizioni e album di fotografie, dove la preoccupazione dell'effetto è troppo preponderante perché il lettore possa valutare la testimonianza che gli è offerta».

Allo stesso modo, assistiamo allo scontro in Iran tra la teocrazia islamica e le migliaia di giovani, donne, atleti che colmano le piazze, mobilitano l'etere, agitano la storia con lo spirito del viaggiatore di cui parla C. Lévi-Strauss: tutto è dominato dall'effetto, dallo spettacolo, senza alcun rinvio, fatte salve lodevoli eccezioni, alla "testimonianza di una povertà desolante".

Detto in altri termini, ogni volta che ci rivolgiamo al cosiddetto mondo meno opulento, meno avanzato, avverso ai diritti e alla democrazia - le nostre parole *salvacoscienza* - prevale lo spirito identitario, della civiltà democratica e liberale, illuminata e progressista retoricamente disgustata da quella ontologica *sozzura*.

Ma lo spirito identitario rinvia sempre alla logica totalizzante del Medesimo, di un io arroccato su se stesso che prende le distanze - processo di arretramento e separazione - dall'anonimo, indifferente fluire del mondo sulla base del bisogno e del godimento, nell'estrema *sincerità* della fame e della sete, sordo ad ogni alterità dell'Altro, la cui irruzione sulla scena umana provoca sempre, come vedremo, uno sconcerto etico nella logica gaudente.

«Nel godimento - scrive E. Lévinas - io sono assolutamente per me. Egoista senza riferirmi ad altri – sono solo senza solitudine, innocentemente egoista e solo. Non contro gli altri, non "sulle mie", ma assolutamente sordo nei confronti degli altri, al di fuori di qualsiasi comunicazione e di qualsiasi rifiuto di comunicare, senza orecchie come ventre affamato».

Tuttavia, quando l'Altro irrompe nella mia vita, il permanere nella logica del Medesimo non è più solo *sordità*, ma significa fare del proprio sguardo uno sguardo distruttore: l'Altro, ricondotto dal Medesimo alle sue categorie totalizzanti, perde, in nome di questa *violenza ontologica*, ogni sua molteplicità, ogni suo diverso risuonare nel mondo.

Non a caso, E. Lévinas afferma che "la filosofia occidentale è stata per lo più un'ontologia, una riduzione dell'Altro al Medesimo".

Contro la logica identitaria e totalizzante del Medesimo potrebbero valere le parole di M. Foucault a proposito dello scrivere come capacità di abitare la distanza:

«Più d'uno, come faccio senz'altro io, scrive per non avere più volto. Non domandatemi chi sono, e non chiedetemi di restare lo stesso: è una morale da stato civile; regna sui nostri documenti. Ci lasci almeno liberi quando si tratta di scrivere».

Lo spirito identitario, predatorio e gaudente, trova nel documento l'incarnazione della propria ideologia e nel confine il consolidamento ontologico delle sue grammatiche padronali, del proprio *supposto sapere*.

Coglie il punto C. Magris, quando afferma che "il confine è spesso un idolo e vuole sacrifici di sangue".

Scrive ancora C. Magris: «I confini vengono spostati, spariscono e improvvisamente ricompaiono: con essi si trasforma in maniera errabonda il concetto di ciò che chiamiamo *Heimat*, patria. Città ed individui si trovano spesso ad essere degli «ex» e quest'esperienza dello spostamento, della perdita del mondo, non riguarda solo la geografia politica, ma la vita in generale. Il mio Stadelmann dice che ognuno è un ex di qualcosa, anche se non sa di esserlo».

Il confine si fa idolo ogniqualvolta si erge, proprio come fa l'idolo nella splendida analisi del filosofo S. Petrosino, come *supposto padrone* nell'ipertrofia del suo io identitario, stabilendo una gerarchia impositiva e violenta tra ciò sta *dentro* e ciò che sta *fuori*.

Ma questo non avviene solo con la brutalità fisica con cui respingiamo chi vuole varcare il confine o con cui aggrediamo chi sta oltre il confine, ma anche con la retorica buonista con cui sproloquiamo su migranti o terre non occidentali in cui avvengono tirannia e soprusi.

Tale retorica buonista nasconde, sovente dietro marce della pace, giornate contro la violenza, salotti televisivi, piattaforme social *ad hoc*, ancora il primato del confine: io occidentale avanzato e colto parlo per te che provieni o vivi in una storia senza narrazione, senza destino, senza futuro che *non sia il mio*. Il salvifico io occidentale che, con le parole di Lev Tolstòj in *Guerra e pace*, esclama:
"Noi soli dobbiamo riscattare il sangue del giusto".

E se è vero che la nostra identità si struttura e determina a partire dal *mio* (dal bambino che esclama "questo gioco è *mio!*", al *mio* padre, *mia* madre, *mio* figlio, il *mio* lavoro, la *mia* nazione, ecc.), con il connesso, legittimo godimento, è altrettanto vero che c'è dell'*altro*, un'eccedenza, l'alterità dell'Altro, la cui ospitalità misura l'umano.

Se siamo seri e sinceri, dobbiamo riconoscere che la logica umana non è solo la logica del vivente, non è solo possesso e preda, difesa e aggressione, semmai è apertura, così come emerge dalla grande lezione di M. Heidegger: «Nel suo esserci più proprio questo ente [Il *Dasein*, l'Esserci, l'umano] ha il carattere della non chiusura. L'espressione "Ci" significa appunto questa apertura essenziale [...]. L'Esserci è la sua apertura».

L'uomo è un animale aperto, è illuminazione di un mondo che informa sulla base del suo *aver da essere,* del suo fascio di possibilità.

Ma per illuminare un mondo, per farsi possibilità sempre aperta all'Altro, occorre, a un certo punto, deporre lo spirito identitario per abitare lo spirito del passante, l'*etica del passante* del filosofo camerunense A. Mbembe.

III.   L'animale aperto

La nascita in un luogo o in un altro è sempre casuale, così come la cosiddetta identità è qualcosa di sfuggente, mutevole, in continuo divenire. Non basta certamente un confine a definirla, darle compimento, nucleo ontologico: l'uomo è sempre e comunque contemporaneamente ospite e ospitante, proprio perché animale aperto.

Il suo spirito, come la sua etica, dovrebbe essere quella del passante, organizzato attorno al divenire, alla circolazione, alla trasformazione o alla trasfigurazione.

Già i Greci indicavano in Hestia ed Hermes due divinità costitutive dell'umano. La prima, come custode del focolare, della permanenza, della fissità; il secondo, come segno del movimento, del passaggio, del contatto.

L'uomo non è fatto solo per il focolare, ma è anche soglia, mondo, apertura sempre aperta.

E nel momento stesso in cui ci apriamo, l'Altro fa irruzione sulla scena umana come un *trauma*, qualcosa che sconcerta nella sua innumerabilità, nella sua resistenza a ogni forma di catalogazione, calcolo, possesso.

L'Altro, nel suo ineludibile sottrarsi, nella sua costituiva resistenza a ogni nostra supposta misura, ingiunge al nostro sguardo una risposta: di distruzione o di creazione, ma sempre nel segno di una comunicazione che è per sua natura *trasgressiva*.

La comunicazione con l'Altro, per esempio con i giovani iraniani in lotta contro la tirannia, non è un mero scambio di informazioni, nemmeno una pur ammirevole condivisione con la loro lotta, ma, come ogni comunicazione, afferma P. Ricoeur, "una trasgressione, nel senso proprio del superamento di un limite, o meglio di una distanza in un certo senso insuperabile", in cui il nostro ascolto, come suggerisce l'etimologia di questo verbo sacrale, si organizza e si delinea nella forma del "custodire, proteggere, prendersi cura".

Tuttavia, sottolinea S. Žižek: «L'uomo non viene semplicemente sopraffatto dall'impatto dell'incontro traumatico – come dice Hegel, egli è capace di "intrattenersi con il negativo", di contrapporsi al suo impatto destabilizzante tessendo un'intricata ragnatela simbolica».

La *ragnatela simbolica* con cui possiamo provare a entrare in relazione con l'Altro, sia esso il migrante, il colonizzato, l'iraniano che si riversa nelle piazze, cioè il tentativo mai compiuto di *intrattenerci con il negativo*, con l'Altro da noi, è possibile e fecondo solo rinunciando all'idolo del confine, allo spirito identitario, per ospitare l'umano che, rimarca P. Ricoeur, è sempre "problema , enigma, meraviglia".

Non è un caso che il pensiero, un pensiero serio e sincero, come non si stancano di ribadire E. Lévinas e G. Deleuze, nasca da un grido, un *trauma*, secondo l'espressione di S. Žižek, un incontro con l'Altro che sempre ci sorprende fino a inquietarci, a infiammarci di passione per un contatto che, per sua natura, rimane sempre aperto, mai definitivo, mai misurabile.

Scrive G. Deleuze:

«In un certo modo, il filosofo, non è qualcuno che canta, è qualcuno che grida. Ogni volta che voi avete bisogno di gridare, penso che non siate lontani da una specie di chiamata della filosofia. Che cosa vuol dire che il concetto sarebbe una specie di grido o una specie di forma del grido? E questo, aver bisogno di un concetto: aver qualcosa da gridare! Bisognerà trovare il concetto di questo grido, qui! Possiamo gridare mille cose. Immaginate qualcuno che grida: comunque bisogna che tutto questo abbia una ragione. È un grido molto semplice. Nella mia definizione: il concetto è la forma del grido, immaginiamo subito una serie di filosofi che direbbero sì, sì! Sono i filosofi della passione, i filosofi del *pathos*, distinti dai filosofi del *logos*. Per esempio, Kierkegaard, fondò tutta la sua filosofia su dei gridi fondamentali».

E così E. Lévinas: «Probabilmente il pensiero comincia da traumi o da tentativi che non si riesce neppure ad esprimere: una separazione, una scena di violenza, un'improvvisa consapevolezza della monotonia del tempo. Poi, leggendo i libri - non necessariamente filosofici -, questi *choc* iniziali diventano domande e problemi, danno da pensare».

L'Altro ci *traumatizza*, ci sconcerta, perché sfugge alla presa della logica identitaria, quella che A. Mbembe rimprovera alle democrazie liberali.

Una logica, secondo il filosofo camerunense, che trasforma la casualità della nascita in un destino, l'origine in una fissità biografico-esistenziale, amputando ogni incontro con l'Altro della sua costitutiva natura, un cammino che trasforma e rilancia molteplici identità, mai fisse, mai gerarchiche, mai misurabili e manipolabili.

Il principio identitario non si lascia abitare dallo sconcerto prodotto dall'Altro, semmai, sottolinea A. Mbembe, manipola le "identità infelici" in modo "di deviare verso degli oggetti sbagliati le energie che potrebbero essere utilizzate in altro modo, nelle vere lotte di liberazione".

Lo vediamo in una certa tendenza ad attribuire alle donne iraniane in rivolta una *mera* rivendicazione dei loro diritti, della legittimità ad autoesprimersi individualmente, un "caso speciale"; in realtà, come ha felicemente intuito S. Žižek nel suo messaggio al popolo iraniano, si tratta di qualcosa di più ampio, organico, strutturale: una lotta politica per la libertà.

Non una rivendicazione isolata del proprio corpo, semmai una lotta ontologica, costituiva dell'umano, una lotta politica per i diritti umani.

Lo slogan della rivolta iraniana, *Zan, Zendegi, Azadi* (Donna, Vita, Libertà), non è assimilabile, per non farsi irretire dalla manipolazione delle "identità infelici" di cui ho parlato sopra, al *#MeToo*, il movimento femminista contro le molestie sessuali e la violenza sulle donne. Si tratta di qualcosa di più inglobante, in cui l'oppressione delle donne è l'aspetto più marcato di una tirannide politica che stringe alla gola un intero popolo: si tratta di un fenomeno politico, di una lotta per una libertà diffusa e comunitaria, di donne e uomini, manifestanti non curdi e curdi.

Insomma, non si tratta semplicemente della proiezione categoriale dell'Occidente per cui le donne iraniane si battono per una promessa maschile di maggiore autonomia, ma di lotta collettiva contro tutto un dispositivo repressivo e violento.

C'è un formidabile passaggio delle *Conversazioni romane* della poetessa e scrittrice austriaca Ingeborg Bachmann, che mi sembra riprodurre con una certa efficacia e intensità concettuale, pur in altro contesto, quanto sto dicendo sulle donne iraniane del nostro tempo: «La maggior parte delle donne ha bisogno di una speranza di qualcosa che a loro nessuno ha ancora mai detto. Io non ne ho bisogno, perché so già da tempo che sono capaci di pensare in maniera acuta proprio come gli uomini. Che ne sono capaci proprio come loro, che sono persino meno vanitose, che sono in grado di prestazioni migliori di quelle degli uomini, che a loro non serve la compassione e sono disposte ad ogni sacrificio quando vogliono raggiungere qualcosa».

Se usciamo dalla manipolazione identitaria dei s*emplici* diritti delle donne, ci rendiamo subito conto di quanto si renda necessario il finanziamento, così come l'ospitalità, le infrastrutture, ma anche come l'isolamento sia un *boomerang* perverso, poiché, in una rivoluzione che si alimenta anche dei *social*, come le tante rivoluzioni del nostro tempo, finirebbe per rivolgersi contro gli stessi manifestanti, esclusi dal mondo.

Ci soccorre, come sempre, la grande letteratura: James Joyce, in *Gente di Dublino*, afferma che "muoversi rapidamente attraverso lo spazio inebria". Tuttavia, nel nostro contesto, le piattaforme *social* non devono solo inebriarci, farci vivere il tempo dell'urgenza, ma anche e soprattutto quello della storia, della narrazione, il tempo specifico dell'umano.

Nel caso dei rivoluzionari iraniani, siamo chiamati ad ascoltare la loro voce, a dar loro la possibilità di farla risuonare in ogni via del mondo, affinché ognuno possa ospitarla.

IV.   La comunità della cura

Lo spirito occidentale, come nota acutamente il filosofo coreano B. - Chul Han, si organizza e sviluppa attorno al concetto di sostanza (latino *substantia*, greco *hypostasis*, *ousia*, *hypokeimenon*), cioè, stando ad Aristotele, ciò che è stabile nel divenire, nel cambiamento.

Sostanza indica lo *stare* di una cosa (latino *substare*, "stare sotto"), il suo separarsi, distinguersi da un'altra (quella cosa è quella e non altra). La radice sanscrita *stha-* di stare, e da cui, per esempio, "statua", rinvia all'"" essere saldo, fisso, fermo"

Dunque, la sostanza, privilegiando lo *stare* identitario, rinvierebbe più alla chiusura che all'apertura, alla saldezza di sé che al movimento, alla circolazione, al divenire.

Di contro, *Śūnyatā* (*vacuità*), concetto fondamentale del buddhismo, rivela un pensiero opposto alla sostanza: alla piena presenza a se stessa della sostanza, alla sua fissità, oppone il movimento, l'apertura contro l'irrigidimento delle cose, l'immersione di ogni cosa in un continuo fluire fatto di reti, relazioni, *sconfinamenti senza confini*.

C'è un continuo trapassare delle cose, un'inesausta mescolanza, una universale *politica del respiro*: non c'è confusione, ma conservazione della singola cosa nel suo risplendere nella grazia del tutto.

Insomma, come dice B.-Chul Han, "in ogni cosa *abita* il mondo intero".

Ora, è possibile una comunità della cura in cui l'Occidente accolga la *vacuità* come forma dell'umano, una politica in cui il singolo r*isplenda* oltre la logica del confine identitario, nella *grazia* di un'amicizia che non sia fratellanza o comunità identitaria?

Una politica dell'ospitalità che vada oltre anche agli stessi costitutivi mitologici e antropologici di Hestia ed Hermes, focolare e mondo?

Una politica che faccia delle scienze della complessità, della relazione non gerarchica tra parti, non solo una lettura del mondo, e meno ancora un esercizio accademico, semmai il modo di vivere, sia pure precario e aperto al rischio, degli umani?

Il classicista Maurizio Bettini in *Homo sum* ricorda un fecondo nucleo di norme della Grecia arcaica legate alla sacra aratura in onore della dea Demetra: per non incorrere nell' *asébeia* o *impietas* nei confronti degli dei, gli uomini non dovevano macchiarsi di tre colpe fondamentali, rifiutarsi di offrire acqua e fuoco al richiedente, non indicare la via al viandante, lasciare insepolti i cadaveri.

Ebbene, qui si innesta e si apre il discorso antropologico per eccellenza: dare ospitalità, fare della specifica apertura umana il senso, in fondo l'unico, del mondo.

Ma anche qui, quale ospitalità che non sia sempre trattenuta più che compiuta, esibita più che attuata, sbandierata nelle marce della pace o nei *talk show* televisivi più che nell'ininterrotto dialogo proattivo delle coscienze?

Quale ospitalità che non lasci sempre e comunque una parola definitiva alla sovranità, a quello che A. Mbembe nel suo *Necropolitica*, confrontandosi con la grande riflessione di M. Foucault, H. Arendt, G. Agamben, G. Bataille, P. Gilroy, definisce il potere di decidere sulla vita e sulla morte, manipolando spazi, stabilendo confini, strutturando gerarchie, marchiando con l'imposizione la nuda vita?

A. Mbembe avanza questa proposta:

«La solution reste à trouver dans l'invention d'une forme de démocratie propre à notre temps, prenant à sa charge l'ensemble du vivant, tout ce dont nous héritons, tout ce dont nous dépendons pour notre propre survie en tant qu'espèce parmi d'autres espèces. L'histoire humaine est une parenthèse dans l'histoire générale du monde. Nous sommes de passage dans le monde. Ce nouveau projet démocratique doit donc faire une place à l'idée, à la pratique du passant. Autre porte de sortie de ce cul-de-sac, l'impératif de redistribution égalitaire des ressources de l'univers. Ce qui implique d'autres manières de reconnaître les dettes. On pourrait imaginer, hors des formes actuelles, une manière non expropriatrice d'honorer les dettes. Dernière porte de sortie, il nous faudra réanimer, cultiver les facultés critiques que la guerre, le militarisme et le capitalisme financier cherchent à détruire. En mettant fin à cette brutalité qui vise à faire cesser la pensée, à assécher les ressources de l'imaginaire, à appauvrir le langage en instituant un monde monosymbolique, sinon antisymbolique».

Si tratta di una politica capace di istituire una comunità fatta di riavvicinamento e amicizia, un nuovo progetto democratico espressivo della *pratica del passante*, senza confini, responsabile verso tutti gli esseri viventi, in cui la redistribuzione delle risorse sia egualitaria, in cui l'onorare i debiti non sia espropriativo, in cui la dimensione simbolica e le risorse dell'immaginario emergano sul *brutalismo*, in cui tutto è produzione, profitto, merce.

Tuttavia, se andiamo ancora più in profondità, cosa resta di eccedente sullo sfondo della comunità ospitale, dell'amicizia senza identità, senza generica fratellanza?

La questione è quella di abitare la casa (comune), l'*oikos*, che non è solo la tana di Kafka né solo la predatoria savana, semmai, come ricorda il grande linguista Émile Benveniste, il luogo quotidiano della condivisione del "nutrimento e del culto", luogo del dimorare condividendo.

L'umano, in altri termini, non è solo terra né solo cielo, è interstizione tra terra e cielo, tra logica autocentrata del vivente e logica dell'apertura, nuda vita ed esperienza, urgenza dell'adesso e narrazione.

L'uomo, appunto, fa esperienza, non si limita come gli altri viventi all'appetito, al godimento immediato, costruisce semmai una trama, un intreccio, una storia in cui illumina il mondo con il suo sguardo.

Ma la parola esperienza, come suggerisce un fine pensatore come Andrea Tagliapietra, nel suo intenso tracciato etimologico (cfr. radicale √per, greco *peiráo*, "io provo", e *peráo,* "io passo attraverso"), indica un saggiare la vita, un mettersi alla prova, esponendosi anche al pericolo (stesso radicale √per di esperienza).

Dunque, quel particolare vivente che è l'uomo, nel fare esperienza, nel farsi *oikos*, apertura, incontro, sa che può sempre esporsi al rischio, alla precarietà, al pericolo; sa anche che il confine può assicurargli sicurezza, ma anche chiusura, povertà di mondo.

Sa, in estrema sintesi, che lo sguardo dell'uomo può distruggere come può creare, ma questo non può, se vuole essere uomo, impedirgli di fare esperienza oltre lo spirito identitario, in nome dell'ospitalità, dell'abitare e dell'essere abitati, di una *sconfinata* amicizia.

Siamo qui al punto decisivo, quello, come rimarca S. Petrosino che al tema dell'abitare, allo *spirito della casa*, ha dedicato uno studio raffinato e profondo, di «una sospensione della legge del più forte a cui obbedisce la "nuda vita"; apertura non armata, non mascherata con un'armatura, verso l'altro».

A mio avviso, rimane ancora straordinaria la lezione di J. Derrida sullo spirito dell'amicizia, la *politica dell'amicizia*, non come tragitto storico, ma come decostruzione, rintracciamento di una struttura che soggiace alla genesi storica, testimoniale, di questo concetto.

Ebbene, nella nostra cultura, lo schema che inquadra le diverse testimonianze di amicizia è la "fratellanza", espressiva di una condivisa, comune appartenenza a un *ghenos*, una stirpe, una nazione, uno spazio o territorio condiviso, una comunità di sangue, ecc.

Ma è possibile, si chiede J. Derrida, una comunità *altra*, una "comunità senza comunità", in cui l'Altro sia davvero Altro, singolarità irriducibile ad altre singolarità, al di là del confine identitario?

Insomma, in cui l'Altro non sia il nemico o l'assimilato al nostro schema?

L'affondo derridiano è abissale: «[...] dobbiamo rinunciare a conoscere coloro ai quali ci lega qualcosa di essenziale, voglio dire che dobbiamo accoglierli nel rapporto con l'ignoto in cui ci accolgono, anche noi, nel nostro allontanamento. L'amicizia, questo rapporto senza dipendenza, senza episodio ed in cui ciò nonostante entra tutta la semplicità della vita, passa attraverso il riconoscimento della comune estraneità, che non ci permette di parlare dei nostri amici, ma soltanto di parlare loro, non di farne un tema di conversazioni (o di articoli), ma il movimento dell'intesa in cui, parlandoci, essi preservano, anche nella più grande familiarità, la distanza infinita, quella separazione fondamentale a partire da cui ciò che separa diviene rapporto».

L'amicizia verso lo straniero, il migrante, l'ospite, la rivoluzionaria iraniana può sottrarsi anche alla trappola retorico-comunitaria, quindi identitaria, a patto che ci sia nel concetto di amicizia una rottura, quella, oltre a J. Derrida, colta da F. Nietzsche e G. Bataille, M. Blanchot ed E. Lévinas: l'interrogativo non è cosa sia l'amicizia, ma chi sia l'amico.

E l'amico con cui provare a costruire una comunità senza confini della cura reciproca non è mai un io misurabile, identificabile, fruibile e controllabile, ma è relazione senza dipendenza, rapporto nella differenza.

Potremmo definirla una comunità del volto, la cui trama si snoda attorno a un'inesausta circolazione di passanti che si accolgono nell'infinita distanza della loro insondabile singolarità, e in cui la responsabilità della mia risposta precede la domanda: «[...] nel viso l'altro si dà come altro, cioè come ciò che non si rivela, come ciò che non si lascia tematizzare. Io non sono in grado di parlare d'altri, di farne un tema, di dirlo come oggetto, all'accusativo. Io posso solamente, devo solamente parlare ad altri, chiamare altri al vocativo che non è una categoria, un caso della parola, ma il sorgere, il levarsi stesso della parola».

L'obiezione qui diventa facile, scontata: è possibile una comunità così pura, una democrazia così incontaminata?

Sì, a patto che la democrazia non sia più vista come fratellanza, etnia, amicizia tra affini, ma come promessa, tensione mai compiuta, tempo *a venire*.

Scrive ancora J. Derrida:

«Perché la democrazia resta *a venire*, [...] [è questa] la sua essenza: non solo resterà indefinitamente perfettibile, e dunque sempre insufficiente e futura, ma, appartenendo al tempo della promessa, resterà sempre [...] *a venire*: anche quando c'è democrazia, questa non esiste mai, non è mai presente».

Ma l'umano può essere fedele alla *promessa* democratica solo se continuerà a riflettere seriamente sul fatto che è sempre e comunque attraversato, abitato, trasformato dall'esperienza dell'Altro, da un incontro che può accogliere o respingere, ma che non può evitare.

In altri termini, se, nel linguaggio di Derrida, "la dimora" si fa "terra d'asilo", in cui siamo sempre ospiti a casa nostra, *invitati dal nostro invitato*.

V.   Nota conclusiva

«Ma la casa degli uomini che non sia prigione né miraggio, la casa costruita e la casa spirituale, dove si può ancora trovare?»

L'interrogativo di Le Corbusier riproduce tutta la drammatica tensione interna all'abitare, sempre sospeso, nella lettura sovente riduzionistica dell'uomo, tra un realismo estremo, se non cinico (il mondo è una giungla, dunque difendiamoci) e un sentimentalismo *zuccheroso* (quello, fatte salve ammirevoli eccezioni, delle marce della pace e dei *forum* sui diritti umani).

In realtà, l'abitare, l'abitare nel segno della cura, è un'esperienza enorme, di una complessità da *togliere il fiato*. Eppure, estremamente seria!

Si tratta di una *promessa democratica*, mai compiuta, mai definitiva, sempre perfettibile, a cui restiamo comunque fedeli, intessuta dall' ospitalità dell'Altro secondo giustizia, dalla condivisione come forma dell'abitare, rammemorando gli innumerevoli atti di giustizia e ospitalità che, accanto alle brutture del mondo, scandiscono la storia umana.

Forse solo qui si appunta e si fa carne del mondo lo sbandierato concetto di sostenibilità, con cui ci purifichiamo l'anima, ci mondiamo la coscienza, liquidiamo o anneghiamo nello slogan ogni *a venire* democratico.

La sostenibilità, secondo il sociologo Mauro Magatti, costituisce "l'antidoto all'intossicazione prodotta dalla finanziarizzazione", nella misura in cui si istituisce come "formazione permanente" e come "atto di realismo economico".

Un punto questo, già declinato in altri miei studi sul corpo *ipermoderno*, la dialettica tra legame e dono, l'antropologia del volto nel discorso economico, che mi permette di fissare, in queste ultime considerazioni, l'economia come comunità della cura.

L'economia non è la semplice "legge della casa", ma un "dividere secondo convenienza", non sulla base di una semplice *ratio*, di un calcolo in vista del profitto, semmai di un'apertura all'Altro: l'economia non si risolve nel solo *coltivare* o progettare (peraltro legittimo), ma anche del *custodire* l'Altro o condividere, svincolandosi dal potere identitario.

Essa, allora, si impone davvero come *nomos* della casa comune (il mondo sempre più usurato e gerarchizzato), politica *del respiro* universale, consustanziale a ogni promessa democratica, a ogni possibile *a venire* dell'umano che sappia, con sincerità e serietà, abitare quella fragilità che accomuna tutti i viventi e tutti i volti che in ogni angolo del mondo e della storia chiedono accoglienza.

Oltre ogni logica, buonista o violenta, del confine.

VI.   Fonti:

Agamben G., *Che cos'è il contemporaneo e altri scritti*, Nottetempo, Roma, 2011.

Benveniste E., *Il vocabolario delle lingue indoeuropee*, tr. it. Einaudi, Torino, 1974, vol. I.

Bettini M., *Homo sum. Essere «umani» nel mondo antico*, Einaudi, Torino, 2019.

Chul Han, B., *Filosofia del buddhismo zen,* tr. it. Nottetempo, Roma-Milano, 2018.

Daumas, C., "Portrait: Achille Mbembe, globe penseur", Liberation, 1 giugno, 2016.

https://www.liberation.fr/debats/2016/06/01/achille-mbembe-globe-penseur_1456701/

Deleuze G. - F. Guattari F., *Che cos'è la filosofia*, tr. it. Einaudi, Torino, 2002.

Deleuze G., *Nietzsche e la filosofia*, tr. it. Einaudi, Torino 2002.

Derrida J., *Violenza e metafisica*, in *La scrittura e la differenza*, tr. it. Einaudi, Torino, 1971.

Derrida J., *Addio a Emmanuel Lévinas*, tr. it. Jaca Book, Milano, 1998.

Derrida J., *Politiche dell'amicizia*, tr. it. Raffaello Cortina, Milano, 2020.

Foucault M., *L'archeologia del sapere. Una metodologia per la storia della cultura*, tr. it. Rizzoli, Milano, 1971.

Gabrielli, F., *Il legame e il dono. Soggetti, terre, patrimoni: profili antropologici*, in Archivio Scialoja-Bolla. Annali di studi sulla proprietà collettiva, Giuffrè, Milano, 2016, pp. 15-28.

Gabrielli F., *Antropologia del profitto ed economia del volto*, in Casimira Grandi (a cura di) , *Il brand della memoria trentina. Il micologo Giacomo Bresadola patrimonio dell'umanità: nuova cornice per un'icona*, (Storia sociale-3), Aracne, Roma, 2020, pp. 29-40.

Gabrielli F., E. Garlaschelli E., *Il debito fenomenologico. Un tracciato teoretico*, Glossa, Milano, 2018.

Gabrielli F., Irtelli F., *Body Image and Eating Disorders.. An Anthropological and Psychological Overview*, Cambridge University Press, Cambridge, 2022.

Heidegger M., *Essere e Tempo*, tr. it. Longanesi, Milano, 1976.

Le Corbusier, F. De Pierrefeu, *La casa degli uomini*, tr. it. Jaca Book, Milano, 2018.

Lévi-Strauss C., *Tristi tropici*, tr. it,. Il Saggiatore, Milano, 1960.

Lévinas E., *Totalità e infinito*, tr. it. Jaca Book, Milano, 1990.

Lévinas E., *Etica e infinito. Dialoghi con Philippe Nemo*, tr. it. Castelvecchi, Roma, 2012.

Magatti M., *Cambio di paradigma. Uscire dalla crisi pensando il futuro*, Feltrinelli, Milano, 2017.

Magris C., «Chi è dall'altra parte? Considerazioni di frontiera». Nuova Antologia, aprile-giugno 1992, pp. 50-61.

Mbembe A., *Necropolitica*, tr. it. Ombre Corte, Verona 2018.Mbembe, A., "Un désir fondamental d'insurrection s'exprime sous des formes nouvelles", 20 maggio, 2016. https://www.humanite.fr/idees-debats-tribunes/entretiens/achille-mbembe-un-desir-fondamental-d-insurrection-s-exprime-sous-des-formes-nouvelles-607510

Petrosino S., *L'idolo. Teoria di una tentazione dalla Bibbia a Lacan*, Mimesis, Milano-Udine, 2015.

Petrosino S., *Lo spirito della casa. Ospitalità, intimità, giustizia*, Il Melangolo, Genova, 2019.

"Politiche dell'inimicizia: Un'intervista ad Achille Mbembe", Il Lavoro Culturale, 25 maggio, 2016. https://www.lavoroculturale.org/inimicizia-achille-mbembe/achille-mbembe/2016/

Ricoeur P., *Filosofia e linguaggio*, tr. it. Guerini e Associati, Milano, 1994.

"Slavoj Žižek Sends a Message of Solidarity to the Iranians Protesting Mahsa Amini's Murder", Zamaneh Media, 30 settembre, 2022. https://en.radiozamaneh.com/32762/

"Sur Leibniz", webdeleuze, 1980. https://www.webdeleuze.com/textes/207.

Tagliapietra A., *Esperienza. Filosofia e storia di un'idea*, Raffaello Cortina, Milano, 2017.

Žižek S. *Credere*, tr. it. Meltemi, Roma, 2005.

L'Africa tra Europa, USA e Cina

Daniele del Cavallo - Membro del Comitato per lo Sviluppo, Mondo Internazionale APS ETS

Abstract
L'Africa è da sempre stata oggetto dell'interesse delle potenze che la storia ha visto avvicendarsi; la posizione geografica del continente e le risorse che possiede sono state la leva che ha mosso gli equilibri geopolitici del mondo.
La Cina ha un rapporto stretto con il Continente, e la sua presenza da molti decenni in termini di investimenti, costruzione di infrastrutture e vincoli commerciali e finanziari di varia natura la rendono un interlocutore preferenziale.
Tralasciando le implicazioni sociali che tale relazione ha prodotto, l'articolo si sofferma sulle tensioni geopolitiche tra Europa, Stati Uniti e Cina che si sviluppano sul Continente Africano.

Parole chiave: Africa, USA, Cina, Europa, Europe, Geopolitica, Biden, Materie prime

Keywords: Africa, USA, China, Europe, Geopolitics, Biden, Raw materials

Nel parlare di Africa e di geopolitica mi sono chiesto quali fossero gli argomenti che caratterizzassero meglio tale tema e quali sono le condizioni che tra alterne vicende hanno portato il Continente ad avere un peso altalenante nei giochi della geopolitica internazionale.

La storia ci racconta come il Continente africano sia stato al centro dell'attenzione del mondo, quando il "mondo" era essenzialmente l'Europa mediterranea, prima che questo nei secoli si allargasse progressivamente a futuri e più influenti attori.

Fin dall'epoca classica l'Africa è stato il campo di confronto strategico e militare, un campo di battaglia sul quale le potenze si sono affrontate e hanno combattuto sia per l'approvvigionamento di risorse di cui è ricca sia perché il controllo delle coste del nord chiude quel "Mare Nostrum" che garantisce rotte commerciali sicure e ricche, di fatto la leva che governa la geopolitica anche oggi.

Successivamente il Continente è stato al contempo un "ostacolo" alle rotte navali verso Est poiché occorreva circumnavigarlo e una "risorsa" per via delle materie prime pregiate che poteva garantire alle potenze, ora non più mediterranee ma europee (Francia, Inghilterra, Portogallo, Belgio, Italia, Germania). L'Africa è stata quindi "tagliata" (Suez) e saccheggiata (altrove).

La fine del colonialismo nel '900 è stata come la risacca di uno tsunami, lasciando le rovine che vediamo in gran parte ancora oggi in termini di guerre locali, instabilità sociale, dittature di stampo capitalista o socialista.

L'attenzione del mondo per decenni si è concentrata sull'Asia dove l'espansione dell'URSS alimentava le preoccupazioni dell'Occidente spostando l'asse geopolitico internazionale in quell'area a forte vocazione commerciale e finanziaria.

In una lettera all'allora sindaco di Roma Walter Veltroni del Settembre 2004, Padre Daniele Moschetti, missionario comboniano a Nairobi in Kenya, afferma:

"...è vero, è una verità sacrosanta che se l'Africa "economica" sparisse dal pianeta del mercato internazionale globalizzato.... nessuno se ne accorgerebbe! "

Affermazione estrema che tuttavia ben descrive l'impressione di un testimone esterno ma inserito nella realtà del Continente relativamente all'interesse economico dell'Occidente verso l'Africa.

La questione attuale è quale sia il ruolo del continente nelle tensioni geopolitiche che caratterizzano questi decenni del XXI secolo.

Proprio nel 2004 la Cina annullava 10 miliardi di dollari di debito maturato con gli stati africani dagli anni '60 quando il Capo del Governo Zhou Enlai, in seguito ad una sua visita nel Continente, assicurò prestiti a tassi vantaggiosi, supporto tecnico e fornitura di attrezzature per progetti locali.

Il rapporto Cina-Africa ha origine in tempi remoti e per motivi ideologici più che economici ovvero dai tempi in cui la neonata Repubblica Popolare Cinese ha supportato in ottica antioccidentale il processo di decolonizzazione della metà del XX secolo di molti degli stati africani.

Non è una novità che la Cina ormai da molti anni investa ingenti capitali in Africa nel settore dei trasporti e delle comunicazioni in primis, con la realizzazione fin dagli anni '60 e '70 della ferrovia tra Zambia e Tanzania.

Una relazione bilaterale basata sul rapporto "fornitura di tecnologia ed infrastrutture Vs materie prime" (essenzialmente metalli, petrolio, prodotti agricoli) mai interrotta anzi ulteriormente rafforzata nel 2006 con la creazione di un *Forum* di cooperazione Cina-Africa voluta dal Presidente Jiang Zemin, nello stesso anno in cui veniva pubblicato il "libro bianco sull'Africa" dove si ribadiva la reciproca affinità e la promessa della Cina di tutelare la pace e la sicurezza del Continente africano facilitando scambi militari tra cui il trasferimento di tecnologia relativo all'addestramento del personale militare africano.

In effetti, la presenza di una guarnigione navale cinese a Gibuti dal 2018, la prima all'estero (non distante da installazioni militari americane, francesi ed italiane) garantisce a Pechino la presenza in un'area strategica di fronte allo stretto di Bāb al-Mandab che separa il Golfo di Aden dal Mar Rosso, da cui passano le rotte commerciali che dal canale di Suez portano all'Oceano Indiano. Infine, il progetto che Gibuti ospiti uno spazioporto in futuro ne aumenta l'importanza nello scacchiere geopolitico internazionale.

Nota particolare merita la relazione con Marocco e Tunisia, si pensi al rapporto con Rabat negli ultimi anni che ha visto un notevole incremento da quando la Cina nel 2016 ha finanziato la creazione di una cittadella tecnologica in cui aziende della Repubblica Popolare delocalizzano produzione e personale,

Nel Gennaio 2020 viene inaugurato il collegamento aereo diretto tra Pechino e Casablanca, segnale di quanto il Marocco sia particolarmente strategico in virtu' del suo sistema bancario sviluppato in una fitta rete di filiali sul territorio africano che favorisce gli investimenti Cinesi nel Continente. La Tunisia invece rappresenta il tradizionale "ponte culturale" con l'Europa ma è anche un paese estremamente connesso alla UE per questioni commerciali ed economiche. Con Tunisi sono in corso progetti per la realizzazione di porti e ferrovie strategiche per lo sviluppo.

L'interesse cinese in Africa si inserisce in una più ampia strategia di relazioni politico-commerciali finalizzata a consolidare il Paese come potenza alternativa agli Stati Uniti usando la tattica di limitare l'influenza europea (occidentale) nel Continente.

La Cina ha raggiunto la quota del 19,6% di tutti i finanziamenti nelle infrastrutture, seconda solo agli stessi governi africani e con largo distacco da qualsiasi altro partner bilaterale.

Nel 2013 la Cina è diventata il principale partner estero nella fornitura di beni e servizi all'Algeria scalzando la Francia, segnale non di poco conto.

.... Intanto in Occidente. La transizione ecologica in atto in Occidente richiede il passaggio graduale a nuove tecnologie abilitanti che toccano la mobilità, l'approvvigionamento energetico basato su fonti rinnovabili e la conseguente necessità di una grande quantità di metalli rari come litio e cobalto pesantemente usati nelle batterie per la mobilità elettrica.

La Repubblica popolare cinese detiene il 72% delle riserve del minerale raro, un monopolio assicurato dalla sostanziale proprietà di moltissime miniere del prezioso metallo in Congo, produttore del 62% del fabbisogno mondiale *(fonte: La Repubblica online – Giugno 2021)* mentre diverse aziende stanno consolidando la loro presenza in Zimbabwe per quanto riguarda il Litio.

Di fatto la transizione ecologica passa attraverso i complessi legami geopolitici con Pechino.

L'articolo non vuole addentrarsi nelle valutazioni degli analisti occidentali che vedono nel "nuovo colonialismo cinese" elementi di totale disinteresse per i diritti umani o l'ambiente e corruzione endemica ma limitarsi a valutare gli effetti geopolitici di questo status quo.

Quando l'Occidente isola la Cina, questa cerca sfogo nelle regioni in via di sviluppo a partire dall'Africa. Succede ad esempio dopo Tian'anmen: "nel 1992 - si legge nel libro Africa Rossa di Alessandra Colarizi - l'allora ministro degli Esteri Qian Qichen visitò 14 paesi africani, inaugurando una pratica ancora in voga. Quella che pare sia stata dapprincipio un'iniziativa personale è diventata una regola non scritta per la quale tutt'ora il capo della diplomazia cinese compie la prima trasferta estera dell'anno proprio nel continente africano".

Più recentemente la chiusura di Stati Uniti ed Europa a Huawei ha dirottato il colosso tecnologico cinese nuovamente verso l'Africa dove in Nigeria sta fornendo tecnologie di sorveglianza elettronica 24 ore su 24 e satellitare per il controllo dei confini.

La tecnologia 5G di Huawei sta inoltre alimentando le reti telefoniche di Sudafrica e Kenya mentre la posa di cavi sottomarini per la connessione internet è affidata ovviamente ad aziende della Repubblica Popolare.

Su altri fronti, il mondo occidentale ha condannato ovviamente l'aggressione della Russia all'Ucraina, rendendo insostenibili i rapporti commerciali con Mosca sull'onda di un'opinione pubblica che non accetta compromessi con il regime di Putin, almeno per ora.

In Europa la conseguente esigenza di approvvigionamento energetico ha spinto i paesi più esposti alla dipendenza dal gas russo (tra i quali l'Italia) a cercare sorgenti alternative e l'Africa è indubbiamente il migliore candidato: l'asse dell'interesse europeo si sposta di nuovo verso Sud.

Tuttavia, la politica delle relazioni tra gli stati della UE e l'Africa raramente è stata sinergica ed uniforme, più spesso al contrario si sono evidenziati interessi contrastanti tra i singoli membri e la Turchia stessa si è prepotentemente inserita nello scacchiere nordafricano lasciato 100 anni prima dopo la guerra italo-turca in Libia.

Da Sud non arriva solo energia ma anche migranti. L'impegno dell'Europa ad arginarne il flusso con accordi e con supporto economico non pare dare risultati di rilievo, risulta quindi evidente che la capacità diplomatica dei singoli stati europei si sia notevolmente ridotta e la UE non riesca ad esprimere una politica convincente, coesa e comune.

Seppur con una tattica "in difensiva" qualcosa di meglio stanno facendo gli Stati Uniti coscienti, forse con un certo ritardo, che l'Africa rappresenta un terreno ancora valido per limitare le ambizioni cinesi pur non dichiarando mai ufficialmente questo obiettivo, non solo per evitare esposizioni apertamente anti cinesi ma principalmente per non dare la sensazione ai governi africani di essere una pedina passiva di giochi geopolitici piu' grandi, l'approccio è così quello di non apparire come nuovi colonizzatori.

Nel 2018, la "New strategy for Africa: Expanding Economic and Security Ties on the Basis of Mutual Respect" dell'amministrazione Trump cita la Cina 25 volte, ma non menziona la Nigeria o il Sudafrica, le maggiori economie dell'Africa subsahariana, confermando che questa strategia sia stata pensata più per contrastare la Cina che per interesse nei confronti dei singoli paesi.

L'Amministrazione Biden conferma l'interesse per il continente ma si preoccupa di rassicurare che questo è orientato esclusivamente al mantenimento di rapporti commerciali di mutuo beneficio con i singoli stati e non finalizzato al contrasto di Cina e Russia.

Lo scorso dicembre è stato promosso a Washington un vertice Africa-Stati Uniti in cui sono stati annunciati investimenti di diversi miliardi di dollari nei prossimi anni. Successivamente una visita della Ministra del Tesoro Janet Yellen in Sudafrica, Senegal e Zambia ha avuto l'obiettivo di consolidare i rapporti e ribadire reciproca amicizia.

Tuttavia, Susan Page, ex ambasciatrice statunitense in Sud Sudan e docente presso l'Università del Michigan ha dichiarato:" Penso che l'obiettivo principale (del viaggio, ndr) sarà quello di posizionarsi rispetto alla Cina, il che è un peccato perché i paesi africani vogliono essere considerati per quello che sono, non come un campo di battaglia tra grandi potenze"

Il mondo si è allargato, nuovi ed influenti attori sono emersi, ma il campo di confronto è rimasto lo stesso da secoli.

Fonti:

Balduzzi, A., "La Cina in Tunisia: investimenti, Libia, infrastrutture", Limes, 25 giugno, 2020. https://www.limesonline.com/cina-tunisia-nordafrica-marocco-investimenti-ricostruzione-libia/118854

Balduzzi, A., "La Cina in Marocco", Limes, 11 giugno, 2020. https://www.limesonline.com/cina-nordafrica-marocco-investimenti-turismo-sahara-occidentale-algeria/118631

Colarizi, A., *Africa Rossa – Il modello cinese e il continente del futuro*, ed. L'Asino d'Oro, Torino, 2022.

del Vecchio, F., "Gli Usa vogliono sfidare la Cina in Africa su tecnologia e infrastrutture," Affari Internazionali, 2 febbraio, 2023. https://www.wired.it/article/cina-africa-internet/

Grechi, S., "Rapporti tra Cina e Africa", Istituto di Studi Giuridici Internazionali", 5 dicembre, 2022. https://www.isgi.cnr.it/2022/12/05/rapporti-tra-africa-e-cina/

Lamperti, L, "Cina, continua a "conquistare" pezzi di Africa", Wired Italia, 28 novembre, 2022.https://www.wired.it/article/cina-africa-internet/

Spagnulo, M., "Spazio, Cina investe a Gibuti in Africa", Limes, 23 gennaio, 2023. https://www.limesonline.com/cina-africa-gibuti-spazio-spazioporto-italia-chokepoint/130821#:~:text=Gibuti%20%C3%A8%20da%20cinque%20anni,anche%20francesi%2C%20giapponesi%20e%20italiani.

Russia e Asia Centrale

Nagorno – Karabakh, una crisi che viene da lontano

Domenico Nocerino - Co-Founder e CEO, Opinio Juris

Abstract
Per provare a comprendere le complessità che caratterizza il conflitto nel Nagorno–Karabakh e le ripercussioni geopolitiche nell'area, è necessario ripercorrere la storia di questa parte del Caucaso del Sud analizzando le origini della contrapposizione tra Armenia e Azerbaijan a partire dalla struttura amministrativa nata all'indomani della Rivoluzione d'ottobre del 1917 in Unione Sovietica.

Parole chiave: Geopolitica, Urss, Caucaso, Caspio, Asia Centrale, Caucaso, Russia, Azerbaijan, ZEE

Keywords: Armenia, Azerbaijan, Nagorno-Karabakh, Caucasus, Geopolitics, UNCLOS, Caspian Sea, Iran

I.   Nagorno – Karabakh, una crisi che viene da lontano

Per provare a comprendere le complessità che caratterizzano molti dei conflitti determinati del crollo dell'Unione Sovietica, è necessario partire dalla struttura amministrativa nata all'indomani della Rivoluzione d'ottobre del 1917.

Il nuovo Stato prevedeva un'architettura a più livelli: le Repubbliche Socialiste Sovietiche (RSS, SSR)– quindici dal 1956 all'implosione dell'URSS – si trovavano al vertice, seguite dalle Repubbliche Autonome (RASS, ASSR), nate per concedere alle nazionalità presenti all'interno delle RSS una maggiore autonomia. Le Repubbliche autonome godevano di uno *status* giuridico "inferiore" rispetto alle Repubbliche sovrane ed erano private del diritto alla separazione. Erano inoltre presenti le 'oblast', suddivise a loro volta in entità minori (equiparabili a "province") dette 'rajon'. Le 'oblast non rispecchiano la nostra concezione di regione come unità amministrativa, bensì nascono per identificare territori che possiamo considerare atipici e che per ragioni etniche o linguistiche meritano una considerazione particolare nel contesto della divisione amministrativa dello Stato. Ma c'è di più: alcuni oblast con particolari caratteristiche avevano la menzione di "autonome", entità amministrative alle quali era conferita una autosufficienza (nell'ambito della repubblica di riferimento) ancora più marcata. Per evitare che alcune comunità o etnie considerate da Mosca "non allineate" potessero anelare ad una maggiore autonomia -o peggio ancora rivoltarsi contro il Governo centrale, la prassi staliniana prevedeva l'inserimento di tali comunità all'interno dei confini amministrativi di entità ritenute più affidabili.

Il Nagorno–Karabakh segue questa logica. Negli anni precedenti la sovietizzazione, tra il 1918 e il 1920 il Congresso e il Consiglio del Karabakh (rispettivamente l'organo assembleare e l'organo di Governo della regione) avevano più volte espresso la volontà di veder assegnato il proprio territorio all'RSS di Armenia in virtù del fatto che la popolazione residente su quei territori era composta per la stragrande maggioranza da armeni. Dal 1922 al 1936 la Repubblica Socialista Federativa Sovietica Transcaucasica inglobava Azerbaijan e Armenia (insieme alla Georgia). Sebbene all'interno di tale struttura unitaria ci si occupò della risoluzione della questione delle nazionalità, l'applicazione dei suddetti principi è da considerarsi poco coerente. Tra il

1923 e il 1924 il Naxçivan, l'Abkhazia e l'Agiaria si videro riconoscere lo *status* di Repubbliche autonome mentre - nonostante le richieste del Congresso del Karabakh - il 7 luglio 1923 nacque l'NKAO, l'Oblast Autonoma del Nagorno-Karabakh con capoluogo Stepanakert, che inglobava tuttavia solamente una porzione del territorio originario del Karabakh. Di fatto, alcune parti finirono sotto il controllo diretto dell'Azerbaijan. Vide così la luce una 'oblast che aveva perso il controllo di alcuni distretti precedentemente amministrati e che di fatto rappresentava una enclave armena in territorio azero. La decisione di Stalin di creare una situazione di evidente instabilità fu dettata dal fatto che assecondare le richieste dell'Azerbaijan non avrebbe causato tensioni con i vicini turchi, interessati da tempo alle vicende caucasiche.

Nel 1936 la Repubblica Socialista Federativa Sovietica Transcaucasica si sfalda, lasciando il posto alle tre RSS di Armenia, Georgia e Azerbaijan che, come il resto del Paese, subiranno una profonda repressione delle aspirazioni di autonomia nazionale almeno fino agli anni Settanta.

Nel corso degli anni, le tensioni tra le comunità armene e azerbaigiane crebbero a dismisura. Sono numerose le testimonianze di scontri interetnici, così come di scambi di popolazione tra i territori accompagnati da violenze. Contestualmente si svilupparono i movimenti per la riunificazione dell'Oblast autonomo del Nagorno-Karabakh all'Armenia sovietica, in particolare il Miatsum che ben presto portò la sua azione da un piano politico ad uno militare dando vita all'Esercito di difesa del Nagorno-Karabakh. Nel febbraio del 1988 il Soviet della Oblast del Nagorno-Karabakh chiese l'unificazione con la Repubblica Socialista Sovietica dell'Armenia, e in data 10 marzo Gorbačëv decise che il confine fra le due repubbliche non sarebbe mutato in accordo con l'articolo 78 della Costituzione sovietica. In quell'occasione, Gorbačëv menzionò come diverse altre regioni desiderassero mutamenti territoriali; tuttavia, egli stesso riconobbe che ridisegnare i confini del Karabakh avrebbe creato un pericoloso precedente. Pertanto, varò in cambio un'importante misura di sostegno alle comunità armene del Nagorno-Karabakh, che incluse un finanziamento pari a quasi 400 milioni di rubli destinati a programmi televisivi e libri di testo in lingua armena al fine di controbilanciare le politiche discriminatorie azerbaigiane. La decisione di Gorbačëv fu confermata il 23 marzo, in concomitanza con la decisione del Soviet supremo dell'Unione Sovietica di inviare a Erevan delle truppe per sedare eventuali proteste. Per Baku si trattava di una conferma della piena sovranità azera sul Nagorno-Karabakh, mentre per Erevan una nuova dimostrazione della chiusura di Mosca rispetto alle legittime aspirazioni territoriali.

II.   La fine dell'URSS e lo scoppio della guerra

L'implosione dell'URSS aprì la porta ad un'esplosione di violenza interetnica e alla rinascita delle aspirazioni nazionaliste che per 70 anni furono spinte sotto il tappeto dell'ideologia comunista. Il 17 marzo 1991 si andò alle urne per votare la nuova organizzazione dello Stato Sovietico, ma sei Repubbliche – tra cui l'Armenia- boicottarono il voto. Altre, come l'Azerbaijan, votarono a favore di un nuovo assetto istituzionale.

Man mano che le Repubbliche sovietiche procedettero a votare per l'indipendenza, anche le repubbliche autonome e le Oblast puntarono a creare un loro Stato e/o sganciarsi dalle neonate repubbliche. Sfruttando la legge sovietica che prevedeva la possibilità per una regione autonoma di non seguire una repubblica secessionista nel suo percorso d'uscita dall'Unione Sovietica, tre giorni dopo che l'Azerbaigian annunciò la propria fuoriuscita dall'Urss, il soviet dell'Oblast autonoma del Nagorno-Karabakh votò il 2 settembre 1991 una risoluzione con la quale proclamò ufficialmente la nascita della   repubblica   del   Nagorno-Karabakh/Artsakh. Di conseguenza, il 26 novembre il Parlamento della nuova repubblica dell'Azerbaigian votò una legge per l'abolizione dell'autonomia del Nagorno-Karabakh, pronunciamento che fu prontamente respinto dalla Corte Costituzionale di Mosca in quanto la materia non rientrava più nella competenza della nuova repubblica. La neonata Federazione Russa confermò dunque la scelta del soviet del Nagorno-Karabakh.

Un referendum confermativo fu tenuto il 10 dicembre, seguito da elezioni politiche che formarono il Parlamento della nuova repubblica caucasica. Prevedibilmente, la decisione non fu accolta in maniera positiva da Baku, che in seguito all'abbattimento di un elicottero azero, sferrò un pesante attacco alla neonata repubblica il 31 gennaio 1992, dando il via ad un conflitto guerra che durerà fino al 1994 e che oppose l'Azerbaijan con il supporto di Mujaheddin afghani, ceceni e volontari provenienti da alcune zone dell'ex Urss da un lato, e l'esercito di difesa del Nagorno-Karabakh e l'Armenia dall'altro.

La Russia, impegnata nella difficilissima transizione post-
sovietica, fu costretta a giocare un ruolo da equilibrista, attenta
a non cadere nella tentazione di farsi coinvolgere dai
belligeranti. Da un lato lo storico rapporto con Erevan,
dall'altro la consapevolezza che rompere con l'Azerbaijan
vorrebbe dire consegnare il Paese nelle mani di Ankara – che,
come è noto, considera Baku un 'fratello minore' - e/o delle
compagnie petrolifere occidentali, le quali da tempo avevano
messo gli occhi sui giacimenti petroliferi e gessiferi. La guerra
si protrasse per due anni fino al 1994, e si concluse con la
firma, il 5 maggio, dell'accordo di Biškek, dall'omonima città
in Kirghizistan. Al termine del conflitto la repubblica del
Nagorno-Karabakh vide un'estensione del proprio territorio
grazie all'acquisizione dei sette rajon limitrofi amministrati
precedentemente   dall'Azerbaigian.
Contestualmente, al fine di tentare una risoluzione della
questione con l'impiego della via diplomatica, già nel marzo
del 1992 nacque il "Gruppo di Minsk", un organismo creato in
seno all'Osce che avrebbe dovuto condurre i belligeranti verso
un processo di pace. Di fatto, tale organismo assunse la
sopracitata denominazione in riferimento alla capitale
bielorussa, che avrebbe dovuto ospitare la prima conferenza
dedicata alla risoluzione della crisi nel Nagorno-Karabakh.
Ciononostante, la conferenza non fu mai tenuta: il Gruppo
presieduto da Russia, Stati Uniti e Francia non riuscì infatti a
raggiungere gli obiettivi prefissati a causa del mancato
riconoscimento di Baku del Nagorno-Karabakh come entità
indipendente, bensì come provincia secessionista, così come
del rifiuto della presenza di rappresentanti di Stepanakert al
tavolo dei negoziati. Un blocco che di fatto affossa ogni
tentativo di raggiungere un accordo di pace, e che porta anno
dopo anno ad una cristallizzazione delle posizioni sul campo.
Il Nagorno-Karabakh diventa *de facto* uno Stato fantasma, non
riconosciuto da alcun Paese appartenente alle Nazioni Unite,
spinto tra le braccia del revanscismo azero. Quello che
doveva essere l'inizio di un processo di pace si rivelò pertanto
solo una pausa momentanea per i rifornimenti militari. Pausa
che è definitivamente terminata nel settembre del 2020.

III.   La guerra dei 44 giorni

La mattina del 27 settembre 2020 la guerra torna prepotente
nel Nagorno-Karabakh. A dir il vero, già durante gli anni

precedenti il conflitto era proseguito a bassa intensità, tuttavia pur non esente da momenti di contrapposizione più cruenta – prima fra tutte la guerra dei 4 giorni del 2012 e il 2016. Spinto da una crescente mobilitazione di piazza e da un fermo sostegno da parte turca, nel settembre del 2020 l'Azerbaijan sferrò così un violento attacco contro le postazioni nel Nagorno-Karabakh, e dopo 44 giorni di combattimento e innumerevoli perdite di vite umane sul campo, Baku fu in grado di conquistare la strategica Shushi/Shusha, i 7 distretti persi nella guerra del 1994 più altri territori. Il Nagorno-Karabakh perse quindi quasi 8.000 km^2 di territorio.

Con il cessate-il-fuoco raggiunto con la mediazione di Mosca entrato i vigore la notte tra il 9 e il 10 novembre, il fronte venne così congelato. Le parti accettarono inoltre la presenza di peace-keepers russi, a garanzia della pace che sancisce la disfatta armena tanto in prospettiva politica, quanto soprattutto militare.

Negli anni tra il 2012 e il 2020, sostenuta da una notevole rendita energetica Baku ha visto crescere la propria spesa militare del 500%. Determinante è stato il supporto turco, israeliano e (in misura minore) pakistano, grazie al quale l'esercito azero - che può contare su circa 58mila effettivi - dal 2018 si è dotato di 4 sistemi missilistici LORA (LOng Range Attack) e di un missile quasi-balistico a guida GPS/INS di fabbricazione israeliana, capace di trasportare fino a 570chili di esplosivo e colpire obiettivi posti ad oltre 300km di distanza. Da ultimo, il sostegno militare turco si è concretizzato nella la fornitura dei temibili droni Bayraktar TB2, di costruzione interamente turca e leader nella sorveglianza a lunga autonomia e medie altitudini. L'Armenia, di contro, non dispone della medesima forza economica dell'Azerbaijan, ma può contare sui rifornimenti militari iraniani, indiani (in chiave-anti pakistana) e - almeno in via teorica - sull'ombrello di difesa collettiva garantita dal CSTO, il *Collective Security Treaty Organization* a guida russa istituito in Asia centrale sul modello dell'Alleanza Atlantica.

a. *L'attacco di settembre*

Nella notte del 13 settembre scorso, si sono verificate nuove violazioni del cessate il fuoco negoziato alla fine della guerra dei 44 giorni. Le forze di Baku hanno di fatto sferrato un nuovo attacco nelle cittadine di confine di Vardenis, Goris, Jermuk, Sotk e Kapan: non si tratta quindi di un nuovo scontro nel Nagorno-Karabakh, bensì di un attacco ai territori ricompresi all'interno dei confini internazionalmente riconosciuti della Repubblica di Armenia. Come da consuetudine, sono seguiti scambi di accuse fra i belligeranti: da un lato Erevan accusa il vicino azero di aver attaccato infrastrutture civili; dal canto suo, Baku ha respinto le accuse "assurde" dell'Armenia giustificando l'aggressione in risposta alle provocazioni e agli atti eversivi nelle aree di Lachin, Kelbajar e Dashkesan, che avrebbero visto il Paese coinvolto nello spostamento di armi e truppe al confine con lo scopo di minare la stabilità del processo di pace. Benché non in via definitiva, nella giornata successiva agli scontri le parti hanno concordato una tregua.

b.   Il dilemma armeno

Il nuovo attacco azerbaigiano evidenzia ancora una volta il gap militare presente tra i due Paesi. Il Primo Ministro armeno Pashinyan, salito al potere nel 2018 a seguito della "rivoluzione di velluto" che aveva portato alle dimissioni di Serzh Sargsyan dopo 10 anni al potere, non appartiene (a differenza del suo predecessore) al "Club del Karabakh", il gruppo di nativi della regione che hanno raggiunto posizioni apicali in Armenia. Ma almeno in teoria, la sua posizione politica è rimasta in linea con quella dei suoi predecessori sia in relazione al Nagorno-Karabakh, sia rispetto ai rapporti con Mosca. Pashinyan sembra vedere la normalizzazione dei rapporti con l'Azerbaijan e il ripristino delle relazioni diplomatiche senza precondizioni come unica modalità per limitare i rischi di violazione dei diritti umani e la tutela della sicurezza degli armeni del Nagorno-Karabakh.
Una posizione che è stata percepita come un tentativo di abbandonare la causa del Karabakh e che ha portato ad ulteriori manifestazioni di protesta tanto a Stepanakert quanto a Erevan. Nella capitale armena la manifestazioni portano la firma del Movimento di resistenza, una coalizione di partiti e gruppi politici tra cui due blocchi parlamentari di opposizione - Hayastan e Pativ Unem guidati rispettivamente dagli ex presidenti Robert Kocharyan e Serzh Sargsyan, i quali hanno nuovamente accusato il primo ministro Pashinyan di pianificare importanti concessioni all'Azerbaigian in un trattato di pace a seguito del quale Erevan riconoscerà formalmente il pieno controllo di Baku sul Nagorno-Karabakh. Similmente, i promotori delle proteste accusano Pashinyan e il suo governo di non avere alcun mandato per fare questa o altre importanti concessioni che metterebbero a

repentaglio il diritto degli armeni del Karabakh all'autodeterminazione e la sovranità e l'integrità territoriale dell'Armenia. È chiaro che su questo punto Pashinyan si gioca il suo futuro politico e la stabilità stessa del Paese.

Ma Pashinyan ha ben chiari due aspetti: primo, che perseguire un percorso che porti alla pace con Baku debba essere tenuto separato dal sentiero che porterà alla stabilizzazione dei rapporti con Ankara. Secondo, che oggi né Mosca né il CSTO filo-turco sono in grado di garantire la sicurezza dell'Armenia. Analogamente all'art.5 del Trattato di Washington, la Carta istitutiva del CSTO prevede che un atto di aggressione nei confronti di un Paese membro sia da considerarsi come un attacco nei confronti di tutti gli Stati. In caso di attacco, dunque, i Paesi sarebbero tenuti a fornire il supporto necessario – anche in termini militari. Ma all'appello di Erevan, il CSTO ha risposto picche, destando non poche preoccupazioni e una forte delusione da parte armena. Se il bielorusso Lukashenko, fedele alleato di Putin, afferma che: "Aliyev è assolutamente il nostro uomo" e parlando del Karabakh sostiene che al presidente azerbaigiano non è stata lasciata nessun' altra scelta se non l'impiego della forza, analogamente il presidente kazako Qasym-Jomart Toqaev ha rimarcato che il CSTO non interverrà in Armenia per via della sua alleanza con l'Azerbaigian. È pertanto più che lecito che dalle parti di Sargsyan street, dove ha sede il Ministero degli Esteri armeno, il CSTO venga considerata come organizzazione di "insicurezza" collettiva. Oggi è vista come un "club degli amici dell'Azerbaijan". E considerato tanto che il CSTO senza la Russia non avrebbe motivo di esistere, quanto che Mosca in questa fase preferisce avere rapporti bilaterali con i singoli Stati membri (basti pensare al rifornimento di armi) anziché puntare ad un'azione comune, da più parti emerge il desiderio armeno di dover chiedere qualcosa in più allo storico protettore russo. L'Armenia in questi anni si è dimostrata essere un fedele alleato di Mosca: sia nel 2008 i Georgia che nel 2013 quado decise di non sottoscrivere l'accordo di associazione con l'UE, scegliendo invece di aderire all'Unione Economica Euroasiatica. E ancora, nel 2014 ha riconosciuto ufficialmente l'annessione della Crimea del 2014. Oggi però che Mosca distratta dal pantano ucraino in cui si è infilata non garantisce più nulla, Pashinyan sta perseguendo una "strategia transazionale" per cercare una disperata soluzione.

IV.   Baku: "Ora o mai più"

A Baku il tempo stringe e la congiuntura geopolitica attuale potrebbe non durare all'infinito. Se qualcuno nel 1994 avesse affermato che in 30 anni l'Azerbaijan sarebbe diventato la forza militare più importante del Caucaso, il primo partner energetico dell'Europa e uno dei principali Paesi nella cooperazione con istituzioni internazionali, euro-atlantiche, islamiche, regionali e sub-regionali, nessuno gli avrebbe creduto. E invece a partire dal 1993, complice la crisi di identità russa, l'Azerbaijan è riuscito a capitalizzare al massimo le proprie risorse energetiche attraverso la chiusura dei primi accordi con le compagnie petrolifere occidentali e i nuovi Stati centroasiatici. Nel settembre del 1994 il Presidente azero Aliev firmò infatti il "contratto del Secolo" con 13 grandi compagnie petrolifere, in rappresentanza di otto Paesi del mondo, finalizzato allo sviluppo congiunto di tre giacimenti petroliferi: "Azeri", "Chirag" e "Guneshli", situati nel settore marittimo meridionale azero del Mar Caspio. La firma dell'accordo porterà soldi nelle casse di Baku e la possibilità di diventare in breve tempo un attore geopolitico di grande   valenza   regionale   (e   non   solo). Oggi l'Azerbaijan è conscio di poter essere considerato il miglior alleato di Ankara. Non è raro sentire Erdoğan inneggiare a "un popolo, due Stati" in riferimento ai "fratelli azerbaijani", così come all'opportunità di un rapporto privilegiato con Baku al fine di posizionarsi nel Caucaso come destabilizzatore dell'amico-nemico russo e dell'Iran.
Negli ultimi 15 anni – ovvero da quando Erdoğan ha ripescato dai cassetti impolverati della storia una narrativa pan-ottomana, l'Azerbaijan è diventato funzionale alla politica estera turca ed Aliyev la garanzia di questo percorso. Il prossimo giugno si terranno le presidenziali in Turchia, e molti si chiedono cosa ne sarà dell'Azerbaijan in caso di mancata   rielezione   di   Erdoğan. Stando a quanto affermato da ambienti vicini al governo azero, nei prossimi anni anche senza Erdoğan al potere le relazioni tra Turchia e Azerbaijan continueranno a fiorire. E anche se un leader con ambizioni geopolitiche meno assertive dovesse venire eletto, sarebbe impossibile per la Turchia ritornare a ciò che era negli anni '90. Negli ultimi decenni, Ankara è diventata un attore regionale con interessi in tre continenti, e possiede un'industria difensiva in espansione, la quale spinge verso un più attivo impegno all'estero. Pertanto, la Turchia continuerà a rappresentare un attore attivo ed avrà

bisogno del sostegno di Baku in quanto possessore di una consistente fonte di energia che permetterà alla Turchia di mantenere la propria posizione di Hub energetico tra Occidente e Oriente, e allo stresso tempo elemento centrale fondamentale per l'iniziativa turca del Corridoio Meridionale. Per quanto riguarda la questione Nagorno-Karabakh, il piano di Mosca non soddisfa per nulla le aspirazioni azerbaigiane. Baku considera la soluzione putiniana come tentativo russo per mantenere l'attuale *status quo* – ovvero il mantenimento del Karabakh quale zona grigia fuori dal controllo azerbaigiano. Questo scenario permetterebbe a Mosca di mantenere a tempo indeterminato i propri peace-keepers. Sempre secondo Baku, la Russia avrebbe esortato gli armeni a non sottoscrivere il presunto accordo proposto dagli americani per restituire il Karabakh alla sovranità azerbaigiana in cambio della pace. Pace che secondo l'Azerbaijan non può prescindere dal rispetto di 5 punti negoziali:

- Il riconoscimento reciproco della sovranità territoriale, incluso il riconoscimento armeno del Karabakh come parte dell'Azerbaigian.
- La demarcazione dei confini tra Armenia e Azerbaigian, che risultano attualmente non definiti. Di fatto, con ogni probabilità la demarcazione dei confini potrà prevenire ulteriori incidenti ai confini.
- Lo sblocco di tutti i collegamenti di trasporto e di comunicazione regionali. Attualmente l'Armenia può usufruire del cosiddetto Corridoio di Lachin tra il Nagorno- Karabakh e la Repubblica Armena. Tale corridoio attraversa il territorio sovrano dell'Azerbaigian, per cui Baku richiede di usufruire dello stesso diritto ad un corridoio per avere accesso alla propria exclave del Naxçivan.
- A reciproca rinuncia a ulteriori rivendicazioni territoriali.
- L'astensione dal minacciare la reciproca sicurezza nazionale attraverso l'uso della forza, nonché altre azioni incompatibili con la Carta delle Nazioni Unite."

L'Azerbaijan è conscio di avere nelle mani la soluzione giusta per tenere sotto ricatto l'Europa desiderosa di energia. Baku mantiene ottimi rapporti con molte cancellerie occidentali, Roma compresa, frutto di una lungo lavoro di lobbying che negli ultimi anni ha visto gli azerbaigiani impegnati in quella che, un po' maliziosamente, viene definita "La *diplomatie du caviar*" - ma che è stata molto efficace nel controbilanciare l'antica simpatia europea verso la controparte armena. Inevitabilmente la questione energetica pesa molto ed è un boccone amaro da mandare giù con buona pace delle questioni legate ai diritti civili e umani. Lo sa bene Ursula von der Leyen, bersaglio di critiche da parte di alcuni membri del Parlamento Europeo per avere definito l'Azerbaijan un "partner affidabile" dopo gli attacchi di settembre. L'Azerbaijan è consapevole che il tempo stringe ed ora come non mai piò chiedere il via libera per chiudere la partita una volta per tutte. Gli obiettivi? Il Nagorno-Karabakh prima, il corridoio di Lachin poi.

V. Stepanakert, capitale di una Repubblica fantasma

Da Stepanakert, i rappresentanti della Repubblica del Nagorno-Karabakh/Artsakh, temono che la loro posizione possa essere ancor più compromessa. Da qui il lancio di un appello alla Russia affinché "continui il suo impegno per garantire la sicurezza del popolo dell'Artsakh (Karabakh)" e "metta in atto ulteriori meccanismi politici e militari" a tale scopo. Ricordiamo che Mosca ha dispiegato 2.000 truppe di mantenimento della pace in Karabakh dopo aver mediato il cessate-il-fuoco che ha fermato la guerra nel 2020. In concomitanza con una sessione parlamentare in Armenia, scorso 29 ottobre oltre 60.000 persone sono scese in piazza a Stepanakert al fine di rivendicare il proprio diritto di autodeterminazione ed esprimere il timore che su pressione straniera Erevan possa essere far scivolare il Nagorno-Karabakh nelle mani dell'Azerbaijan.
I rappresentanti di Stepanakert puntano il dito contro l'alleanza tra Turchia e Azerbaijan che ha determinato l'occupazione di più del 70% del territorio dell'Artsakh. Ma l'accusa principale è diretta verso la Comunità internazionale, rea di utilizzare un doppio standard chiudendo un occhio per le atrocità commesse durante la guerra e per la distruzione del patrimonio culturale e religioso: "Le forze azere hanno compiuto decapitazioni, hanno tagliato alcune parti del corpo ai nostri militari, sono avvenute delle vere e proprie crudeltà. Vi sono state esecuzioni, e i video sono stati inviati ai familiari – tutto ciò coperto dal governo azero. Solo l'ISIS ha compiuto atrocità simili. Ma la comunità internazionale ha accolto l'Azerbaijan e i suoi leaders, senza menzionare queste azioni crudeli.". La comunità internazionale ne è a conoscenza, ma resta in silenzio preferendo continuare a glorificare Aliyev e

comprare il gas azerbaigiano. I rappresentanti del Nagorno-Karabakh - considerarti terroristi da Baku - temono che la soluzione diplomatica non gli garantirà la sopravvivenza, e che l'Armenia sia pronta a barattare la pace con l'Azerbaigian e la normalizzazione dei rapporti con Ankara in cambio dell'abbandono della questione del Karabakh.

VI.   Conclusioni

La questione che ruota intorno al futuro del Nagorno-Karabakh sembra avere una portata e più ampia della "semplice" risoluzione di uno dei tanti conflitti congelati lasciati in eredità dal crollo dell'Unione Sovietica. Ci sono tanti attori regionali (e non) interessati, per motivi diversi, ad un lembo di terra che si estende per circa 4.400 chilometri quadrati. In particolare la Russia ha compreso che la propria incapacità di garantire la scurezza di Erevan, unita alla poca utilità del CSTO, ha spinto l'Armenia a guardare sempre con maggiore attenzione verso altri partner sia verso l'Occidente, *in primis* Washington e Bruxelles, che verso Teheran. Il Cremlino teme che questo lento smarcamento di Pashinyan risponda ad un preciso piano orchestrato dagli Stati Uniti: mollare la Russia in cambio della garanzia della inviolabilità dei propri confini. Lo scorso febbraio, il ministro degli Esteri russo Sergey Lavrov ha accusato Erevan di aver "preferito accettare gli osservatori dell'Ue a quelli del CSTO", incolpando l'Armenia di non voler ottenere la pace. Accuse pensanti, mal digerite dagli armeni che a loro volta accusano Mosca di aver impedito la Guerra dei 44 giorni, gli attacchi di settembre e di essere rimasta sostanzialmente impassibile durante la crisi del Corridoio Lachin.
L'altra area di contesa è stata l'appello dell'Armenia alla Corte Internazionale di Giustizia accusando l'Azerbaigian di razzismo e pulizia etnica in Karabakh. Appello mal digerito dal Cremlino.
L'ultimo incontro della CSTO a Erevan è stata un'altra occasione per un confronto tra Armenia e Russia, poiché Mosca stava spingendo l'Armenia a firmare la dichiarazione finale dell'incontro, che Pashinyan ha rifiutato. Lo scontro si è ulteriormente intensificato quando quest'anno l'Armenia ha rifiutato di ospitare esercitazioni militari della CSTO sul suo territorio.
Il motivo per cui Pashinyan ha rifiutato di firmare il documento era che non nominava l'Azerbaigian come l'aggressore nella guerra e, inoltre, i partecipanti non hanno

riconosciuto il confine dell'Armenia con l'Azerbaigian. La situazione nel Caucaso diventa sempre più bollente, ed è ben lontana dall'essere risolta.

VII.   Fonti:

Azadian E.,"Sergei Lavrov Justifies Azerbaijan's War against Armenia", *Mirror Spectator*, febbraio 2023. https://mirrorspectator.com/2023/02/09/sergei-lavrov-justifies-azerbaijans-war-against-armenia/

Chabert V., Nocerino D., "Azerbaijan: "I 5 punti per la pace. Intervista a Rusif Huseynov", Opinio Juris, novembre 2022. https://www.opiniojuris.it/azerbaijan-i-5-punti-per-la-pace-intervista-a-rusif-huseynov/

Chabert V., Nocerino D, ""Pace e diplomazia non sono la soluzione nel Nagorno-Karabakh". Intervista a Sergey Ghazaryan", Opinio Juris, novembre 2022. https://www.opiniojuris.it/pace-e-diplomazia-non-sono-la-soluzione-nel-nagorno-karabakh-intervista-a-sergey-ghazaryan/

Ferrari A., *Il Caucaso. Popoli e conflitti di una frontiera europea,* Edizioni Lavoro, Roma, 2005.

Ferrari A, *Breve storia del Caucaso*, Carocci editore, Roma, 2018.

Fults A., Stronsky P., *"The Ukraine War Is Reshaping the Armenia-Azerbaijan Conflict"*, Carnegie Endowment for International Peace, aprile 2022. https://carnegieendowment.org/2022/04/25/ukraine-war-is-reshaping-armenia-azerbaijan-conflict-pub-86994

"Gazzetta ufficiale del Congresso dei deputati del popolo dell'URSS e del Soviet Supremo dell'URSS" - M.: Edizione del Soviet Supremo dell'URSS, no. 12, 21 marzo, 1990, pp. 221 – 252.

Hovhannisyan, N., *Il problema del Karabakh: il faticoso percorso verso la libertà,* Studio 12, 2010.

Kuburas, M., *"Ethnic Conflict in Nagorno Karabakh"*, Review of European and Russian Affairs, no. 1, 2011.

Marshall, M., *The Caucasus Under Soviet Rule*, Routledge, London, 2010.

Nocerino, D, "La via diplomatica al conflitto nel Nagorno-Karabakh: intervista al Viceministro degli esteri armeno Paruyr Hovhannisyan", Opinio Juris, novembre 2022. https://www.opiniojuris.it/la-via-diplomatica-al-conflitto-nel-nagorno-karabakh-intervista-al-viceministro-degli-esteri-armeno-paruyr-hovhannisyan/

Ultimo, C., *Il grande gioco del Caucaso. Nagorno Karabakh, il Paese fantasma nella partita geopolitica tra Russia, Usa e Turchia*, Passaggio al Bosco, Firenze, 2020.

Putin e l'opposizione in Russia

Giulia Tessadri - Head Researcher, Mondo Internazionale
G.E.O. Politica

Abstract
Nell'ultimo anno si discute in misura sempre maggiore della
Russia, di Putin, di democrazia e dell'opposizione. Il paper
propone un'analisi di questi temi, focalizzandosi in particolare
sull'ultimo concetto. Dopo una panoramica sul governo russo,
il suo funzionamento e le istituzioni, viene analizzata
l'opposizione a Putin, prima con un'analisi storica e poi con
una panoramica di una delle figure più note, Alexey Navalny.
Infine, viene discusso il sostegno a Putin in relazione al
conflitto in Ucraina.

Parole chiave: Russia, Putin, opposizione, Navalny, Ucraina

Keywords: Russia, Putin, opposition, Navalny, Ukraine

I.   Il governo russo

Secondo il report di Freedom House, la Russia viene classificata come un paese "non libero", ottenendo un punteggio di 5.36/100 per quanto riguarda la percentuale democratica e di 1.32/7 per il punteggio democratico, peggiorando rispetto all'anno precedente, in cui il punteggio era 1.39/7 (Freedom House, 2022). Inoltre, viene riportato come "President Vladimir Putin and his administration set the ground for the September elections to the State Duma in ways that would ensure desired outcomes. The Kremlin worked to hedge any potential risks stemming from opposition mobilization, international pressure, and growing public discontent" (Ibidem).

È importante comprendere e analizzare in che modo la Russia sia giunta a tale situazione. È possibile considerare la traiettoria politica dal crollo dell'Unione Sovietica come un movimento dal pluralismo politico ad un sempre più forte autoritarismo (Lassila, 2020). Infatti, le prime elezioni della neonata Federazione Russa erano libere, tuttavia non erano presenti fondamenti istituzionali al riguardo e non si giunse ad una stabilizzazione della democrazia. Ad esempio, il primo Presidente Boris Yeltsin e il suo team si assicurarono la loro posizione con l'aiuto degli oligarchi - imprenditori delle ex repubbliche sovietiche che hanno accumulato ingenti quantità di ricchezze nel periodo della privatizzazione russa in seguito allo scioglimento dell'URSS - e non tanto tramite la fiducia delle persone (Ibidem). Oltre a ciò, le sempre più crescenti difficoltà economiche in cui versava il Paese, resero le libertà democratiche secondarie rispetto alla drammaticità della situazione. Nonostante ciò, è importante ricordare come siano proprio gli ideali di democrazia ad aver ispirato la Costituzione del 1993 (Ibidem), minati tuttavia dai numerosi emendamenti apportati in seguito.

Per comprendere al meglio il funzionamento del governo russo è necessario analizzare il ruolo svolto dal Presidente. La figura del Presidente della Federazione è centrale e la sua importanza è sottolineata spesso dalla legislazione, come l'Articolo 80, comma 2 della Costituzione: "il Presidente della Federazione Russa è il garante della Costituzione della Federazione Russa, dei diritti e delle libertà della persona e del cittadino. Nei modi stabiliti dalla Costituzione della Federazione Russa egli prende provvedimenti per la tutela della sovranità della Federazione Russa, della sua indipendenza e integrità statale, garantisce il funzionamento coordinato e l'interazione degli organi del potere statale" (Costituzione della Federazione di Russia, 1993). Da ciò si evince l'importanza della figura del Presidente nella salvaguardia della Federazione di Russia, venendo quindi posto al centro del sistema, garantendo il funzionamento dello Stato nella sua totalità.

In tale contesto, Putin ha emanato normative aventi lo scopo di consolidare il potere centrale rispetto a quelli locali e di rafforzare la figura del Presidente della Federazione. Innanzitutto, la lunghezza del mandato, inizialmente prevista in quattro anni, è stata modificata a sei anni nel 2008. Il limite dei due mandati consecutivi, già aggirato con l'elezione alla presidenza di Medvedev, in cui Putin non aveva un ruolo importante in quanto Primo Ministro, è stato ulteriormente messo alla prova dal referendum approvato nel 2020, secondo cui la persona che al momento dell'approvazione del referendum svolge la funzione di Presidente della Federazione, può candidarsi nuovamente alle elezioni (ISPI Online Publications). Tale proposta, quindi, è in grado di azzerare il conteggio dei mandati presidenziali di Putin, minando le basi di un sistema effettivamente democratico.

Per quanto riguarda il Parlamento, nel 2000 Putin apportò modifiche alle procedure, prevedendo che i presidenti delle Assemblee federate scegliessero i candidati fra i membri delle Assemblee regionali (Ross, Turovsky, 2013). Inoltre, la presentazione di candidati alternativi poteva essere proposta da gruppi di non meno di un terzo dei deputati presenti. È da sottolineare come tale possibilità non sia mai stata posta in atto, in quanto il partito Russia Unita ha sempre ottenuto la netta maggioranza dei seggi nelle Assemblee regionali, impedendo quindi all'opposizione di presentare un'alternativa. Inoltre, il processo di nomina è strettamente legato ai vertici delle Assemblee, i quali sono tutti membri - o comunque fortemente legati - al partito Russia Unita.

II.   L'opposizione a Putin
a.   *L'evoluzione dell'opposizione nella storia*

Numerosi sondaggi mostrano come i cittadini russi sostengono la democrazia (Goble, 2014), tuttavia la questione è legata alla percezione del concetto stesso di democrazia. Infatti, il sostegno alla democrazia è legato alle politiche di Putin di contrasto alla terribile situazione degli anni '90, che ha portato a percepire la democrazia come pura società di consumi

164

(Lassila, 2020). I partiti all'opposizione hanno invece adottato una linea maggiormente ideologica e astratta, concentrandosi in maniera limitata sui problemi economico-sociali. Putin ha quindi tratto vantaggio da questa visione della democrazia, a discapito dell'opposizione. Tuttavia, tale andamento è cambiato nel corso degli anni, in cui ha avuto luogo un numero in costante crescita di manifestazioni contro la presidenza di Putin e spesso a favore di una maggiore democrazia.

Tra gli eventi principali è possibile identificare la Marcia dei dissidenti che ha avuto luogo tra il 2006 e il 2008 e la "strategia 31" tra il 2009 e il 2011, la cui base era costituita dall'Articolo 31 della Costituzione che prevede il diritto di riunione pacifica. Estremamente importanti per la loro portata sono le proteste che hanno avuto luogo fra il 2011 e il 2013, iniziate in disaccordo con l'esito e la falsificazione delle elezioni alla Duma di Stato e proseguite con l'inizio della terza presidenza di Putin. I manifestanti utilizzavano nastri bianchi come simbolo, e proprio dal colore dei nastri è nata la definizione di "rivoluzione di neve. Il 6 maggio 2012 a Mosca ha avuto luogo la "Marcia del milione", considerata dalle autorità pericolosa, in quanto si temeva un possibile inizio di una rivolta popolare proprio nella capitale (Denti, 2016). La marcia venne brutalmente repressa dalla polizia e la Corte europea dei diritti umani ne ha riconosciuto la violazione (Ibidem). La partecipazione fu estremamente consistente e vi seguirono numerosi arresti e fermi, tra cui Alexei Navalny, Boris Nemtsov, e Sergei Udaltsov. La portata di tale evento è estremamente grande sia per il tipo di retorica adottata dall'opposizione sia per l'alto numero di partecipanti, tant'è che *Lenta.ru* ha riportato che "Mosca non vedeva scontri di piazza di tale portata da vent'anni" (Ibidem). Tali proteste persero tuttavia vigore e intensità, per poi riprendere nel 2014 con le proteste contro la guerra, in opposizione all'intervento militare in Ucraina. Nel 2017-2018 ebbero luogo ulteriori proteste, in seguito all'uscita del film di Alexei Navalny - *He Is Not Dimon to You* - contro la corruzione nel governo russo. Nell'aprile 2017 un sondaggio di Levada mostrò come il 45% dei russi supportasse le dimissioni del primo ministro Dmitry Medvedev, con solamente il 33% contrario (Bershidsky, 2017) e nel maggio dello stesso anno Levada riportò come il 58% degli intervistati supportasse le proteste e solamente il 23% vi era contrario (Levada, 2017). In seguito a ciò ebbero luogo le proteste del 2018, in cui a partire da luglio quasi ogni weekend vi erano proteste o dimostrazioni coordinate dai partiti di opposizione sul tema dell'età della pensione. Nel 2019, invece, ebbero luogo le proteste riguardanti l'accesso di candidati indipendenti alla Duma di Mosca. Le manifestazioni di luglio e agosto furono le più grandi dal 2012 e vi fu un numero alto di detenuti ed eoisodi di violenza da parte della polizia. Nel 2020 ebbero inizio le manifestazioni nel Krai di Khabarovsk - situato nella Russia estremo orientale - in seguito all'arresto di Sergei Furgal, governatore che vinse le elezioni contro il candidato di Russia Unita. Le proteste erano in supporto a Furgal e recavano slogan contro Putin e il Cremlino. Più recentemente, nel 2021, hanno avuto luogo proteste in tutta la Russia in supporto ad Alexey Navalny, in seguito al suo arresto e all'uscita del suo documentario "*Putin's Palace. History of World's Largest Bribe*", in cui veniva denunciata la corruzione del Presidente Putin. Il governo rispose con una linea più dura e molte figure d'opposizione lasciarono il Paese. Nel 2022, come verrà analizzato in seguito, ci sono state proteste contro la guerra in Ucraina.

È quindi possibile notare come le proteste siano aumentate di intensità e frequenza nel tempo, mostrando quindi l'insoddisfazione verso l'operato governativo. In seguito alle proteste del 2011-2012, il consenso e la legittimazione di Putin è cambiata: non era infatti più il Presidente della nazione intera. Tali problematicità vennero temporaneamente accantonate dall'euforia e dal sostegno della "conquista patriottica" della Crimea, proponendosi come un leader forte della fazione conservatrice (Lassila, 2020). Oltre a ciò, i mezzi del regime nel voler creare l'impressione di una maggioranza sono diventati sempre più aggressivi e repressivi, mettendo quindi in chiara luce l'avvicinamento ad un regime egemonico autoritario, in cui il cambiamento politico non può essere raggiunto tramite elezioni (Ibidem). È inoltre interessante analizzare il consenso di Russia Unita, il partito di governo, il cui sostegno era stimato al 64,3% nel 2007, cadendo a solamente il 25-30% nel 2021 (Ispi, 2021).

b.   *L'opposizione di Navalny*

Alexey Navalny è sicuramente il politico d'opposizione più conosciuto al momento, tristemente noto per il tentativo di uccisione tramite avvelenamento da parte del Cremlino. Navalny non è il primo oppositore che Mosca ha provato ad uccidere, infatti prima di lui ce ne sono stati altri tra cui è possibile ricordare Boris Nemtsov - ucciso nel 2015. Navalny si trova in carcere da gennaio 2021, arrestato appena tornato in Russia dopo aver ricevuto le cure in seguito all'avvelenamento e sta scontando una condanna di nove anni.

Navalny, avvocato di formazione, ha fatto parte di Yabloko e in seguito ha fondato il movimento Narod - Popolo - e il partito Russia del Futuro, sciolto nel 2021, quando il tribunale di Mosca l'ha dichiarato organizzazione estremista e in seguito aggiunto fra le organizzazioni terroristiche ed estremiste. Navalny è famoso per le campagne di denuncia della corruzione, in cui ha più volte accusato più volte Putin e il partito Russia Unita di essere un posto per "truffatori e ladri" (Ispi, 2020). Le sue inchieste hanno raggiunto numeri di visualizzazioni elevatissimi: il video *"Putin's Palace. History of World's Largest Bribe"* ha ottenuto 20 milioni di visualizzazioni su YouTube nelle prime 24 ore e 93 milioni in una settimana (Roache, 2021). Navalny ha promosso l'adozione di una nuova retorica dell'opposizione: al posto di focalizzarsi sulle opportunità perdute degli anni '90, il focus è sulla corruzione della presidenza di Putin come continuazione del governo Eltsin, in contrasto con ciò di cui il popolo ha realmente bisogno (Lassila, 2020). Oltre a ciò, Navalny ha promosso il voto intelligente - *smart vote* - come strategia contro il governo. Tale tecnica prevede di unire i voti di protesta sui candidati con più probabilità non appartenenti alle liste di Russia Unita, al fine di cercare di guadagnare più forza come opposizione. Navalny aveva creato un'app volta ad aiutare gli elettori nella scelta, resa tuttavia illegale dalle autorità russe (Reuters, 2021).

Navalny è quindi una delle figure più note di opposizione a Putin, tuttavia è una figura controversa anche all'interno dell'opposizione, per via delle posizioni ultranazionaliste (Gessen, 2021).

III.   La guerra in Ucraina

L'invasione dell'Ucraina ha aperto numerose discussioni circa il sostegno interno russo alla guerra. Contrariamente a quanto alcune persone pensavano, la popolarità di Putin è aumentata, similmente a quanto avvenuto nel 2014 in seguito all'annessione della Crimea (Volkov, Kolesnikov, 2022).

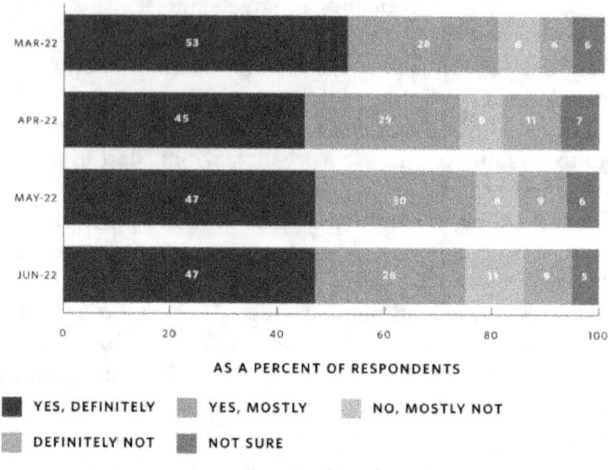

FIGURE 1

Support for the Russian Armed Forces

Do you personally support the actions of the Russian Armed Forces in Ukraine or not?

SOURCE: "The Conflict With Ukraine" (in Russian), Levada Center, June 30, 2022, https://www.levada.ru/2022/
06/30/konflikt-s-ukrainoj-3

Come riportato da un'analisi del centro Levada, a maggio il 77% dei russi supportava la guerra, un leggero aumento rispetto al 74% di aprile (Dickinson, 2022). Il grafico in questione mostra chiaramente come circa la metà della popolazione appoggi totalmente le azioni delle forze armate russe, mostrando un sostegno incondizionato di natura dogmatica (Volkov, Kolesnikov, 2022). In tal senso, tali cittadini si riferiscono al conflitto come "una misura inevitabile", una forma di "difesa contro la NATO", senza porre in questione la narrativa governativa del conflitto e garantendo un alto livello di supporto a Putin (Ibidem). Per quanto riguarda il secondo gruppo, che supporta per la maggior parte le azioni delle forze armate russe, il sostegno al Cremlino è differente e meno risoluto. Ci sono maggiori dubbi circa gli accadimenti e i cittadini di tale categoria hanno il doppio della probabilità di sperimentare ansia, paura e orrore in riferimento a quanto succede ed è meno probabile che provino orgoglio al riguardo (Ibidem).

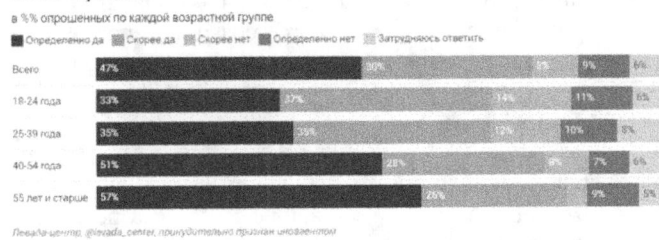

Come mostra l'indagine del Centro Levada, alla domanda sul sostegno alle forze armate russe in Ucraina, è presente un chiaro sostegno della popolazione russa. Tuttavia, è possibile notare delle differenze basate sull'età: i giovani tra i 18 e i 24 anni appoggiano in misura minore il conflitto, rispetto alle altre fasce d'età, con l'apice del sostegno raggiunto dai 58 anni in su.

Tali dati sono da contestualizzare nel complesso sistema normativo e politico russo; infatti, la progressiva diminuzione delle manifestazioni anti-guerra è anche legata a tale contesto. A marzo Vladimir Putin ha approvato una legge che criminalizza la diffusione di "fake news" sulle forze armate russe e costituisce un articolo del codice penale. Tale articolo è volto a prevenire il discredito delle forze armate durante le operazioni al fine di tutelare gli interessi della Federazione Russa e dei cittadini (Current Time, 2022). La violazione della norma comporta una pena fino a dieci anni di carcere, che possono alzarsi a quindici nel caso di conseguenze serie. È inoltre illegale fare appelli contro l'utilizzo delle truppe russe al fine di tutelare gli interessi della Russia (Ibidem).

È quindi da considerare la difficoltà di esprimere contrarietà all'invasione dell'Ucraina e in questo senso Navalny si è espresso numerose volte. In tale contesto, è necessario considerare anche le numerose morti di oligarchi ed esecutivi che avevano adottato posizioni critiche nei confronti di Putin. Ciò non ha riguardato solo politici o figure di potere, ma anche figure pubbliche. Ad esempio, poco dopo alla pubblicazione di un post su Instagram del famoso presentatore Ivan Urgant in cui aveva pubblicato un quadrato nero con la descrizione "Fear and pain. No to war" (Siegal 2022), il suo show è stato cancellato e secondo alcune fonti ha lasciato il Paese per paura di ritorsioni dello Stato contro la sua famiglia.

Il quadro del governo e dell'opposizione in Russia è quindi sempre più complesso, dal momento che lo spazio ad altre voci è sempre minore. Tuttavia, non è possibile ignorare i dati che mostrano un forte sostegno alle operazioni in Ucraina.

IV.   Conclusione

Tale paper mette in risalto la complessità delle attuali circostanze politiche della Federazione Russa, sia per quanto riguarda il governo che l'opposizione. La relazione non è stata stabile nel tempo, poiché è stata soggetta a continue evoluzioni. È inoltre chiaro come l'opposizione non sia costante, nonostante vi siano stati e vi siano tuttora alcuni leader carismatici, tra cui Navalny, una voce forte e potente. Come riporta Freedom House: "Russia remains a consolidated authoritarian regime that nevertheless holds regular elections on federal, regional, and local levels and maintains other democratically designed political institutions, if only nominally so" (Freedom House, 2022), ricevendo il punteggio minimo 1/7 per quanto riguarda la *National Democratic Governance*. Inoltre, la società civile affronta pressioni estremamente forti da parte dello stato. Infatti, il governo vuole gestire la partecipazione dei cittadini tramite partiti politici controllati dal centro, organizzazioni non governative organizzate dal governo e sovvenzioni alle organizzazioni della società civile (Ibidem). Tali aspetti hanno influenzato e tuttora pesano notevolmente sul ruolo dell'opposizione e sulla possibilità di uno sviluppo democratico del paese.

Secondo uno studio della Friedrich-Naumann Foundation, il 57% dei russi dichiara di voler vivere in una democrazia; tuttavia, un numero altrettanto grande supporta le azioni del governo, che minano le possibilità dello Stato di diventare una vera democrazia. Infatti, ad esempio, il 70% ritiene non vi sia la necessità della libertà di parola e nemmeno di media indipendenti (Euromaidan Press, 2016).

È quindi sempre più chiaro e allo stesso tempo complicato il connubio fra democrazia, opposizione e governo in Russia.

V. Fonti:

"Come sarà il dopo Putin? La strategia secondo Navalny", Il Foglio, ottobre 2022. https://www.ilfoglio.it/russia-ucraina/2022/10/01/news/come-sara-il-dopo-putin-la-strategia-secondo-navalny-4500831/

Costituzione della Federazione di Russia, 1993. https://www.art3.it/Costituzioni/cost%20RUSSA.pdf
"Costituzione nuova per la vecchia Russia", Ispi, marzo 2020. https://www.ispionline.it/it/pubblicazione/costituzione-nuova-la-vecchia-russia-25367

Denti, D., "Russia: La repressione di piazza Bolotnaya nel 2012 violò i diritti umani", East Journal, gennaio 2016. https://www.eastjournal.net/archives/69002.

Dickinson, P., "More than three-quarters of Russians still support Putin's Ukraine War", Atlantic Council, giugno 2022. https://www.atlanticcouncil.org/blogs/ukrainealert/more-than-three-quarters-of-russians-still-support-putins-ukraine-war/

"Elezioni in Russia: nessuna opposizione a Putin", Ispi, settembre 2021. https://www.ispionline.it/it/pubblicazione/elezioni-russia-nessuna-opposizione-putin-31693
Gessen, M., "The Evolution of Alexey Navalny's Nationalism", The New Yorker, febbraio 2021. https://www.newyorker.com/news/our-columnists/the-evolution-of-alexey-navalnys-nationalism

Goble, A., "Survey: Most Russians say they want a democracy but don't support democratic values", Euromaidan Press, aprile 2016. https://euromaidanpress.com/2016/10/04/survey-most-russians-say-they-want-a-democracy-but-dont-support-democratic-values/

"Google, Apple remove Navalny app from stores as Russian elections begin", Reuters, settembre 2021. https://www.reuters.com/world/europe/google-apple-remove-navalny-app-stores-russian-elections-begin-2021-09-17/

Napolitano, M., "La Russia oltre l'arresto di Navalny", East Journal, gennaio 2021. https://www.eastjournal.net/archives/114716

Pertsev, A., "'We expected repressions, not barbarity' How the Kremlin's 2012 adoption ban broke the will of Russia's political class", Meduza, dicembre 2022. https://meduza.io/en/feature/2022/12/22/we-expected-repressions-we-didn-t-expect-barbarity
Political Opposition in Autocratic Regimes: The Case of Russia, Ispi, ottobre 2020. https://www.ispionline.it/en/publication/political-opposition-autocratic-regimes-case-russia-28046

Press-Releases, "Approval of Institutions and the state of affairs in the country", Levada, agosto 2021. https://www.levada.ru/en/2021/08/30/trust-in-politicians-approval-of-institutions-and-the-state-of-affairs-in-the-country/

"Putin Signs 'Harsh' Law Allowing Long Prison Terms For 'False News' About Army", Radio Free Europe, marzo 2022. https://www.rferl.org/a/russia-military-false-news/31737627.html
ПРЕСС-ВЫПУСКИ, "АКЦИИ ПРОТЕСТА 12 ИЮНЯ", Levada, giugno 2017 https://www.levada.ru/2017/06/13/aktsii-protesta-12-iyunya/

ПРЕСС-ВЫПУСКИ, "КОНФЛИКТ С УКРАИНОЙ", Levada Center, giugno 2022. https://www.levada.ru/2022/06/02/konflikt-s-ukrainoj-2/
"Referendum in Russia: Putin da qui all'eternità", Ispi, luglio 2020. https://www.ispionline.it/it/pubblicazione/referendum-russia-putin-da-qui-alleternita-26811.

Roache, M., "The Inside Story of How Alexey Navalny Uncovered Putin's $1.3 Billion Palace", Time, gennaio 2021. https://time.com/5934092/navalny-putin-palace-investigation/

Ross, C. e Turovsky, R., *The representation of political and economic elites in the Russian Federation council*, in "Demokratizat- siya The Journal of Post-Soviet Democratization", vol. 21, n. 1, 2013, pp. 59-88.

"Russia", Freedom House. https://freedomhouse.org/country/russia/nations-transit/2022
"Russia, la rivoluzione di neve", Formiche, gennaio 2012. https://formiche.net/2012/01/russia-la-rivoluzione-di-neve/

"Russia: Navalny avvelenato?", Ispi, agosto 2020. https://www.ispionline.it/it/pubblicazione/russia-navalny-avvelenato-27191

"Russia: Putin, Navalny e il palazzo d'Inverno", Ispi, gennaio 2021, https://www.ispionline.it/it/pubblicazione/russia-putin-navalny-e-il-palazzo-dinverno-29059

"Russia threatens to fine Apple, Google unless they remove Navalny app, Ifax reports", Reuters, settembre 2021. https://www.reuters.com/technology/russia-threatens-fine-apple-google-unless-they-remove-navalny-app-ifax-reports-2021-09-02/

Siegal, T., "After he criticized Ukraine war, speculation that Russian TV host fled to Israel", The Times of Israel, marzo 2022. https://www.timesofisrael.com/after-criticizing-ukraine-war-speculation-that-russian-tv-host-fled-to-israel/.

Vassilieva, M., "Russia protest: White ribbon emerges as rallying symbol", BBC, dicembre 2011. https://www.bbc.com/news/world-europe-16097709

Volkov, D., Kolesnikov, A., "My country, Right or Wrong: Russian Public Opinion on Ukraine", Carnegie, settembre 2022, https://carnegieendowment.org/2022/09/07/my-country-right-or-wrong-russian-public-opinion-on-ukraine-pub-87803.

Asia centrale: dinamiche regionali e interessi internazionali

Giuliano Bifolchi - Research Manager, SpecialEurasia

Abstract

Il ritiro delle truppe statunitensi dall'Afghanistan nell'agosto del 2021 e lo scoppio del conflitto in Ucraina nel febbraio 2022 hanno influenzato le dinamiche geopolitiche dell'Asia centrale trasformando la regione in un nuovo teatro di confronto/scontro tra gli attori locali e le potenze internazionali. Le conseguenze delle sanzioni economiche occidentali ai danni di Mosca e la minaccia del terrorismo internazionale proveniente dal territorio afghano si vanno ad aggiungere alle complessità regionali caratterizzate da conflitti transfrontalieri e interetnici, problematiche relative all'approvvigionamento idrico e tensioni politiche locali. Questa ricerca mira ad analizzare gli sviluppi geopolitici centroasiatici prendendo in considerazione i recenti eventi che hanno influenzato lo scacchiere eurasiatico come lo scontro tra la Russia e l'Occidente, il confronto tra Stati Uniti e Cina e la volontà di emergere come potenze regionali di Turchia, India e monarchie del Golfo.

Parole chiave: Asia centrale, geopolitica, sicurezza, rischio geopolitico, relazioni internazionali, terrorismo.

Keywords: Central Asia, geopolitics, security, geopolitical risk, international relations, terrorism.

I.   Introduzione

Il crollo dell'Unione Sovietica, definita dal presidente russo Vladimir Putin come 'la più grande catastrofe geopolitica del XX secolo', ha comportato la formazione di nuovi stati indipendenti all'interno dello spazio post-sovietico che hanno nelle ultime tre decadi avuto rapporti differenti con la Federazione Russa (Putin nazval raspad SSSR tragediej i «raspadom istoricheskoj Rossii» 2021).

L'Asia centrale ricopre un ruolo sostanziale nelle dinamiche geopolitiche internazionali, perché parte dell'*Heartland* di Mackinder il cui controllo garantirebbe il dominio del mondo (Mackinder 1904). Non è un caso, infatti, che Zbigniew Brzezinski, politologo statunitense e consigliere per la sicurezza nazionale durante la presidenza di Jimmy Carter dal 1977 al 1981, definì come impellente per gli Stati Uniti impedire che una potenza potesse ergersi all'interno dell'Eurasia in modo da controllare questa regione come un unico blocco e sfidare l'egemonia di Washington (Brzezinski 1997).

Nel concetto geostrategico russo, invece, lo spazio post-sovietico può essere suddiviso in tre differenti aree a seconda del rapporto che le repubbliche hanno con la Federazione Russa in politica estera:

1. 'Stati ostili' a Mosca (Lettonia, Lituania, Estonia, Moldavia, Georgia, Ucraina), perché entrati a far parte della sfera di influenza della NATO o desiderosi di esserne parte.
2. 'Stati neutrali amici' (Azerbaigian, Turkmenistan, Uzbekistan, Tagikistan) che non cercano una stretta cooperazione con la Russia nel quadro della Comunità degli Stati Indipendenti, ma mantengono relazioni di partenariato con il Cremlino.
3. 'Stati filorussi amici' (Armenia, Bielorussia, Kazakistan, Kirghizistan) che sono membri dell'Unione Economica Eurasiatica (UEE) e dell'Organizzazione del Trattato di Sicurezza Collettiva (CSTO), compagine economico-politica la prima e militare la seconda volute da Mosca con l'intento di mantenere la propria influenza e legame nel *blizhnee zarubezhe* (vicino estero), ossia quell'area che il Cremlino considera come proprio *lebensraum* (spazio vitale) dove impedire l'ascesa o la presenza di attori esterni.

A partire dal 2013, con il lancio della *Belt and Road Initiative* di Pechino (conosciuta anche con il nome di Nuova Via della Seta), la Repubblica Popolare Cinese ha iniziato a investire copiose somme di denaro nello sviluppo infrastrutturale centrasiatico con l'intento di garantire la modernizzazione e stabilità regionale e favorire così lo scambio di merci dall'Europa all'Asia e quindi supportare ulteriormente l'economia e il commercio cinesi (Lillis 2022).

Nel quadro geopolitico centroasiatico dell'ultima decade si sono scontrati gli interessi delle potenze mondiali quali Russia, Cina e Stati Uniti che hanno influenzato le dinamiche locali. Con l'emergere di altri attori come la Turchia, attraverso la promozione del panturchismo e di un blocco turco/turcofono, dell'Iran, dell'India, e delle monarchie del Golfo, l'Asia centrale è divenuta un'area di competizione strategica e geopolitica confermando la sua rilevanza e centralità (Schumacher 2022).

Gli ultimi eventi che hanno scandito l'agenda internazionale come il ritiro delle truppe statunitensi dall'Afghanistan nell'agosto del 2021 e l'ascesa al potere dei talebani, le agitazioni politiche interne in paesi come Kazakistan, Uzbekistan e Tagikistan nell'arco dello scorso anno, e lo scoppio del conflitto in Ucraina nel febbraio 2022 hanno incrementato il valore geostrategico dell'Asia centrale e indirizzato le repubbliche centrasiatiche verso il tentativo di coesione regionale e bilanciamento della politica estera.

II.   Potenziale geopolitico dell'Asia centrale

Anche se a livello geografico il termine Asia centrale indicherebbe non solo Kazakistan, Kirghizistan, Tagikistan, Turkmenistan e Uzbekistan (definiti nella letteratura anglosassone come gli *Stan countries*), ma anche la Mongolia, la zona occidentale della Repubblica Popolare Cinese e la Siberia meridionale, dagli anni Novanta in poi negli ambienti di studio della geopolitica con questa definizione si sono andati a indicare solamente le repubbliche kazaka, kirghisa, tagika, turkmena e uzbeka.

Partendo da questa definizione è possibile così affermare che l'area totale dell'Asia centrale è di oltre 4 milioni di chilometri quadrati e comprende una popolazione totale di circa 80 milioni di persone in rappresentanza di circa 100 gruppi etnici. L'Uzbekistan risulta essere il paese con la popolazione maggiore (35 milioni di persone) seguito da Kazakhstan (19 milioni), Tagikistan (9,8 milioni), Kirghizistan (6,7 milioni) e Turkmenistan (5,6 milioni).

A livello geografico il mancato sbocco al mare, se si considera il Mar Caspio come soltanto una distesa di acqua salata chiusa, caratterizza l'Asia centrale influenzandone quindi la politica interna ed estera.

A livello economico la regione ha attratto gli interessi delle compagnie straniere e degli attori internazionali grazie alle sue risorse naturali: l'Asia centrale, infatti, detiene il 2% delle riserve mondiali di carbone, il 4,5% dei giacimenti di gas naturale, è al decimo posto nella produzione totale di oro e tra i paesi leader nelle riserve di metalli ferrosi e terre rare. Ricchezza regionale di risorse naturali distribuite, però, in modo non uniforme: a tal proposito, l'88,6% delle riserve di carbone esplorate e l'86% di giacimenti petroliferi sono concentrati nel territorio kazako e Kazakistan e Uzbekistan detengono oltre il 20% delle riserve mondiali di uranio esplorate. Una disparità nella distribuzione di tali risorse che influenza le dinamiche regionali e lo sviluppo economico delle singole repubbliche centrasiatiche che si riflette sui programmi di sviluppo socioeconomico e industriale e sugli obiettivi in politica interna che ogni governo cerca di raggiungere per evitare che l'insoddisfazione popolare e una possibile crisi economica vadano ad alimentare proteste interne (Rogalsky et al. 2020).

A livello logistico, le repubbliche centrasiatiche possono far leva su un interessante potenziale di trasporto e transito essendo considerate la 'porta' della regione russa del Volga, degli Urali meridionali e del sud della Siberia occidentale, nonché l'area di transito in grado di connettere la Russia con l'Iran e, infine, con l'India e di dare vita al Corridoio di trasporto internazionale Nord-Sud (INSTC). Sempre parlando di trasporti è doveroso citare il ruolo che l'Asia centrale gioca nella *Belt and Road Initiative* di Pechino come collegamento tra la costa pacifica cinese e l'Europa favorendo il trasporto delle merci del porto di Lianyungang verso il mercato dell'Europa centro-orientale attraverso la rete ferroviaria kazaka o russa (Komov 2018).

Il problema di approvvigionamento idrico, citato come motivo per un conflitto regionale, è dato dal fatto che l'Asia centrale è attraversata principalmente da due grandi fiumi, Amu Darya e Syr Darya, e da oltre 10 mila fiumi di montagna che scorrono prevalentemente in Kirghizistan e Tagikistan. L'Amu Darya (1415 km) attraversa il territorio di Uzbekistan, Turkmenistan, Tagikistan e Kirghizistan, mentre il Syr Dara (2012 km) passa per il territorio di Kirghizistan, Tagikistan, Uzbekistan e Kazakistan (Dimitreva 2019). La gestione di queste riserve idriche da parte dei governi locali destinata o alla produzione di energia idroelettrica o all'agricoltura condiziona anche i rapporti interni nella regione.

III. Valore strategico e politica estera degli *Stan*

Data la loro collocazione geografica, morfologia del territorio e risorse naturali, ogni repubblica centrasiatica detiene un proprio valore strategico che ne ha condizionato la politica estera e il tentativo di bilanciamento tra Oriente e Occidente.
La Repubblica del Kazakistan ha un notevole potenziale economico, logistico, industriale come dimostrano gli ingenti investimenti stranieri: tra le repubbliche dello spazio post-sovietico, è possibile dire che il Kazakistan è una di quelle che ha una collocazione geografica maggiormente vantaggiosa e un mercato molto appetibile.
In politica estera il governo di Astana ha costruito relazioni interstatali creando un sistema di cooperazione che vede la Russia e la Cina come i principali partner commerciali e politici. Nel caso russo, non solo il Kazakistan fa parte dell'UEE e la CSTO, ma i due Stati possono far valere un partenariato strategico messo in discussione solamente di recente dopo lo scoppio del conflitto ucraino e le sanzioni occidentali imposte ai danni di Mosca. Il fatto che circa il 21% della popolazione del Kazakistan sia di origine russa o russofona favorisce maggiormente il ruolo del Cremlino nel paese anche se, in special modo con la presidenza di Qasym-Jomart Toqaev, Astana ha cercato ripetutamente di diversificare la propria politica estera guardando a Cina, Turchia e Occidente (Chebotarev 2015; O Koncepcii vneshnej politiki Respubliki Kazahstan na 2020 – 2030 gody 2020).
A livello locale il Kazakistan mantiene relazioni amichevoli con Kirghizistan, Uzbekistan, Turkmenistan e Tagikistan puntando verso un'unità regionale e la creazione di un blocco unico che possa gestire al meglio le pressioni russe e cinesi. Guardando ai paesi vicini, sono innegabili le relazioni tra Kazakistan e Turchia, Iran, Pakistan, Afghanistan e Azerbaigian così come la Repubblica Popolare Cinese, paesi verso cui Astana guarda per favorire il proprio export e raggiungere attraverso differenti reti di trasporto e comunicazione i porti marittimi sia sul Golfo Persico che nell'area del Pacifico. In questa equazione devono poi essere aggiunti Unione Europea, Stati Uniti e Giappone, paesi che

non solo controbilanciano Russia e Cina, ma che garantiscono l'accesso alla tecnologia avanzata di cui il Kazakistan necessita per modernizzare il proprio sistema produttivo ed economico (Erol 2021; Linok 2014).

Non è da meno il ruolo che l'Uzbekistan esercita nella regione, non solo perché questa repubblica centrasiatica detiene una posizione geografica strategica e vantaggiosa e la popolazione maggiore dell'area, ma anche perché le diverse strade e rotte di trasporto dell'Asia meridionale attraversano il suo territorio. Considerando inoltre i confini uzbeko-afghani e il recente passato storico di lotta contro il gruppo terroristico denominato Movimento Islamico dell'Uzbekistan (IMU), la cui maggior parte dei combattenti sarebbe confluito nelle file dello Stato Islamico Vilayat Khorasan, l'Uzbekistan svolge anche un ruolo rilevante nel garantire la sicurezza nella regione, la lotta al terrorismo, al traffico di stupefacenti e alla tratta di esseri umani, e nella risoluzione della crisi in Afghanistan (Sattarov 2021).

Guardando al potenziale economico, l'Uzbekistan potrebbe essere definito come un 'gigante addormentato' o una potenza regionale ancora in fase embrionale. Infatti, non solo il territorio uzbeko è il secondo per superfice nella regione e questa repubblica centrasiatica è leader in termini di popolazione, ma anche per quel che riguarda la produzione industriale (fertilizzanti minerali, fibre chimiche, gas naturale, cemento, cotone grezzo). Il territorio uzbeko contiene 118 tipi di materie prime minerali e l'Uzbekistan si trova al quarto posto mondiale per riserve di oro e al dodicesimo posto per quelle di uranio.

L'attuale presidenza di Shavkat Mirziyoyev, succeduto allo storico Islam Karimov, è stata abile nell'organizzare una politica estera volta a stabilire rapporti di cooperazione reciprocamente vantaggiosa con molti paesi del mondo, compresi i suoi vicini più prossimi, nonché con Russia e Cina. In aggiunta, l'Uzbekistan partecipa attivamente al lavoro della Comunità degli Stati Indipendenti così come alla Organizzazione per la Cooperazione di Shanghai (Sharifli 2022).

All'incrocio tra tre diverse civiltà, islamica, cristiana e buddista, il Kirghizistan guidato da Sadir Japarov ovviamente vede come primi target della sua politica estera la Russia, la Cina e gli Stati Uniti. Membro dell'Organizzazione del Commercio Mondiale, il Kirghizistan collabora efficacemente con istituzioni finanziarie come il Fondo Monetario Internazionale, la Banca Mondiale, la Banca Europea per la

Ricostruzione e lo Sviluppo e la Banca Islamica per lo Sviluppo in modo da poter sostenere la crescita interna economica e dare vita a infrastrutture in grado di connettere maggiormente il territorio kirghiso con i paesi limitrofi e con i principali corridoi di trasporto, tra cui la *Belt and Road Initiative*.

Un ruolo importante negli ultimi tempi è giocato dalla Turchia con la quale il Kirghizistan ha sviluppato una cooperazione sia all'interno dell'Organizzazione degli Stati Turchi (in precedenza conosciuta come Consiglio di Cooperazione dei Paesi Turcofoni) e sia attraverso le relazioni bilaterali in campo politico, economico, e militare (Panfilova 2022). In questo quadro d'insieme si devono aggiungere le monarchie del Golfo, in primis Emirati Arabi Uniti e Arabia Saudita, le quali, sempre più interessate a penetrare il mercato centrasiatico, hanno sviluppato relazioni con il Kirghizistan basate su investimenti, progetti congiunti e aiuti umanitari (Bifolchi 2022d; Glava Kabmina Akylbek Zhaparov provel peregovory s ministrom jekonomiki OAJe Abdulloj bin Tuk Al'-Marri 2023).

Il Tagikistan è al centro dei processi geopolitici e geoeconomici nella regione dell'Asia centrale. Gli interessi nazionali del Tagikistan sono raggiungere l'indipendenza energetica e infrastrutturale, garantire la sicurezza politica regionale, combattere il terrorismo e il traffico di droga. Nella sfera della politica estera, la leadership tagika sta costantemente attuando una strategia multivettoriale, interagendo contemporaneamente con Russia e Cina e non dimenticando però di guardare anche in direzione europea e statunitense per controbilanciare la crescente presenza politico-militare russa rappresentata dalla 201° base militare vicino Dushanbe e la dipendenza economica dalla Cina (Mediacija 2020 2020).

Le relazioni tra Tagikistan e Uzbekistan rimangono problematiche e complesse, perché si associano alla questione irrisolta dei confini. Nel prossimo futuro, l'aggravarsi delle contraddizioni esistenti tra le due repubbliche dell'Asia centrale potrebbe generare un conflitto armato di alto grado di intensità, eventualità che le due parti cercano di ovviare attraverso il tentativo di definire i confini statali.

Una ulteriore sfida per la sicurezza nazionale del Tagikistan è la crisi afghana connessa con la minaccia terroristica rappresentata non solo dalla presenza del governo ad interim talebano, ma anche dalla crescente ascesa dello Stato Islamico Vilayat Khurasan e da ulteriori gruppi jihadisti tra i quali è possibile annoverare la recente formazione di *Tehrik-e-Taleban Tajikistan* (V Afganistane obrazovano «Tehrik-e Taliban Tadzhikistan» (Dvizhenie talibov Tadzhikistana) 2022).

IV.   Minacce e sfide alla sicurezza centroasiatica

Tra le sfide e le minacce alla sicurezza nazionale degli Stati dell'Asia centrale, il terrorismo internazionale, l'estremismo religioso, il traffico di stupefacenti, il separatismo etnico, i conflitti territoriali, i problemi delle risorse idriche e l'immigrazione clandestina rappresentano il pericolo maggiore (Bifolchi 2022c).

Dal punto di vista dell'Islam radicale, la regione dell'Asia centrale potrebbe essere considerata una delle più preoccupanti dello spazio post-sovietico a causa della vicinanza con l'Afghanistan. Considerando che storicamente l'Asia centrale ha svolto il ruolo di connettore tra i centri della civiltà islamica in Medio Oriente, la popolazione musulmana della Russia, la regione autonoma cinese dello Xinjiang, una possibile diffusione della radicalizzazione religiosa e del terrorismo all'interno dell'area centrasiatica potrebbe influenzare le aree limitrofe e aggravare, di conseguenza, la stabilità dell'intero scacchiere eurasiatico (Bifolchi 2023; Valle 2022).

La relativa porosità dei confini delle repubbliche centrasiatiche dovuta alla presenza di terreni montuosi contribuisce alla formazione di una rete criminale abbastanza sviluppata per il trasporto di droga in direzione europea. Il traffico di droga nelle repubbliche dell'Asia centrale è strettamente connesso alle organizzazioni estremiste come già evidenziato negli anni Novanta quando il Movimento Islamico dell'Uzbekistan controllava fino al 70% del traffico di droga regionale.

Questi problemi si sommano a quello della coabitazione nella regione di diversi gruppi etnici e della difficile gestione delle comunità transfrontaliere che in alcuni contesti ha registrato un'escalation militare come nel recente caso tra Tagikistan e Kirghizistan del settembre 2022 dove lo scontro tra le guardie di frontiera ha comportato la morte di più di 100 persone tra le file tagike e kirghise (Urciuolo 2022).

Le questioni dell'approvvigionamento idrico, così come la qualità dell'acqua dolce, oggi sono un elemento essenziale nella vita delle repubbliche dell'Asia centrale impossibile da ignorare, perché in grado di portare alla destabilizzazione della situazione socio-economica e politica nella regione. Il controllo delle risorse idriche, come evidenziato da organizzazioni internazionali e dalla letteratura accademica, potrebbe divenire la causa di conflitti interstatali. Si deve sottolineare come nella lotta per le risorse idriche vitali vengono utilizzati tutti i mezzi, compresi gruppi di natura religiosa radicale e criminale, le cui azioni mirano a minare la situazione in un determinato paese. Pertanto, le questioni relative alla fornitura di acqua dolce alla popolazione e all'economia di fronte a una carenza di risorse idriche sono considerate dalla leadership delle repubbliche dell'Asia centrale come una componente della strategia di sicurezza nazionale.

V.   Asia centrale nel new great game

La posizione strategica nel cuore dell'Eurasia così come le importanti risorse naturali rende l'Asia centrale una regione appetibile per le potenze regionali e internazionali, come evidenziato già nei paragrafi precedenti.

Guardando agli Stati Uniti è doveroso analizzare la strategia che la Casa Bianca ha varato per il periodo 2019-2025 che prevede di sostenere e rafforzare la sovranità e l'indipendenza delle repubbliche centrasiatiche, proseguire la cooperazione della regione nella lotta al terrorismo e all'estremismo di natura religiosa, promuovere riforme nel settore dello stato di diritto e del rispetto dei diritti umani, nonché creare un ambiente favorevole per le imprese statunitensi desiderose di operare in loco. Questo documento afferma esplicitamente che una stretta cooperazione con tutti e cinque i paesi dell'Asia centrale contribuirà a far avanzare i valori statunitensi e fornirà un contrappeso all'influenza di altri stati (Boltuc 2021).

Uno spartiacque fondamentale per l'Asia centrale è stato il ritiro delle forze militari statunitensi dall'Afghanistan nell'agosto del 2021: con la prese del potere dei talebani, non solo si è imposta a livello regionale la necessità di rafforzare la cooperazione con attori esterni in materia di sicurezza e lotta al terrorismo, tra cui gli Stati Uniti, ma al contempo la Casa Bianca ha dato il via a una politica estera volta a favorire la propria presenza militare nelle repubbliche centrasiatiche, eventualità mal vista dal Cremlino che interpreta qualsiasi presenza militare straniera nella regione come una minaccia alla suo *lebensraum* e una ingerenza straniera.

Con il lancio della *Belt and Road Initiative* la Repubblica Popolare Cinese ha posto una grande attenzione all'Asia centrale divenendo negli anni uno dei principali investitori e partner commerciali riuscendo anche a superare la Federazione Russa. Essendo la regione strategicamente importante per la Nuova Via della Seta cinese, progetto che riflette le aspirazioni di superpotenza di Pechino, il governo cinese ha finanziato copiosamente la realizzazione di una rete di trasporti, gasdotti e oleodotti centrasiatici in modo da favorire la connessione di merci e persone e supportare il bisogno energetico cinese. Considerando l'attuale situazione della regione dell'Asia-Pacifico che vede Washington e Pechino in aperto scontro per il controllo dell'area e per la questione di Taiwan, qualora la Repubblica Popolare Cinese non dovesse riuscire ad affermarsi nel contesto marittimo del Pacifico, Pechino potrebbe sempre 'ripiegare' per le proprie attività commerciali sull'Asia centrale e sulla rotta terrestre della *Belt and Road Initiative*, motivo per il quale è necessario che le repubbliche centrasiatiche siano stabili, sicure e percorrano la strada dell'integrazione regionale.

La Turchia, dal canto suo, guarda all'Asia centrale nel contesto della politica del panturchismo con l'obiettivo di coinvolgere i paesi turcofoni dell'area (Kazakistan, Kirghizistan, Turkmenistan e Uzbekistan) nel creare un blocco unico che si possa contrapporre a quello dell'Unione Europea, all'Unione Economica Eurasiatica voluta da Mosca e alla Nuova Via della Seta di Pechino. Se inizialmente l'attività di Ankara aveva fatto leva sull'elemento comune culturale-linguistico, negli ultimi tempi la Turchia ha cercato maggiormente di stringere accordi di cooperazione in settori strategici come quelli dell'energia, del commercio e della difesa.

In tale ottica è possibile affermare che Ankara ha ottenuto dei significativi successi come, ad esempio, l'adozione dell'alfabeto latino (invece del cirillico) e la costruzione di scuole che insegnano e promuovono la lingua e la cultura turca all'interno del territorio dell'Asia centrale. La base ideologica dell'espansione turca nella regione si basa sul concetto pan-turco di "Un popolo – cinque stati" (Turchia, Azerbaigian, Kazakistan, Kirghizistan e Uzbekistan) a cui si dovrebbe aggiungere il Turkmenistan che per posizione geografica e risorse energetiche rappresenterebbe un importante asset strategico nei progetti di politica estera turca. Ideologia panturca che abbraccia anche l'Ungheria, attualmente paese osservatore dell'Organizzazione degli Stati

Turcofoni, e alcune regioni della Federazione Russa intese come aree di influenza turca dal punto di vista storico-culturale secondo una carta geografica apparsa nei media e sui social network turchi e non passata inosservata tra le fila del Cremlino.

Il panturchismo di Ankara inteso come ambizioni neo-ottomane di Erdogan si riflette negli ultimi eventi che hanno interessato lo scacchiere geopolitico eurasiatico: è innegabile, infatti, che la Turchia abbia negli ultimi anni giocato un ruolo sempre maggiore sia in Asia centrale che nel Caucaso meridionale (in special modo in supporto all'Azerbaigian durante il Conflitto del Nagorno-Karabakh del 2020) andando quindi a sfidare e/o minare l'autorità e la presenza russa in quelle che sono considerate come aree facenti parte del *blizhnee zarubezhe* russo (Bekinova 2022; Bifolchi 2021).

Nel 2019 l'Unione Europea ha varato una nuova strategia per l'Asia centrale per sostenere la modernizzazione economica, favorire la cooperazione regionale, implementare il settore dei trasporti, supportare i programmi rivolti a garantire la sicurezza dell'area e connettere il mercato energetico europeo con le risorse di idrocarburi locali (Ambrosetti 2019). Tenendo a mente l'attuale crisi energetica causata dal conflitto in Ucraina e dallo scontro tra Bruxelles e Mosca, l'Asia centrale ha assunto un valore ancor più fondamentale per l'Unione Europea attualmente alla ricerca di nuovi fonti di idrocarburi per diversificare il proprio approvvigionamento energetico e ridurre la dipendenza dal gas naturale russo. In effetti, in accordo con la strategia adottata nel 2019, Bruxelles considera la regione dell'Asia centrale un mercato promettente per le merci europee e un collegamento con la Cina, il principale partner commerciale dell'Unione Europea (Boltuc 2022).

VI.   Conclusioni

Nel moderno sistema delle relazioni internazionali, la regione dell'Asia centrale rimane di eccezionale importanza, essendo il punto di intersezione degli interessi geopolitici di Russia, Stati Uniti, Cina, Turchia, India, Iran e Unione Europea, e allo stesso tempo il crocevia delle più grandi civiltà del mondo: cristianesimo, confucianesimo e islam.

Oltre ad essere un'area strategicamente rilevante nello scacchiere mondiale, l'Asia centrale rimane un punto focale di snodo dei traffici commerciali e di collegamento con le maggiori economie in via di sviluppo. Di conseguenza, la possibilità di un attore internazionale o regionale di riuscire a influenzare la crescita economica e le dinamiche interne centrasiatiche rimane uno strumento fondamentale che diversi Stati perseguono all'interno del *New Great Game* geopolitico che si è andato a delineare negli ultimi anni.

In questo quadro d'insieme non è possibile dimenticare attori geopolitici non statali come i diversi gruppi terroristici e le organizzazioni criminali la cui minaccia è maggiormente crescente nell'Asia centrale e viene vista sia dai governi locali che dagli attori esterni come elemento di destabilizzazione da contrastare ed eliminare.

Lo scorso anno l'Asia centrale è stata scossa non solo dagli eventi della vicina Europa (conflitto in Ucraina) o dalle dinamiche afghane e pakistane, ma anche da movimenti e proteste interne come quelle avvenute nel gennaio 2022 in Kazakistan a causa del rincaro dei prezzi energetici, nel maggio 2022 nella regione autonoma del Gorno-Badakhshan (GBAO) in Tagikistan quando la popolazione locale di etnia pamira si è opposta alle decisioni del governo centrale di Dushanbe richiedendo maggiore libertà e rispetto dei diritti fondamentali (Bifolchi 2022a; «Komissija 44» i predstaviteli Genprokuratury obsudili horogskie sobytija 2022), e infine quelle nel luglio 2022 nella repubblica autonoma del Karakalpakstan in Uzbekistan causata da alcune modifiche della Costituzione uzbeka viste dai cittadini karakapalki come una minaccia per l'autonomia e libertà della loro entità statale (Bifolchi 2022b; Uzbekistan Struggles to Integrate Karakalpakstan 2022). Proteste che hanno generato scontri, vittime, arresti e processi definiti da diverse organizzazioni non governative come espressioni di regimi centrali autoritari le cui azioni limitano le libertà di una parte della popolazione o delle minoranze etniche.

La capacità delle repubbliche centrasiatiche di bilanciarsi tra le pressioni esterne fatte dalle potenze internazionali e regionali così come di gestire il proprio paese evitando tensioni causate dalla crisi economica e dalla coabitazione di diversi gruppi etnici è fondamentale per una regione la cui destabilizzazione potrebbe favorire maggiormente la diffusione dell'estremismo religioso e, di conseguenza, del terrorismo, così come della criminalità organizzata, elementi che rappresenterebbero un ostacolo ai progetti di interconnessione logistica, economica ed energetica che Russia, Cina, Stati Uniti, Europa e Turchia cercano di promuovere perseguendo una politica estera basata sui singoli interessi.

VII. Fonti:

Ambrosetti, E., "Geopolitical Power Plays in Central Asia", *Italian Institute for International Political Studies* *(ISPI)*, 2019. https://www.ispionline.it/en/publication/geopolitical-power-plays-central-asia-24066.

Bekinova, S., O vlijanii Ankary v Central'noj Azii: Turciju bol'she zabotit «neoosmanizm», chem «pantjurkizm», *Eurasia Today,* 2022. https://www.eurasiatoday.ru/interview/9969-о-влиянии-анкары-в-центральной-азии-турцию-больше-забо тит-«неоосманизм»,-чем-«пантюркизм».html.

Bifolchi, G., "Geopolitics of Turkey and Pan-Turkism in Central Asia", *Geopolitical Report* 7 (2), 5 maggio, 2022. https://www.specialeurasia.com/2021/05/05/turkey-pan-turkism-central-asia/.

Bifolchi, G., "Political Tensions and Security Threats in Tajikistan", *Geopolitical Report* 19 (11), 18 maggio, 2022. https://www.specialeurasia.com/2022/05/18/tajikistan-politics-security/.

Bifolchi, G., "Mass Riots and Protests in the Uzbek Autonomous Republic of Karakalpakstan", *SpecialEurasia,* 2 luglio, 2022. https://www.specialeurasia.com/2022/07/02/karakalpakstan-riots-uzbekistan/.

Bifolchi, G., "Central Asia: Socio-Economic Projects and Regional Problems", *SpecialEurasia*, 22 luglio, 2022. https://www.specialeurasia.com/2022/07/22/central-asia-problems-economy/.

Bifolchi, G., "Kyrgyzstan and the Middle East: Zhaparov Discussed Joint Projects with UAE", *SpecialEurasia*, 13 dicembre, 2022. https://www.specialeurasia.com/2022/12/13/zhaparov-uae-kyrgyzstan/.

Bifolchi, G. "Geopolitical Risk in Central Asia and AfPak in 2023", *Geopolitical Report* 27 (1), 2 gennaio, 2023. https://www.specialeurasia.com/2023/01/02/geopolitical-risk-asia/.

Boltuc, S., "Geopolitics of the U.S. Strategy in Central Asia", *Geopolitical Report* 13 (9), 22 novembre, 2021. https://www.specialeurasia.com/2021/11/22/us-strategy-central-asia/.

Boltuc, S., "European Union and Central Asia Interconnectivity's Project", *Geopolitical Report* 25 (7), 24 novembre, 2022. https://www.specialeurasia.com/2022/11/24/european-union-central-asia/.

Brzezinski, Z., *The Grand Chessboard: American Primacy And Its Geostrategic Imperatives.*, New York: Basic Books, 1997.

Chebotarev, A., "Geopoliticheskie dostizhenija Kazahstana", *Biblioteka Pervogo Prezidenta Respubliki Kazahstan,* 2015. https://elbasylibrary.gov.kz/ru/news/geopoliticheskie-dostizheniya-kazakhstana.

Dimitreva, E.L. Vodnye resursy Srednej Azii: problemy i puti reshenija. *Rossija i musul'manskij mir* 3 (313).

Россия, Москва: Федеральное государственное бюджетное учреждение науки «Институт научной информации по общественным наукам Российской академии наук»:42–48, 2019.

Erol, M., Kazahstan: Serdce "Geopoliticheskogo treugol'nika", *ANKASAM | Ankara Kriz ve Siyaset Araştırmaları Merkezi,* 2021. https://www.ankasam.org/казахстан-сердце-геополитического/?lang=ru.

Glava Kabmina Akylbek Zhaparov provel peregovory s ministrom jekonomiki OAJe Abdulloj bin Tuk Al'-Marri, *Kabinet Ministrov Kyrgyzskoj Respubliki*, 2023. https://www.gov.kg/ru/post/s/22334-ministrler-kabinetinin-bashchysy-akylbek-zhaparov-bae-ekonomika-ministri-abdulla-bin-tuk-al-marri-menen-sylshlrd-zhrgzd.

"Komissija 44» i predstaviteli Genprokuratury obsudili horogskie sobytija", *Pamir Daily News,* 2022.

Https://pamirdaily.com/комиссия-44-и-представители-генпрокур/.

Komov, M., Transportno-tranzitnyj potencial regiona kak vazhnejshij faktor ego jekonomicheskogo razvitija. *Vestnik evrazijskoj nauki* 10 (5), 2018. Россия, Москва: Общество с ограниченной ответственностью «Издательский центр «Науковедение»:27.

Lillis, J., Kitaj Velit Stranam Central'noj Azii Ne Vmeshivat'sja v Geopolitiku, *Eurasianet*, 2022. https://russian.eurasianet.org/китай-велит-странам-центральной-азии-не-вмешиваться-в-геополитику.

Linok, S., *Kazahstan v sovremennyh geopoliticheskihprocessah*, Washington, D.C.: Central Asian Bureau for Analytical Reporting, 2014. https://cabar.asia/ru/svetlana-linok-kazakhstan-v-sovremennykh-geopoliticheskikh-protsessakh?pdf=475.

Mackinder, H., "The Geographical Pivot of History", *The Geographical Journal* 23 (4):421–437, 1904.

Mediacija, Geopoliticheskoe znachenie Tadzhikistana: dlja global'noj sistemy mezhdunarodnyh otnoshenij i vo vneshnej politike RF. Informacionno-analiticheskij centr. Laboratorija obshhestvenno-politicheskogo razvitija stran blizhnego zarubezh'ja, 2020. https://iacentr.ru/mediatorcis/mediatorcis2020/geopoliticheskoe-znachenie-tadzhikistana-dlya-globalnoy-sistemy-mezhdunarodnykh-otnosheniy-i-vo-vnesh/.

O Koncepcii vneshnej politiki Respubliki Kazahstan na 2020 – 2030 gody, *Oficial'nyj sajt Prezidenta Respubliki Kazahstan*, 2020. https://www.akorda.kz/ru/legal_acts/decrees/o-koncepcii-vneshnei-politiki-respubliki-kazakhstan-na-2020-2030-gody.

Panfilova, V., Bishkek Pereorientiruetsja s Moskvy Na Ankaru, *Nezavisimaja Gazeta*, 2022. http://www.ng.ru/cis/2022-08-18/1_8517_kyrgyzstan.html.

"Putin nazval raspad SSSR tragediej i «raspadom istoricheskoj Rossii", *РБК*, 2021.

https://www.rbc.ru/politics/12/12/2021/61b5e7b79a7947689a3
3f5fe.

Rogalsky, A., Shorukov, A., Absametov, M., et al,. *Assessment of Energy and Mineral Resource Endowments in Central Asia. Application of United Nations Framework Classification for Resources*, United Nations Economic Commission for Europe (UNECE), 2020. https://unece.org/fileadmin/DAM/energy/se/pdfs/UNFC/ proj/unfc_ca/CA_synthesis_report.pdf.

Sattarov, F., "The current geopolitical and geoeconomic situation of Uzbekistan: challenges and opportunities" *Ministry of Foreign Affairs of the Republic of Uzbekistan, University of World Economy and Diplomacy,* 2021. https://www.uwed.uz/en/news/fulltext/1682.

Schumacher, C., "Central Asia: Challenges Intensify, Geopolitics Doesn't", *CSS Blog*, 2022. https://isnblog.ethz.ch/css-blog/central-asia-challenges-intensify-geopolitics-doesnt.

Sharifli, Y., "Growing Importance of Uzbekistan for China" *Geopolitical Monitor,* 2022. https://www.geopoliticalmonitor.com/growing-importance-of-uzbekistan-for-china/.

Urciuolo, L., "Kyrgyzstan and Tajikistan: Analysis of a Border Dispute", *Geopolitical Report* 23 (6), 2022. https://www.specialeurasia.com/2022/09/29/kyrgyzstan-tajikistan-borders/.

"Uzbekistan Struggles to Integrate Karakalpakstan", *Geopolitical Futures*, 2022. https://geopoliticalfutures.com/uzbekistan-struggles-to-integrate-karakalpakstan/.

V Afganistane obrazovano «Tehrik-e Taliban Tadzhikistan» (Dvizhenie talibov Tadzhikistana), *Center for Studying Regional Threats (CSRT),* 2022. https://crss.uz/2022/07/18/v-afganistane-obrazovano-texrik-e-taliban-tadzhikistan-dvizhenie-talibov-tadzhikistana/.

Valle, R., "Islamic State Khurasan Threatens Uzbekistan and Central Asia", *Geopolitical Report* 19 (4), 2022.

https://www.specialeurasia.com/2022/05/05/islamic-state-uzbekistan/.

La disputa sullo status legale del Mar Caspio: implicazioni geo-economiche sulle rotte energetiche di Asia Centrale e Caucaso

Valentina Chabert - Autore, OpinioJuris

Abstract
Dalla gestione russo-iraniana agli accordi bilaterali dei primi anni Novanta, il bacino idrico del Caspio è stato oggetto di una disputa ventennale con riguardo alla caratterizzazione del proprio status legale di 'lago' o 'mare'. Se dalla dissoluzione dell'Unione Sovietica si sono contrapposte visioni contrastanti in merito alla suddivisione delle rispettive Zone Economiche Esclusive e allo sfruttamento dei ricchi giacimenti di idrocarburi dei fondali, la firma, nel 2018, della Convenzione sullo Status Legale del Caspio tra gli Stati rivieraschi ha posto fine ad una tendenza regolatoria unidirezionale, risolvendo - benché solo parzialmente - la problematica della delimitazione delle aree di sovranità esclusiva. Restano tuttavia aperte numerose questioni geo-economiche e di carattere strategico tra i cinque Paesi che si affacciano sul Caspio. Mossi da interessi e aspirazioni spesso incompatibili, la competizione tra gli Stati costieri si ripercuote in maniera prevalente sull'implementazione di nuove rotte energetiche per il trasporto del gas centro-asiatico all'Europa attraverso il Caucaso, potenzialmente in grado di compromettere il dominio russo in campo energetico.

Parole chiave: Mar Caspio, Caucaso, energia, geo-economia

Keywords: Caspian Sea, Caucasus, energy, Geo-economics

I. Alle origini della disputa: Russia e Iran si contendono il Caspio

Inserito in una vasta depressione a 28 metri sotto il livello degli oceani, con 5970 chilometri di costa e una profondità massima di 1030 metri il Mar Caspio si caratterizza per essere il più ampio bacino idrico interno privo di emissari, nonché il terzo giacimento petrolifero dopo il Golfo Persico e la Siberia e la seconda riserva di gas naturale al mondo, con circa 3275 trilioni di metri cubi. Nonostante il Caspio sia soggetto ad una progressiva regressione per via della criptodepressione dei fondali, la secolare importanza geo-economica dell'area tradizionalmente sottoposta alla sfera d'influenza del mondo slavo, della civiltà persiana e dello spazio turcico è stata protagonista delle tensioni che nell'ultimo ventennio hanno contrapposto i cinque Stati rivieraschi di Russia, Kazakhstan, Turkmenistan, Iran e Azerbaijan, che sulla base di interessi strategici si contendono lo spazio marino e le risorse naturali presenti in esso. Di fatto, all'indomani della dissoluzione dell'Unione Sovietica, il potenziale sfruttamento dei giacimenti offshore di gas e petrolio come motore dello sviluppo economico delle repubbliche neo-indipendenti di Azerbaijan, Kazakhstan e Turkmenistan ha riportato in auge la questione della definizione dello status legale del Caspio, tradizionalmente regolato da trattati frutto di una vivace relazione bilaterale tra Iran e Unione Sovietica rinvigoritasi a partire dagli anni Venti del Novecento. Relazione che risale al 1732, anno della firma del Trattato di Resht tra l'impero russo e quello safavide, che stabilì il passaggio delle città di Derbent, Baku e Makhachkala sotto l'egemonia territoriale russa e regolò, al contempo, la libertà di navigazione e di commercio nel bacino del Caspio e lungo i fiumi Araq e Kura, consentendo il passaggio delle navi mercantili persiane.

A decenni di cooperazione tra le due potenze seguirono tuttavia periodi di acceso confronto militare, che videro altresì il coinvolgimento di Gran Bretagna, Francia e Germania a supporto di Teheran. Se da un lato il sostegno occidentale aggravò le relazioni con l'impero russo, dall'altro lato il successo delle offensive zariste consentì a Mosca di occupare l'intero Azerbaijan settentrionale nel 1828. Nello stesso anno, la conquista russa si accompagnò alla firma del Trattato di Turkmenchay, che garantì al Paese il diritto esclusivo di posizionare flotte militari sul Mar Caspio. Sebbene i persiani conservassero il diritto alla navigazione commerciale, dal

192

primo ventennio del XVIII secolo il Mar Caspio venne completamente subordinato alla giurisdizione russa, che ne mantenne i diritti di monopolio sino alla Rivoluzione d'ottobre. La determinazione della neonata Unione Sovietica di impedire la navigazione all'interno del bacino caspico alle forze navali degli Stati stranieri portò pertanto alla firma, nel 1921, di un Trattato di amicizia con la Persia, la cui implementazione avrebbe consentito la tutela del Caspio da eventuali minacce esterne. Abolendo gli accordi siglati tra i due Paesi nei secoli precedenti, il Trattato di amicizia stabilì il rispetto delle reciproche frontiere marittime e la condivisione delle concessioni di pesca - fino ad allora a beneficio esclusivo dell'impero russo - con la controparte persiana. Ciononostante, la delimitazione delle acque fu rinviata ad un momento successivo, lasciando così la questione irrisolta. In merito, un primo accenno ad un ipotetico status giuridico del Mar Caspio fu incluso in occasione di un successivo accordo sulla regolazione delle attività di esplorazione e ricerca scientifica nelle aree adiacenti alle coste risalente al 1940, in virtù del quale le autorità sovietiche ed iraniane diedero avvio a trivellazioni ed estrazioni congiunte di idrocarburi in mare aperto. Se *de iure* la sovranità del Caspio fosse riservata ad entrambe le potenze, la situazione *de facto* mostrò tuttavia uno sbilanciamento a favore dell'Unione Sovietica, che, l'anno successivo alla firma del suddetto accordo, invase il nord dell'Iran con l'obiettivo di prevenire un eventuale allineamento dello scià con le potenze dell'Asse impegnate nel secondo conflitto mondiale. La disputa sullo status del Mar Caspio e la competizione tra gli stati rivieraschi si riaccese nuovamente nel 1991, quando le repubbliche indipendenti di Kazakhstan, Turkmenistan e Azerbaijan rivendicarono il diritto di sfruttamento delle risorse caspiche e la definizione di un regime condiviso che riflettesse le ambizioni strategiche dei singoli Paesi. Regime che tuttavia resta ancora incerto dopo oltre un ventennio di stallo delle negoziazioni, e che solo un debole compromesso raggiunto nel 2018 ha tentato di sbloccare. Oltre ad una marcata contesa dei giacimenti di gas e petrolio, la gestione idrica, ittica e i proventi derivanti dall'industria del sale hanno di fatto accentuato le tensioni tra le ex-Repubbliche sovietiche e le potenze tradizionalmente responsabili della gestione del Caspio. A questo proposito, la gestione delle risorse saline nell'area della baia di Garabogazköl ha dato origine ad una controversia tra Federazione Russa e Turkmenistan, il quale per via degli ingenti danni ambientali causati dal prosciugamento delle acque del Caspio e dagli accumuli di sale trasportati dai venti sul proprio territorio si è visto costretto a riaprire, nel 1992, una diga costruita un decennio prima dalle autorità sovietiche, così da permettere alla baia di riempirsi nuovamente di acqua.

II. Mare o lago? Le implicazioni giuridiche (e strategiche) dello status del Caspio

Alla base della vertenza regionale relativa alla suddivisione del Mar Caspio e alla conseguente delimitazione marittima delle rispettive Zone Economiche Esclusive (ZEE) vi è la difficoltà di attribuire al bacino la connotazione giuridica di mare o lago, con conseguenti implicazioni giuridiche derivanti dall'applicazione di criteri normativi differenti ai sensi del diritto internazionale pubblico e consuetudinario.

Qualora infatti il Caspio fosse classificato come 'lago', ai sensi delle norme di diritto internazionale consuetudinario che disciplinano la gestione dei laghi di confine sarebbe necessaria la stipulazione di accordi vincolanti tra gli Stati rivieraschi tanto per l'utilizzo delle acque, quanto per lo sfruttamento delle risorse presenti in esse.

Nel caso contrario in cui si adottasse la definizione di 'mare', l'applicazione della Convenzione delle Nazioni Unite sul Diritto del Mare (UNCLOS) adottata a Montego Bay nel 1982 imporrebbe la definizione per ogni Stato che dispone di costa di un mare territoriale entro le 12 miglia nautiche, di una Zona Economica Esclusiva di ampiezza proporzionale all'estensione della propria costa e, in maniera conforme, di una piattaforma continentale. Inoltre, sulla base dell'esistenza di una norma consuetudinaria riconosciuta dalla pronuncia della Corte Internazionale di Giustizia nel 1969 sul caso *North Sea Continental Shelf* che oppose Danimarca, Germania e Paesi Bassi, i confini delle rispettive ZEE verrebbero fissati in considerazione di una linea mediana individuata a partire dagli stessi Stati rivieraschi.

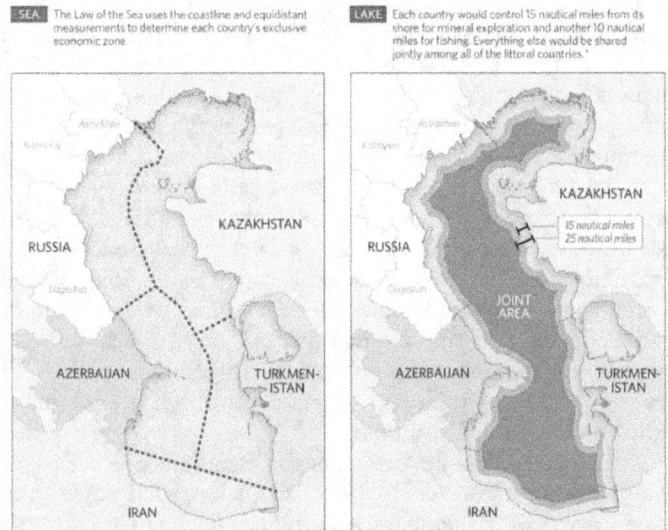

Figura 1. Lo status di lago o mare del Mar Caspio e le differenti implicazioni legali. Eurasian Research Institute.

Stabilire se al Caspio debba essere attribuito lo *status* di 'lago' o 'mare' si riflette in maniera quasi esclusiva sui diritti di sfruttamento delle riserve offshore di gas e petrolio. Nel primo caso, di fatto, la suddivisione del bacino del Caspio in cinque settori tra gli Stati rivieraschi e l'equa divisione delle risorse risulterebbe nel pari controllo di una quota equivalente al 20%.

Al contrario, definire il Caspio 'mare' comporterebbe l'attribuzione della quota spettante a ciascuno Stato in maniera conforme alla lunghezza della propria linea costiera, penalizzando così i Paesi che dispongono di una costa meno estesa (è il caso, ad esempio, dell'Iran, la cui quota si ridurrebbe al 13%).

In questo contesto, i cinque Stati coinvolti nella disputa hanno adottato posizioni nettamente differenti in merito all'attribuzione dell'uno piuttosto che dell'altro *status* giuridico al bacino del Caspio.

L'approccio russo rimase incentrato su due principi fondamentali: il Mar Caspio è un corpo idrico interno unico; da un punto di vista internazionale, non può essere considerato un mare, in quanto a prescindere dalla presenza di acqua salata e dalle dimensioni quasi comparabili a quelle del Mar Nero, non sono presenti collegamenti naturali con altri mari e oceani. Non risulta pertanto applicabile la già menzionata Convenzione delle Nazioni Unite sul Diritto del Mare in quanto limitatamente indirizzata agli spazi marini, mentre spetterà ai singoli Stati rivieraschi elaborare norme appropriate che riflettano approcci comuni alla questione della delimitazione del Caspio, le cui acque e il cui sottosuolo - a detta del Ministero degli Affari Esteri della Federazione Russa - rimangono proprietà comune dei Paesi che si affacciano su di esso. Inoltre, la Federazione Russa ha compromesso a lungo la ripartizione di Zone Economiche Esclusive tra gli Stati, poiché porrebbe la realizzazione di condotte sottomarine e impianti di estrazione fuori dal monitoraggio russo, con il rischio che le imprese energetiche russe possano soffrire la concorrenza di progetti per il trasferimento di gas e petrolio a prezzi ridotti dall'Asia Centrale all'Europa.

Di simile impostazione la visione iraniana, che sin dai primi anni Novanta ha sostenuto la conservazione dell'unicità del Mar Caspio e l'eventuale possibilità di dar vita ad una compagnia petrolifera comune a tutti i Paesi del litorale. Nella visione di Teheran, di fatto, l'osservazione di una linea coerente e il mantenimento dei trattati stipulati nei secoli precedenti con l'impero russo prima e l'Unione Sovietica poi si pongono come priorità fino allo sviluppo di un nuovo status regolatorio, che in ogni caso dovrebbe favorire la divisione del Caspio in aree equivalenti, con uguali diritti per tutti gli Stati rivieraschi. Tale impostazione gioverebbe infatti al Paese, che come evidenziato vedrebbe la propria area ridursi drasticamente nel caso in cui venisse adottato lo status di mare in riferimento al bacino caspico. Per l'Iran ciò risulterebbe incompatibile con le aspirazioni e gli interessi statali, e allo stesso modo un continuo rimando della risoluzione della disputa minaccerebbe interferenze da parte di Stati stranieri interessati ad un ruolo di rilievo nella regione.

Di conseguenza, Teheran, contraria all'istituzione di zone di competenza nazionale esclusiva, ha avanzato la soluzione cosiddetta 'di condominio', secondo cui le risorse del bacino dovrebbero essere condivise tra i cinque Stati, al fine di permetterne lo sfruttamento e la generazione di proventi.

III. Le posizioni divergenti di Kazakhstan, Turkmenistan e Azerbaijan

Contrariamente all'approccio russo e iraniano, Kazakhstan, Turkmenistan e Azerbaijan hanno adottato posizioni opposte al fine di porre rimedio alle dispute derivanti da una mancata definizione dello status legale del Caspio. Le mire economiche e la possibilità di trarre il massimo vantaggio dallo sfruttamento dei giacimenti di idrocarburi hanno spinto le tre neonate repubbliche post-sovietiche ad incentivare il riconoscimento del Caspio come 'mare', accantonando l'accezione di 'lago' ormai obsoleta e incapace di riflettere la situazione di fatto nell'area. Nella visione di Astana, Ashgabat e Baku lo status di 'mare' permetterebbe l'applicazione del diritto internazionale del mare alle acque del caspio, così come lo sfruttamento delle risorse presenti sui fondali e la rivendicazione di una ZEE fino a trecento miglia nautiche dalle proprie coste. Tuttavia, anche in questo caso rimarrebbero sul tavolo dei negoziati nuove occasioni di contrasto tra gli Stati: la ridotta dimensione del Caspio e la mancata possibilità per ogni potenza di delineare una ZEE così vasta si riflette infatti nella sovrapposizione delle zone speciali rivendicate dai singoli Paesi, come nel caso di Russia e Kazakhstan, che si contendono una striscia di mare ricca di gas nella parte settentrionale del Caspio, e di Azerbaijan, Iran e Turkmenistan, in conflitto per l'area meridionale ricca di sale e, soprattutto, di petrolio.

La Repubblica dell'Azerbaijan sollevò per la prima volta la questione dello status giuridico internazionale del Mar Caspio in occasione della Conferenza speciale tenutasi a Teheran nel settembre-ottobre 1992, da cui avrebbe dovuto vedere la luce un'organizzazione internazionale incaricata di risolvere le dispute legate al bacino idrico. Per Baku il Caspio era da considerarsi un 'mare chiuso', e - ai sensi della Convenzione UNCLOS - suscettibile di sfruttamento da parte degli Stati rivieraschi, intitolati di una serie di diritti sovrani sulla propria Zona Economica, inclusi il sottosuolo, la piattaforma continentale e le acque territoriali. Tale orientamento fu indubbiamente favorito dalla presenza di ingenti riserve petrolifere in giacimenti off-shore al largo delle coste del Mar Caspio, la cui esplorazione ha preso il via in seguito alla firma, nel 1994, di quello che è stato definito 'il contratto del secolo' con numerose compagnie petrolifere occidentali, che ancora oggi giocano un ruolo di notevole importanza nel settore estrattivo azerbaigiano. In particolare, per l'Azerbaijan lo sviluppo di nuovi progetti di prospezione e produzione petrolifera nel Caspio e la fitta rete di oleodotti e gasdotti che trasportano le fonti energetiche estratte direttamente all'Europa assumono un ruolo centrale in prospettiva del consolidamento del Paese come area di transito per le forniture provenienti dalla sponda centroasiatica del bacino.

Per tale motivo, Baku non ha riconosciuto la legittimità dei trattati conclusi nel 1921 e nel 1940 da Iran e Unione Sovietica, procedendo invece allo sfruttamento delle risorse off-shore in maniera unilaterale e in accordo con le multinazionali energetiche internazionali.

Dal canto suo, il Kazakhstan ha espresso la propria visione sullo status del Caspio nell'ambito di un progetto di Convenzione sottoposto ai partner rivieraschi nel luglio 1994. Anche nell'ottica di Astana il Caspio si caratterizza come 'mare chiuso', il cui sottosuolo e i fondali marini sono suscettibili di sfruttamento da parte degli Stati che vi si affacciano. Tuttavia, particolare enfasi fu posta sin dall'inizio sulla necessità di procedere alla delimitazione delle aree di competenza di ciascun Paese, sostenendo tuttavia la possibilità di uno sviluppo delle risorse e delle acque territoriali indipendente dalla divisione settoriale del mare. Ciononostante, il Kazakhstan finì per accettare l'approccio azero, unendosi con Baku al fine di attirare investitori stranieri occidentali interessati allo sviluppo della piattaforma del Caspio; al contempo, tuttavia, Astana ha perseguito una strategia di diversificazione delle forniture di gas e petrolio con l'obiettivo di ridurre la dipendenza politica ed economica dalla Russia per l'esportazione di materie prime. In particolare, il Kazakhstan ha avviato l'oleodotto Atasu-Alashankou verso la Cina e aderito al progetto Baku-Tbilisi-Ceyhan (BTC) dal 2006, attraverso cui il petrolio del Caspio arriva al Mediterraneo. Tra gli aspetti prioritari rimane, in ogni caso, il diritto al libero transito attraverso il Mar Caspio e l'accesso ad altri mari e oceani, considerati fondamentali in prospettiva strategica.

Stretto tra gli orientamenti di Mosca, Teheran, Baku e Astana, il Turkmenistan originariamente considerava il Caspio un lago interno senza possibilità di applicazione del diritto del mare. Contraddistinto da una quasi irremovibile intrattabilità, Ashgabat si è posta in più occasioni come potenza neutrale, ritenendo prematura la conclusione di accordi sul Mar Caspio senza aver prima chiarito la questione dei giacimenti petroliferi contesi. A tal proposito, il Turkmenistan ha aderito alla firma di una dichiarazione congiunta secondo cui solo gli Stati litorali fossero titolari di diritti sovrani sul bacino idrico e sulle sue risorse, rimandando inoltre all'urgenza di un accordo internazionale di base per la regolazione delle attività delle parti nel Caspio.

Nell'impossibilità di giungere ad un accordo multilaterale tra i cinque Stati rivieraschi, pertanto, una continua e prolungata ricerca di compromessi tra le diverse aspirazioni nazionali ha portato alla risoluzione momentanea della disputa sul Caspio su base bilaterale: sono stati così conclusi numerosi accordi e un memorandum tra Azerbaijan, Russia e Kazakistan tra il 1998 e il 2003, che hanno permesso una prima definizione della suddivisione delle acque e delle risorse del Caspio settentrionale (lasciando tuttavia aperta la configurazione dell'area meridionale.

IV. L'accordo del 2018: la Convenzione sullo *status* legale del Caspio

Allo stallo delle negoziazioni e al ricorso alla firma di accordi bilaterali ha messo fine la firma della Convenzione sullo Status Legale del Mar Caspio durante un vertice tenutosi il 12 agosto 2018 nella città di Aqtau, in Kazakhstan. La Convenzione è il risultato di un allineamento delle esigenze strategiche ed economiche dei cinque stati firmatari che - nonostante non siano giunti ad un punto di approdo definitivo - hanno conseguito la delimitazione delle acque territoriali e le rispettive zone esclusive di pesca, stabilendo al contempo lo status di spazio marittimo comune per le restanti aree. Nonostante ciò, rimangono ancora numerosi dubbi riguardo alla suddivisione e ai diritti di sfruttamento dei fondali marini, che si riflettono inevitabilmente sulla possibilità di avviare attività di esplorazione ed estrazione degli idrocarburi presenti nei giacimenti, così come sull'attuazione dei protocolli applicativi della Convenzione stessa.

Ai sensi dell'art. 3 della Convenzione, le dimensioni del bacino del Caspio sono fissate sulla base di una misurazione introdotta a metà degli anni Novanta dal Ministero della Difesa della Federazione Russa. Entro lo spazio geografico caspico, inoltre, sono gli Stati rivieraschi ad esercitare la sovranità esclusiva, con il conseguente impegno a garantire che il proprio territorio non venga aperto alla navigazione di vascelli battenti bandiera straniera da quella dei Paesi firmatari. Tale impegno si estende anche alle attività militari, riconoscendo la possibilità di accesso al bacino per i soli Paesi membri. A questo proposito, la Federazione Russa giocò un ruolo chiave nel processo negoziale, mossa dalla volontà di consolidare maggiormente la propria influenza nelle questioni securitarie dell'Eurasia: di fatto, se da un lato la Russia è tenuta a garantire il transito attraverso il sistema fluviale di canalizzazione di epoca sovietica che permette il collegamento delle acque russe del Caspio al Mar Nero, dall'altro lato il

Paese ha conseguito il mantenimento del proprio predominio navale anche sul Caspio. Nello specifico, l'inserimento all'interno del testo della Convenzione di una clausola che escludesse la presenza di forze militari esterne agli Stati rivieraschi ha contribuito a rafforzare la posizione militare di primo piano di Mosca e la sua proiezione in contesti extra-regionali, come già verificatosi nel conflitto siriano. Fu infatti la *Caspian Flottilla* a lanciare un attacco missilistico diretto contro le città di Aleppo, Idlib e Raqqa proprio dalle acque caspiche, a oltre 1500 chilometri di distanza dagli obiettivi. Tra i punti di maggior difficoltà, le negoziazioni si sono prolungate in merito alla delimitazione delle acque territoriali. Si è tuttavia convenuto che queste ultime si estenderanno per 15 miglia marine dalla costa, a cui farà seguito una rispettiva zona di pesca esclusiva fissata a 10 miglia marine. Sebbene la delimitazione dei fondali rimanga incerta, gli Stati si impegnano ad instaurare una proficua cooperazione nell'ottica della tutela ambientale dell'ambiente marino del bacino del Caspio. Da ultimo, l'articolo 14 disciplina una serie di misure di sicurezza e ricerca scientifica legate alla delicata questione dei giacimenti di idrocarburi, sancendo il diritto degli Stati parte alla posa di tubature e condotte all'interno del Mar Caspio tenendo conto delle possibili opposizioni derivanti da potenziali danni ambientali. Si aprono così nuovi interrogativi sulla misura in cui il fattore ambientale potrà venire impiegato per impedire l'apertura di nuove rotte per il trasporto di gas e petrolio verso l'Europa, come già accaduto nel caso della costruzione del gasdotto transcaspico (TCP) che permetterebbe al gas del Turkmenistan di raggiungere il continente europeo attraverso il collegamento con Baku e il passaggio attraverso il Caucaso e la Turchia. Nello specifico, alla ferma volontà di Turkmenistan e Azerbaijan che mirano a diversificare i fornitori energetici e le rotte commerciali, le opposizioni di Iran e Russia si sono concentrate sull'avanzamento di quesiti di compatibilità con la tutela ambientale del Caspio, poiché ai sensi della Convenzione - la quale garantisce l'investimento in progetti energetici e l'esclusiva sovranità nei rispettivi settori nazionali - non sarebbe possibile impedire la costruzione di un nuovo gasdotto nelle aree di competenza turkmena e azera. Sebbene la Convenzione rimuova alcuni impedimenti giuridici alla costruzione del gasdotto, permangono dunque notevoli sfide strategico-commerciali, così come tensioni tra Paesi rivieraschi mossi da interessi non convergenti.

V. Verso un'implementazione congiunta della Convenzione?

Nonostante le questioni rimaste irrisolte, la Convenzione vanta il titolo di aver garantito al Caspio un nuovo *status* giuridico speciale, posto in essere a partire dalla futura ratifica della stessa Convenzione da parte di tutti gli Stati rivieraschi e attraverso azioni congiunte di implementazione. In quest'ottica rientra l'organizzazione ad Ashgabat del Sesto Vertice dei Capi di Stato del Caspio lo scorso 29 giugno, durante il quale i cinque Paesi hanno discusso - sia a livello multilaterale, sia in riunioni separate a porte chiuse - la questione dell'interazione e della creazione di una piattaforma per lo scambio di vedute su problematiche urgenti di carattere regionale e internazionale. A tal proposito, a margine del summit è stato istituito un meccanismo di coordinamento ad hoc per la preparazione dell'agenda, la messa a punto e l'attuazione delle decisioni dei vertici del Capi di Stato del Caspio. Appare chiaro sin da subito come l'abbandono delle rivalità che contrappongono Turkmenistan, Azerbaijan e Iran in relazione ai diritti di sfruttamento di specifiche aree del Caspio meridionale sia precondizione per l'effettiva implementazione della Convenzione del 2018. Tale processo dovrà nuovamente e necessariamente avvenire su base bilaterale, format in cui in precedenza sono stati discussi progetti congiunti di successo nel settore energetico. Particolare attenzione dovrà poi riguardare la Cina, che ha accolto positivamente la Convenzione sullo *status* del Caspio in virtù del consolidamento della posizione di Pechino in numerosi snodi portuali del bacino considerati strategici, già oggetto degli ingenti investimenti della Belt and Road Initiative per la realizzazione di infrastrutture. É il caso del porto di Aktau in Kazakhstan, terminal della linea ferroviaria che da Khorgos, sul confine sino-kazako, attraversa l'intero Paese fino al Caspio. Un simile progetto è poi prossimo alla realizzazione nel porto di Turkmenbashi in Turkmenistan, che dalla Cina attraverserà Uzbekistan e Turkmenistan per trasportare beni e merci verso il Caspio. Accanto alle infrastrutture, sarà infine decisiva l'influenza cinese anche in merito allo sfruttamento dei giacimenti petroliferi sotto la sovranità kazaka, di cui detiene l'8,33% delle quote del consorzio Kashagan.

VI. Fonti:

"Ashgabat Summit: Caspian countries reaffirmed a shared vision for strong friendship and cooperation", *News Central Asia*, 30 giugno 2022. https://www.newscentralasia.net/2022/06/30/ashgabat-summit-caspian-countries-reaffirmed-a-shared-vision-for-strong-friendship-and-cooperation/.

"Caspian Sea dispute settled on the surface", *The Diplomat,* 13 agosto 2018. https://thediplomat.com/2018/08/caspian-sea-dispute-settled-on-the-surface/.

"La disputa sullo status legale del Mar Caspio", *Treccani,* Atlante Geopolitico, 2012. https://www.treccani.it/enciclopedia/la-disputa-sullo-status-legale-del-mar-caspio_%28Atlante-Geopolitico%29/.

"The Convention on the Legal Status of the Caspian Sea-A Sea or not a sea: that is still the question", *Norton Rose Fulbright*, settembre 2018. https://www.nortonrosefulbright.com/en/knowledge/publications/5f222b95/the-convention-on-the-legal-status-of-the-caspian-sea---a-sea-or-not-a-sea-that-is-still-the-question.

Carlo Frappi, *"Azerbaigian: crocevia del Caucaso"*, Sandro Teti Editore, 2012.

Convention on the Legal Status of the Caspian Sea 12 agosto 2018. http://www.en.kremlin.ru/supplement/5328

Corte Internazionale di Giustizia, *North Sea Continental Shelf Case*, Federal Republic of Germany vs. Denmark; Federal Republic of Germany vs. The Netherlands, 20 febbraio 1969. https://www.icj-cij.org/public/files/case-related/52/052-19690220-JUD-01-00-EN.pdf

De Marchi, E., "Mar Caspio: problemi ambientali e rivendicazione delle risorse", *Opinio Juris,* 4 novembre 2022. https://www.opiniojuris.it/mar-caspio-problemi-ambientali-e-rivendicazione-delle-risorse/.

Encyclopaedia Iranica, "Russo-Iranian Relations up to the Bolshevik Revolution", 2014. https://www.iranicaonline.org/articles/russia-i-relations.

Ezhiev, I., "Contradictions in approaches to the settlement of the current political and legal status of the Caspian Sea', *Bullettin, Moscow University, Ministy of Intern. Affairs of the Russian Federation*, 4, 2011.

Geranmayeh, A. "The Caspian Sea in Iranian history and politics", *Central Asian Q. Labyrinth*, 2, 1995.

Indeo, F., "L'accordo sul bacino del Caspio su cui punta Pechino", *ISPI*, 14 febbraio 2019. https://www.ispionline.it/it/pubblicazione/laccordo-sul-bacino-del-caspio-su-cui-punta-pechino-22259.

Karbuz, S., "The Legal Status Of The Caspian Sea: Implications On Caspian Resources Development And Transport", *Energy Policy Turkey*, 2, 2016, 62-69.
Lorusso M., "Mar Caspio: l'accordo dei paesi rivieraschi", *Osservatorio balcani e caucaso transeuropa*, 16 ottobre 2018. https://www.balcanicaucaso.org/aree/Azerbaijan/Mar-Caspio-l-accordo-dei-paesi-rivieraschi-190342.

Mussetti, M. "Il Caspio e il sistema dei Cinque Mari", *Limes, Il Caso Putin*, aprile 2022, pp. 136-137.

Mussetti, M. "Dispute nel mar Caspio", *Limes online,* 19 maggio 2022. https://www.limesonline.com/carta-dispute-nel-mar-caspio-russia-kazakistan-turkmenistan-iran-azerbaigian/127918.

Parkhomchik, L. "Current Developments in a Dispute over the Legal Status of the Caspian Sea", Eurasian Research Institute, 2016. https://www.eurasian-research.org/publication/current-developments-in-a-dispute-over-the-legal-status-of-the-caspian-sea/.

Pietkiewicz, M. "Legal status of Caspian Sea – problem solved?, Marine Policy, 123, 2021.

Sourc, A. Tofigh, A., Abedian, M. "Analysis of energy status in Iran For Designing Sustainable energy roadmap", *Renew. Sustain. Energy Review,* 57, 2016, pp.1296–1306.

Sychev, S., Volkhov,V., "Soviet-Iranian relations in Treaties, Conventions, Agreements, Mosca, 1946.

https://new.ras.ru/upload/iblock/f92/260s83x4kohfy65i5i2yrdc
zcdxgrbvb.pdf.

United Nations Convention on the Law of the Sea, 1833
U.N.T.S. 397., 10 dicembre 1982.

Medio Oriente

Qatar: aspirante potenza nel mercato energetico globale

Sara Oldani - Caporedattrice, Mondo Internazionale Framing the World

Abstract

L'area MENA, oggetto di cambiamenti politici e sociali in corso, si è distinta nell'ultimo anno come attore emergente – cercando di svincolarsi dai dettami delle grandi potenze – nello scenario internazionale. Il paradigma del realismo politico, perseguito in particolare dai Paesi del Golfo, è stato supportato dallo shock del mercato energetico che ha ridefinito il ruolo strategico della regione a livello mondiale. Tra i Paesi del Golfo, in particolare il Qatar, grazie alle ingenti risorse di gas naturale, ambisce a diventare il nuovo hub energetico mondiale di GNL per Asia ed Europa. Senza sottostimare l'importanza di energia pulita e rinnovabile nell'ambito della critica transizione energetica.

Parole chiave: Golfo, energia, Qatar, geopolitica, energia, gas naturale

Keywords: security, Gulf countries - energy, LNG, renewable resources

I.   Introduzione: il Golfo che cambia

L'area MENA – il cosiddetto Medio Oriente e Nord Africa - viene considerata nell'immaginario collettivo come sinonimo di instabilità e sottosviluppo. Nell'ultimo decennio, tuttavia, la situazione è mutata: il suddetto quadrante geopolitico ha raggiunto un rinnovato ruolo nello scenario internazionale, nel tentativo di ricercare una propria autonomia e indipendenza. In seguito al *disengagement* americano dalla regione, infatti, le varie potenze mediorientali hanno cercato di trovare partner alternativi all'egemonia statunitense, rivolgendosi ad attori come Cina e Russia. La visita di Xi Jinping nel Golfo e la maggioritaria dichiarazione di neutralità nei confronti della guerra tra Russia e Ucraina sono esempi emblematici delle relazioni instaurate tra il mondo arabo e i *competitors* statunitensi. Anche se gli Stati Uniti rimangono e rimarranno il pilastro della sicurezza di buona parte della regione – specialmente per quanto attiene ai Paesi del Golfo – ancora per un decennio, la ricerca di alleanze intra ed extra regionali è sintomo di un cambio di paradigma nella gestione della politica internazionale (e non) degli attori mediorientali. Al primo posto vi sono affari, diplomazia e *soft power*, in posizione secondaria invece si colloca la serie di dinamiche interne e forze centrifughe (?) importanti ai fini di mantenimento del potere a livello di politica interna e di competizione per la proiezione regionale di ciascuno Stato. La scelta verso il "realismo politico" (Cafiero, 2022) è stata però favorita anche dal recente shock del mercato energetico, a conseguenza della ripresa economica post-pandemica e dell'isolamento della Russia dal sistema internazionale (occidentale) dopo l'invasione dell'Ucraina. Le cosiddette "petro-monarchie", le quali hanno eretto dalla sabbia Stati all'avanguardia per sviluppo economico e tecnologico, sono diventate imprescindibili non solo per il fabbisogno energetico dell'Asia, ma anche dell'Europa, tanto da discutere di una futura missione nel Golfo con un inviato permanente dell'Unione europea. Gli idrocarburi, però, non sono l'unica attrattiva del Golfo: in fase di transizione energetica risorse come GNL e rinnovabili, quali idrogeno e solare, rendono i Paesi del Golfo un mercato interessante e competitivo. Tra questi Paesi si è distinto il Qatar che, grazie anche al supporto statunitense, ambisce a diventare un vero e proprio hub energetico globale di GNL e derivati "puliti" (The Economist, 2022). Una breve disamina geopolitica permetterà di comprendere le potenzialità dell'emirato e le sue prospettive future.

II.   Qatar: da piccolo emirato a potenza regionale

Il Qatar è un piccolo Stato mediorientale che si affaccia sul Golfo Persico, con una superficie pari a 11.586 km^2 e un clima desertico con scarsissime risorse d'acqua. La popolazione ammonta a circa 2.7 milioni di abitanti (World Bank, 2021), dei quali solo 333.000 sono cittadini qatarioti e il restante numero è costituito da lavoratori migranti provenienti principalmente da Bangladesh, Pakistan e India. Le condizioni climatiche insieme all'esigua popolazione hanno determinato la mancanza di sviluppo agricolo e industriale e tenuto il piccolo emirato nell'anonimato fino agli anni '90 del secolo scorso.

Nonostante la fine del protettorato britannico sul Qatar nel 1971, la piccola monarchia assoluta del Golfo non riesce ad emergere a livello politico ed economico, principalmente per l'influenza determinante della geopolitica dell'area. Infatti, il Qatar si trova tra due grandi potenze regionali, Arabia Saudita e Iran, le quali sono in lotta per l'egemonia nella regione a causa delle loro direttrici geopolitiche e della loro politica di potenza. La geopolitica del Qatar nasce dunque vittima di un dilemma della sicurezza intrinseco alla sua posizione geografica e all'iniziale carenza di risorse (Sécurité & Défense Magazine, 2022): il confine territoriale con l'Arabia Saudita e quello marittimo con l'Iran sono un fattore di deterrenza per l'emirato che si mantiene sotto l'orbita saudita, nonostante alcune fasi di tensioni bilaterali.

Con l'invasione irachena del Kuwait (1990-1991) e il supporto statunitense, insieme ad alcuni Paesi arabi, per la liberazione del piccolo Paese del Golfo, cambiano però gli equilibri regionali. L'egemone nell'area MENA diventa l'Arabia Saudita. Da questo momento il Qatar, cambiato l'equilibrio di minaccia a favore del suo vicino territoriale, deciderà di colmare le sue debolezze e tutelarsi cercando alleanze al di fuori dell'arena regionale.

Tuttavia, il dilemma della sicurezza da solo non spiega come il Qatar sia passato da Stato di piccola statura a potenza regionale come lo conosciamo oggi. A partire dagli anni '90, sono infatti intercorsi una serie di eventi che, sfruttati con lungimiranza, hanno permesso all'emirato del Golfo di raggiungere un boom economico funzionale ad una politica di *soft power*. I fattori che hanno determinato il cambiamento della politica estera del Qatar e uno spostamento verso un attivismo difensivo-offensivo sono principalmente tre (Taneja, 2022):

a) L'avvento al potere di un'élite ambiziosa;

b) La scoperta di enormi giacimenti di gas naturale

c) Una sapiente e accorta ridefinizione delle alleanze

Per quanto riguarda l'avvento al potere di Sheikh Hamad bin Khalifa al-Thani, a seguito di un colpo di stato nel 1995, ha cambiato radicalmente il cammino della politica estera del Paese. La lungimirante strategia dello Sheikh, insieme al suo carisma, hanno permesso al Qatar di svincolarsi dal giogo dell'Arabia Saudita e di perseguire nel corso degli anni una politica e una proiezione internazionale sempre più autonome.
Elemento costante della politica estera qatariota, da Hamad bin Khalifa al-Thani in avanti, è quello di giocare sapientemente – con pesi e contrappesi – tra Iran e Arabia Saudita, in modo che i benefici maggiori arrivino al Qatar stesso. Quindi, riassumendo, potremmo definire la politica estera qatariota a tratti *difensiva*, per respingere le minacce provenienti dall'ambiente circostante e *offensiva*, per aumentare la sua influenza nella regione e perseguire una politica di potenza proporzionata alla sua condizione geopolitica. Il Qatar è riuscito dunque a ritagliarsi un ruolo autonomo e di media potenza regionale, grazie anche al realismo politico della sua leadership.
Realismo politico anche di stampo "offensivo" come delineato poc'anzi, come si evince dalle molteplici iniziative di interferenza – principalmente indiretta – nei confronti di vari teatri, a scapito degli altri attori regionali. Il Qatar si pone infatti come mediatore fidato e neutrale nella regione. Il caso più recente riguarda i negoziati intercorsi proprio a Doha tra i Talebani e gli Stati Uniti, culminati negli accordi del febbraio 2020 per il ritiro americano dall'Afghanistan e, in seguito nell'agosto 2021, il supporto logistico e aereo dello stesso Qatar per il rimpatrio di personale americano da Kabul.
La reputazione di "mediatore" non è un caso, ma è frutto di strategie di assistenzialismo e supporto umanitario a numerosi Stati in Asia occidentale e in Africa (Kawakibi, 2022). Ciò viene fatto sia per accrescere il *soft power* nella regione e a livello internazionale, ma anche per diffondere specificamente i valori islamici dell'emirato, inscritti

all'interno di un progetto ideologico-geopolitico ben preciso. Il Qatar infatti supporta, in area MENA ma anche in Occidente, tutti quei movimenti legati all'Islam politico – il cosiddetto "Islam popolare" – che vede la religione musulmana come parte integrante dello spazio pubblico di uno Stato (questo imprescindibile per ogni Stato musulmano, anche se si dichiara laico), con un focus però sulla società dal basso e non sulle istituzioni. Il sostegno ai movimenti e partiti dell'Islam politico, i quali hanno preso il sopravvento durante le rivoluzioni innescate dalla Primavera Araba, ha visto il Qatar particolarmente attivo in quel determinato periodo storico, con un conseguente aumento di frizioni tra Stati con progetti geopolitici opposti tra cui Arabia Saudita, Emirati Arabi Uniti ed Egitto. Il canale satellitare *Al-Jazeera*, nato in Qatar nel 1996, ha permesso all'emirato di diffondere messaggi di sostegno alla transizione democratica nei Paesi oggetto delle Primavera Arabe e favorire la caduta dei regimi al potere (CBAP, 2021). Tali azioni hanno spinto gli avversari del Qatar ad etichettarlo come "sponsor del terrorismo", a causa dei legami e del supporto qatariota alle cause di Hamas, Hezbollah e la Fratellanza Musulmana nel suo insieme e mai chiariti legami con Al-Qaeda e ISIS.

L'ardita presa di posizione del Qatar a supporto dell'Islam popolare, anche se culminata con la rottura dei rapporti diplomatici con gli altri Paesi del Golfo nel 2017, non ha però rallentato la crescita economica e politica del Paese. Infatti, il Qatar, oltre ad essersi avvicinato all'Iran negli ultimi anni, ha trovato nella Turchia un alleato strategico fondamentale (Clingendael, 2021), sia per questioni geopolitiche che ideologiche. Anche la Turchia di Erdoğan, nella faglia geopolitica mediorientale, supporta l'Islam popolare e persegue un progetto simile al Qatar. Turchia e Qatar hanno costruito una partnership duratura, firmando numerosi accordi di cooperazione a partire dal 2014 in vari settori tra cui commerciale, di difesa e sicurezza e in ambito politico, come la gestione delle crisi in Siria e Afghanistan.

Attualmente, nonostante l'appianamento delle tensioni nella regione e anche la sconfitta dell'Islam politico a livello istituzionale, le relazioni tra Turchia e Qatar sono floride, dato anche l'invio di 2000 forze di sicurezza turche in occasione dei Mondiali 2022 a Doha. Grazie alla risoluzione della controversia con il Consiglio di Cooperazione del Golfo, inoltre, il Qatar nell'ultimo anno ha ristabilito delle tiepide e promettenti relazioni con i vicini e rafforzato la partnership con gli Stati Uniti, la cui base aerea risiede ad al-Udeid dal

2002-2003. Sempre per ovviare al dilemma della sicurezza, però, il Qatar ha aperto la strada anche ad altri attori, come l'Unione europea alla ricerca di nuove risorse energetiche e la Cina interessata non solo per il fabbisogno energetico, ma per le prospettive di una Via della Seta araba e di un mercato promettente.

La politica di alleanza di pesi e contrappesi, grazie alla quale attualmente il Qatar è uno dei pochi Paesi ad avere un dialogo con Iran e Afghanistan, non sarebbe però stata possibile senza l'indipendenza finanziaria dell'emirato, garantita dalle ingenti riserve di gas naturale.

III. La dimensione energetica: GNL e rinnovabili

Se la cornice geografica in cui si trova il Qatar ha privato il Paese di risorse tradizionali, ha compensato con l'importante ammontare di risorse energetiche, nello specifico di gas naturale. L'emirato del Golfo dispone infatti di più di 24 trilioni di metri cubi di gas, pari al 13% delle riserve mondiali, posizionando il Paese al terzo posto dopo Russia e Iran nella detenzione di giacimenti di gas (Wright, 2022). Grazie alla strategia politica ed economica dell'emiro Sheikh Hamad bin Khalifa, il cui attuale successore è il figlio Sheikh Tamim bin Hamad al Thani dal 2013, la monarchia qatariota ha investito grandemente nell'industria del Gas Naturale Liquefatto (GNL). Il GNL si ottiene sottoponendo il gas naturale, dopo specifici trattamenti di depurazione e di disidratazione, a fasi di raffreddamento e condensazione in modo tale da renderlo fruibile come fonte energetica. A livello chimico si tratta di una miscela di idrocarburi composta principalmente da metano (90-99%) che, una volta liquefatto e raffreddato, può essere impiegato in vari settori data la versatilità dell'elemento e della facilità del suo stoccaggio e trasporto.

Il GNL viene considerato una fonte di energia efficiente e ad alto potere calorifico (spendibile specialmente per le aziende ad alto fabbisogno energetico) preferibile al petrolio, soprattutto nella fase critica della transizione energetica. Il gas naturale, infatti, genera emissioni di anidride carbonica inferiori rispetto alla stragrande maggioranza dei combustibili fossili e livelli esigui di polveri sottili. Inoltre, anche la sua estrazione viene considerata più sostenibile, dato che non comporta rischi di contaminazioni del suolo, sottosuolo e delle falde acquifere. Alla luce di questi motivi, dato anche l'innalzamento della domanda energetica a seguito della guerra tra Russia e Ucraina, il Qatar ha assunto un ruolo importante nel mercato energetico, dominando il 25% del mercato mondiale del gas.

Attualmente l'emirato ha una capacità produttiva pari a 79 milioni di tonnellate l'anno, ma è previsto un aumento fino a 126 milioni di tonnellate entro il 2027. La leadership qatariota e l'impresa nazionale QatarEnergy hanno scommesso sul GNL, a differenza di altri Paesi del Golfo come Arabia Saudita, Emirati Arabi e Kuwait che rimangono ancora strettamente legati al petrolio e, solo recentemente, hanno prodotto anch'essi del GNL per mantenere alto il prezzo del petrolio e intatte le loro riserve. Inizialmente l'Arabia Saudita ha cercato di porre un ostacolo contro gli investimenti del piccolo emirato nell'industria del GNL, ma in seguito, grazie anche al supporto americano, il Paese si è focalizzato sull'estrazione e la lavorazione di questa risorsa. Grazie all'attuale contesto internazionale, che ha visto uno shock del mercato energetico e dell'isolamento di un partner importante come la Russia, il Qatar ha iniziato la costruzione nel 2021 di quattro enormi centri di produzione di GNL e altrettanti terminal devoluti all'export.

In questo momento il Qatar è secondo per esportazioni di GNL solo agli Stati Uniti – dato anche il ridimensionamento delle capacità di export dell'Australia – ma le previsioni sono di un aumento generalizzato, nell'ottica di creare un vero e proprio hub energetico che possa soddisfare il fabbisogno di Europa e Asia (The Economist, 2022). Per quanto riguarda l'Europa, il continente ha dovuto fare a meno dell'energia russa a fronte dell'invasione in Ucraina, pertanto ha optato per un'apertura al Qatar e al Golfo nel suo insieme. L'accordo energetico tra la monarchia qatariota e la Germania dello scorso novembre prevede che, a partire dal 2026, il Paese europeo riceverà 2.7 miliardi di metri cubi all'anno per 15 anni, trovando un compromesso tra le necessità dell'emirato e gli obiettivi di sviluppo sostenibile del Cancelliere Scholz. Questa quantità di gas corrisponde però solo al 3% del consumo energetico annuale tedesco, per cui, in assenza di fonti energetiche russe, è prevista un'ulteriore crisi energetica a Berlino nell'inverno 2023-2024. La ragione principale è che il Qatar esporta la maggioranza del suo GNL ai Paesi asiatici, in primis la Cina, perciò, nonostante l'aumento delle capacità produttive previsto nei prossimi anni, l'emirato potrà fornire solo il 10-15% del suo export all'Europa.

Come dichiarato da Saad Sherida al-Kaabi, Ministro dell'Energia in Qatar e proprietario di QatarEnergy, i principali clienti dell'emirato rimarranno in Asia: Stati come

India, Pakistan, Taiwan, Giappone, Corea del Sud e Cina sono infatti i maggiori acquirenti del GNL qatariota. Cina e Qatar, in particolare, sono legati dalla firma di un accordo energetico tra Sinopec e QatarEnergy (Gurjar, 2022): la compagnia qatariota garantirà una fornitura di 4 milioni di tonnellate di GNL l'anno per 27 anni alla Cina a partire dal 2026, Paese che importa la maggiore quantità di gas naturale a livello mondiale. Nonostante la Russia continui a fornire risorse energetiche al Paese asiatico, diminuendo così l'isolamento internazionale di Putin, la stipulazione dell'accordo con il Qatar riequilibra la bilancia del sistema internazionale (ed energetico) a favore degli Stati Uniti. Infatti sono proprio gli Stati Uniti a fare da tramite, a livello di trasporto e transazioni finanziarie, del GNL qatariota.

La predilezione del Qatar come hub energetico mondiale è ben vista dagli Stati Uniti, in quanto possono perseguire soffusamente la loro politica egemonica non solo in area MENA, ma anche al di fuori, legando Europa e Asia al Qatar a scapito del *competitor* russo. Il Presidente americano Biden, durante l'incontro con il leader qatariota alla Casa Bianca nel febbraio 2022, ha dichiarato che i due Paesi condividono l'obiettivo di garantire la stabilità del mercato energetico globale. Propriamente globale, se si guarda all'espansione di QatarEnergy e agli investimenti effettuati in Brasile, Suriname, Angola, Sudafrica. È inoltre cosa nota la collaborazione tra QatarEnergy e la Exxon Mobil in Louisiana, Egitto e Cipro; altrettanto rilevante l'apertura di trattative insieme a Total ed Eni per l'esplorazione nelle acque libanesi, anch'esse promettenti per i giacimenti di GNL. L'ascesa del Qatar nel mercato energetico è stata favorita anche dalla mancanza di *competitors* adeguati: Libia e Iran, ad esempio, nonostante le importanti riserve energetiche, hanno una situazione politica-securitaria che non permette il loro sfruttamento; Algeria e Nigeria per il minore volume di energia ivi presente.

Nonostante l'ascesa economica e politica dell'emirato derivi grandemente dal GNL, il Qatar è pienamente consapevole che, nel lungo periodo, tale fornitura energetica sarà sempre meno richiesta a causa della transizione ecologica e dell'impiego di risorse sempre più *green*. Anche se le previsioni contemplano un boom della domanda di GNL tra il 2030 e il 2050, la monarchia del Golfo ha posto tra le sue priorità strategiche l'investimento in rinnovabili, volte al consumo interno e all'esportazione. Il piano di sviluppo del Qatar, contenuto all'interno del programma *"Vision 2030"*, elaborato nel 2008 dall'allora emiro Hamad bin Khalifa al-Thani, prevede la trasformazione dell'emirato in una società avanzata e sostenibile entro il 2030. Tra i quattro pilastri su cui si fonderà il nuovo e moderno Qatar, vi è proprio quello dello "sviluppo ambientale", basato sul principio dell'armonia tra crescita economica, sviluppo sociale e protezione dell'ambiente.

In questa direzione vanno gli investimenti in energia solare, risorsa più ovvia nell'area desertica del Golfo. L'enorme progetto di Al Kharsaah, centrale elettrica a energia solare, attualmente fornisce al Qatar il 10% del suo fabbisogno energetico (Total Energies, 2022). La centrale, situata a 80 km a ovest della capitale, equipaggiata con moduli solari bifacciali semitagliati ad alta efficienza, produrrà 800 MW di energia nei prossimi anni, riducendo enormemente l'impronta ambientale del Paese. L'impiego della tecnologia *Carbon Capture and Storage (CCS)* permetterà invece di ridurre le emissioni di CO2 derivanti dal GNL, e, in base ad un progetto della QatarEnergy, raccoglierà 11 milioni di tonnellate di CO2 all'anno entro il 2035.

L'idrogeno blu è considerata la nuova frontiera della transizione energetica, in quanto garantisce un taglio delle emissioni collaterali ed è inscritto all'interno del mix energetico sostenibile. La compagnia energetica qatariota e la Qatar Fertilizer Company hanno sottoscritto a settembre 2022 un accordo per dare vita al progetto Ammonia-7 (Perumal, 2022), allo scopo di costruire il più grande impianto di ammoniaca blu a livello internazionale; l'impianto avrà una capacità produttiva di 1,2 milioni di tonnellate l'anno e verrà avviato a partire dal 2026. La sfida sarà riuscire a produrre idrogeno blu e, un'altra fonte sostenibile, cioè l'idrogeno verde – che a differenza del primo, deriva da fonti "pulite" come eolico, solare o idroelettrico – a costi competitivi per il mercato globale. Infatti, il costo di produzione dell'idrogeno blu è pari al doppio di quello per il GNL e quello dell'idrogeno verde è pari al triplo.

Se il Qatar saprà utilizzare sapientemente le sue rendite, anche il settore delle energie sostenibili sarà di enorme interesse per il mercato internazionale. Alla luce di queste previsioni, la leadership del Paese del Golfo ha dunque deciso di diversificare le sue attività imprenditoriali, puntando su turismo, cultura, grandi eventi – come nel caso dei Mondiali 2022 – attingendo principalmente alle rendite provenienti dal GNL. Grazie a tale strategia, il Qatar dal 2020 è il Paese con il più elevato PIL nell'area MENA e più di due terzi del PIL provengono dal settore non energetico, merito anche della bassa imposizione fiscale per le aziende e numerosi incentivi al settore privato.

IV. Conclusioni

Il rinnovato ruolo dell'area MENA e, nello specifico, dei Paesi del Golfo nello scenario internazionale è frutto di variabili esogene ed endogene. Tra le prime il *disengagement* americano dalla regione ha spinto gli attori mediorientali a cercare attori esterni per dividere il costo della sicurezza, tra essi Cina e Russia. Tale strategia ha alla base un realismo politico di fondo, in cui più importanti risultano essere affari, diplomazia e soft power rispetto alle differenze e dinamiche interne e/o regionali. Questa nuova strategia politica è stata favorita anche dal peso assunto nel mercato energetico globale da parte dei Paesi del Golfo. A causa della ripresa post-pandemica e dell'invasione russa dell'Ucraina, è schizzata alle stelle la domanda energetica mondiale. All'interno del mercato energetico, specialmente di GNL, spicca il Qatar. La piccola monarchia del Golfo, grazie ai tre importanti fattori chiave sopra descritti, è riuscita ad emergere e a svincolarsi dal giogo dei suoi vicini territoriali, diventando una vera e propria media potenza regionale. La lungimirante leadership al potere ha investito appunto nella ricca industria del GNL, garantendo al Qatar l'indipendenza finanziaria di cui aveva bisogno per intraprendere una politica di *soft power* di stampo difensivo-offensivo. Lo shock del mercato energetico ha reso l'emiro un attore fondamentale per l'Unione europea in cerca di diversificare il proprio approvvigionamento nella critica fase della transizione energetica. Fase affrontata con una visione di lungo periodo anche dal Qatar stesso, il quale ha deciso di ridurre l'impatto della sua impronta ambientale attraverso la produzione di idrogeno blu e di sfruttare energie rinnovabili come solare o idrogeno verde. Grazie anche alla politica di alleanze regionali e internazionali intrapresa dal Qatar, il suo ruolo come hub energetico mondiale (di GNL, ma non solo) è sempre più prossimo a realizzarsi.

V.   **Fonti**

"Qatar: Recovery set to gain momentum in 2022", in *Allianz Country Report*, gennaio 2022, https://www.allianz.com/en/economic_research/publications/country-risk/qatar.html

Antwi-Boateng O., "The rise of Qatar as a soft power and the challenges", in *European Scientific Journal*, dicembre 2013,https://core.ac.uk/download/pdf/236410987.pdf

BTI Transformation Index, *Qatar Country Report 2022*, , https://bti-project.org/en/reports/country-report/QAT, consultato in data 11 gennaio 2023

Cafiero G., "The key trends shaping Gulf geopolitics in 2023", *The New Arab*, 28 dicembre 2022, https://www.newarab.com/analysis/key-trends-shaping-gulf-geopolitics-2023

CBAP, *The Saudi-Qatar Rift: Political Islam and Arab Media*, 18 gennaio 2021, https://cbap.cz/archiv/4631

"Turkey's love-in with Qatar – A marriage of convenience", Clingendael, Netherlands Institute of International Affairs, in *CRU Report*, Gennaio 2021

"Qatar National Vision 2030", General Secretariat For Development Planning, luglio 2008, https://www.gco.gov.qa/wp-content/uploads/2016/09/GCO-QNV-English.pdf

Gurjar S., "Geostrategic implications of China-Qatar energy deal", Deccan Herald, 23 novembre 2022, https://www.deccanherald.com/opinion/geostrategic-implications-of-china-qatar-energy-deal-1165002.html

Harb I. K., "A New Strategic Architecture Is Emerging in the Gulf", Arab Center Washington DC, 24 settembre 2021, https://arabcenterdc.org/resource/a-new-strategic-architecture-is-emerging-in-the-gulf/

Kawakibi S., "Qatar's Role in the Geopolitical Scenarios of the Middle East and North Africa", in *IEMed Mediterranean*

Yearbook 2022, Istituto europeo per il Mediterraneo, https://www.iemed.org/publication/qatars-role-in-the-geopolitical-scenarios-of-the-middle-east-and-north-africa/, 2022

Meloni M., "Qatar: dopo la Cina anche la Germania firma un accordo per la fornitura di gas", Eastwest.eu, 30 novembre 2022, https://eastwest.eu/it/qatar-accordo-gas-germania/

Perumal S. V., "World's largest blue ammonia plant in Qatar to open by 2026", Gulf Times, 31 agosto 2022, https://www.gulf-times.com/story/723511/World-s-largest-blue-ammonia-plant-in-Qatar-to-open-by-2026

"Qatar, leading the way in Middle Eastern security", Sécurité & Défense Magazine, 25 maggio 2022, https://sd-magazine.com/?p=12165

Taneja K., "Qatar's Stakes in an Evolving West Asia", in *Issue No. 586 October 2022*, Observer Research Foundation, ottobre 2022

"An energy crisis and geopolitics are creating a new-look Gulf", The Economist, 22 settembre 2022, https://www.economist.com/leaders/2022/09/22/an-energy-crisis-and-geopolitics-are-creating-a-new-look-gulf

Total Energies, *Al Kharsaah, a pioneering solar power plant in Qatar*, scheda energetica, https://totalenergies.com/projects/renewables-electricity/al-kharsaah-pioneering-solar-power-plant-qatar, consultato il 10 gennaio 2023

Popolazione del Qatar, World Bank, https://datacommons.org/place/country/QAT?utm_medium=explore&mprop=count&popt=Person&hl=it, consultato il 5 febbraio 2023

Wright S., "Qatar's Energy Policy and the Transition Towards a Renewable and Carbon–Neutral Future", in *Sustanaible Qatar, Gulf Studies Book Series*, Volume 9, Capitolo 6, Ed. Springer, novembre 2022

Lo scontro tra Stati Uniti - Israele e Iran riaccende i riflettori sul Medioriente

Silvia Boltuc - Managing Director, SpecialEurasia

Abstract

La strategia estera statunitense si è a lungo concentrata sul Medio Oriente, vantando nell'Iran monarchico dello Shah Reza Pahlavi uno dei principali alleati di Stati Uniti ed Israele nel Golfo. Con la Rivoluzione Islamica del 1979 l'Iran ha visto la nascita di un governo di matrice islamica e sotto la guida dell'Ayatollah Khomeini Stati Uniti ed Israele sono divenuti i nemici giurati del Paese con cui Teheran ha ingaggiato una guerra ibrida attraverso i suoi *proxies* e una serie di reciproci attacchi informatici. L'esperienza nei contesti mediorientali è servita all'Iran per guadagnare una significativa leva geopolitica su aree chiave come gli stretti di Hormuz e Bab el-Mandeb e testare i propri armamenti bellici più avanzati. Mentre l'Europa tenta ancora di mantenere in vita i colloqui per un nuovo accordo nucleare iraniano, le recenti esercitazioni militari congiunte fra Stati Uniti ed Israele, le più grandi della storia dei due paesi, sembrano preannunciare la preparazione degli stessi ad uno scontro militare diretto con l'Iran.

Parole chiave: Iran, Israele, Stati Uniti, Medio Oriente, geopolitica, Iraq

Keywords: Iran, Israel, United States, Middle East, geopolitics, Iraq

I.   Introduzione

Il Medio Oriente è stato a lungo uno dei principali perni della geopolitica statunitense che poteva vantare nell'Iran della dinastia Pahlavi il maggiore alleato regionale. Se le grandi riserve di idrocarburi e la posizione geografica ne hanno fatto un target strategico delle politiche estere di attori internazionali, l'instabilità politica e le ostilità interne hanno rappresentato una delle sfide più complesse per lo sviluppo di rapporti, commerci ed investimenti duraturi.

I conflitti irrisolti fra gli stessi Stati arabi, fra l'Iran sciita e le monarchie sunnite, i movimenti separatisti delle minoranze etniche, l'estremismo religioso e la nascita di Israele sono le principali cause autoctone di questa instabilità, a cui si aggiungono le mire regionali di Russia, Stati Uniti, Israele, Turchia, Cina ed Europa.

Le dinamiche di interesse per questa analisi sono principalmente la percezione di un disimpegno statunitense in Medio Oriente, che vedremo non essere tale, e l'effetto domino innescato dal conflitto in Ucraina sull'intera regione.

Nel primo caso, un esempio di come il *Pivot to Asia* di Washington sia stato accolto come uno cambiamento delle priorità statunitensi verso aree diverse da quelle mediorientali è l'ampliamento dell'influenza cinese nella regione attraverso la firma di accordi commerciali a lungo termine con partner strategici come l'Oman e l'Iran. A tal proposito, nel gennaio del 2022 i ministri degli Esteri di Arabia Saudita, Kuwait, Oman e Bahrain ed il segretario generale del Consiglio di Cooperazione del Golfo (GCC) si sono recati a Pechino per concludere i negoziati sull'accordo *China-GCC Free Trade Agreement* (FTA). In questi incontri il principale argomento di conversazione, secondo le stesse fonti locali, è stato 'una cooperazione strategica più profonda in una regione in cui il dominio degli Stati Uniti stava mostrando segni di ritirata' (Lo e Ziwen 2022).

Per quanto concerne le conseguenze del conflitto in Ucraina sono tre gli aspetti principali da considerare: la crisi del grano, la necessità di approvvigionamenti di gas alternativi a quelli russi e l'instaurarsi/rafforzarsi di nuovi assi di alleanza. Per fornire qualche breve esempio a sostegno di queste argomentazioni possiamo citare come l'incontro tra il Primo Ministro del Kurdistan iracheno Masrour Barzani e la sua controparte inglese Boris Johnson, avvenuto per verificare se c'erano i presupposti per il trasporto del gas dall'Iraq settentrionale all'Europa attraverso la Turchia, ha causato nel nord del Paese l'intervento militare di Ankara, o come il supposto contributo iraniano al conflitto ucraino attraverso la fornitura di droni alla controparte russa abbia inasprito le posizioni del blocco occidentale su Teheran (Boltuc 2022b).

Benché le dinamiche che concorrono all'intricato tessuto mediorientale siano molteplici, non sarà di nostro interesse in questa analisi concentrarci sulla crisi energetica o umanitaria attuale, ad eccezione di quegli eventi che sono strumentali alla comprensione dello scontro fra gli attori oggetto di questa ricerca, come ad esempio le proteste popolari nella Repubblica Islamica dell'Iran. Le tesi che verranno presentate verteranno principalmente sull'inasprirsi delle posizioni dell'asse statunitense-israeliano nei confronti dell'Iran, inasprimento che potrebbe portare ad un nuovo conflitto in Medio Oriente. A tal proposito, è utile ripercorrere alcuni eventi cardine nella storia delle relazioni fra i paesi in esame che hanno concorso a creare le dinamiche attuali.

II.   Relazioni Stati Uniti/Israele - Iran tra passato e presente

La Repubblica Islamica dell'Iran è il secondo stato mediorientale per dimensioni dopo l'Arabia Saudita. Il Paese vanta una posizione geografica dall'alto valore strategico al centro del Golfo Persico, a metà strada fra gli emergenti mercati del sud-est asiatico e quelli russo-europei ed infine al centro dei corridoi di approvvigionamento energetico. Conscio della sua ottimale posizione geografica, l'Iran ha investito enormemente per potenziare le proprie infrastrutture affinché potessero posizionare il Paese come hub logistico di rilievo.

Guardando al passato, sotto il governo dello Shah Pahlavi Teheran aveva stretto forti rapporti di cooperazione sia con Tel Aviv che con Washington. Tra i diversi campi di collaborazione è interessante richiamare come a partire dal 1960 i consiglieri americani della CIA addestrarono il personale della Savak, la temutissima agenzia informativa e di sicurezza dello Shah. Il Mossad israeliano fornì assistenza nella formazione del personale destinato agli interrogatori e alla gestione delle operazioni di infiltrazione nei gruppi antimonarchici. L'Iran, infatti, si prestava geograficamente alle operazioni di spionaggio statunitensi rivolte all'Unione Sovietica, che fra le altre cose, si traduceva in stazioni di ascolto radio lungo il confine settentrionale (Marshall e Dale Scott 1987).

L'alleanza fra Washington e Teheran aveva assunto dimensioni tali che quando l'Iran sperimentò un tentativo democratico con il governo del Primo Ministro Mossadeq che avrebbe riconfigurato il Paese come uno stato sovrano privo di influenze coloniali, con un colpo di stato (*TPAJAX Project*) i servizi segreti statunitensi ed inglesi, che non potevano permettersi di perdere il loro vassallo in Medio Oriente, rovesciarono il governo e reinstaurarono la monarchia (Wu e Lanz 2019).

La Rivoluzione Islamica del 1979 ha ribaltato diametralmente le alleanze: quello che prima era il 'nemico comunista' oggi è un partner imprescindibile di Teheran, mentre Israele e gli Stati Uniti sono divenuti i principali nemici di stato. Gli Stati Uniti accusati di essere un potere imperialista che punta all'egemonia globale, Israele, Stato definito come 'usurpatore' che ha tolto la terra ai palestinesi e ha profanato uno dei tre luoghi sacri dell'Islam, *al-Ḥaram al-Sharīf*. Queste politiche, ben lontane dall'essere solo una strategia estera, divengono ideologia e sono parte dell'educazione del corpo militare islamico istituito su diretto ordine di Khomeini all'indomani della Rivoluzione.

Parte della percezione degli Stati Uniti come minaccia per il Paese deriva dall'appoggio che Washington diede all'Iraq di Saddam Hussein quando nel 1980 invase l'Iran nel suo momento più delicato, iniziando una guerra di 8 anni che supererà il milione di morti e metterà in ginocchio il Paese (Encyclopedia Britannica 2022). La guerra Iran-Iraq (1980-1988) è entrata non solo nella narrativa politica, ma anche in quella ideologica giacché ancora una volta ad essere sotto attacco è stata la minoranza musulmana sciita, percezione su cui si costruirà parte della propaganda di reclutamento dei *proxies* in tutto il Medio Oriente. Uno degli esempi più rappresentativi di questa tendenza è indubbiamente la Brigata Zainebiyoun composta da pakistani sciiti reclutati principalmente in Iran e nel Khyber Pakhtunkhwa (regione nel nord-ovest del Pakistan), che ha raggruppato le milizie sciite pakistane con lo scopo di proteggere la Moschea di Sayyida Zaynab, nipote del Profeta Muhammad, ed altri siti sacri in Siria oggetto di attacchi missilistici da parte dello Stato Islamico (Tony Blair Institute for Global Change 2016).

Quello a cui si assiste oggi in Iran con le nuove generazioni è uno scollamento rispetto agli ideali rivoluzionari che hanno caratterizzato la generazione antecedente; lo strato più giovane della popolazione, infatti, non ha vissuto né la guerra con l'Iraq né il processo storico che hanno portato l'Iran dello Shah Pahlavi a rivoltarsi. È di rilievo sottolineare questo aspetto perché nello scontro non convenzionale fra gli Stati Uniti ed Israele da un lato e l'Iran dall'altro, parte delle pratiche di contrasto a Teheran da parte di Tel Aviv e Washington sono proprio quelle che favoriscono un cambio di regime attraverso l'utilizzo delle proteste interne che fanno leva sulle giovani generazioni, strategia che del resto è stata più volte utilizzata nei contesti mediorientali, vedasi le Primavere Arabe (Nixon 2011). Un esempio singolare di questa pratica è la fornitura da parte del Dipartimento del Tesoro degli Stati Uniti di un'ampia gamma di servizi internet disponibili per gli iraniani nonostante le sanzioni statunitensi sul Paese a seguito delle proteste scoppiate nel settembre 2022. I funzionari statunitensi hanno affermato che la mossa aiuterebbe gli iraniani ad accedere a strumenti che possono essere utilizzati per aggirare la sorveglianza e la censura statali. "Mentre i coraggiosi iraniani scendono in piazza per protestare contro la morte di Mahsa Amini, gli Stati Uniti stanno raddoppiando il loro sostegno al libero flusso di informazioni al popolo iraniano", ha detto il Vice Segretario al Tesoro degli Stati Uniti Wally Adeyemo (The Guardian 2022). Quello che in parte è un sostegno alla legittima lotta per la libertà di espressione di un popolo, assume un valore strategico se si paragona con la mancanza di intervento in condizioni similari rispetto alla Turchia che è parte della NATO. Nel 2014, infatti, la polizia turca disperse manifestazioni contro la controversa legge che rafforzava il controllo su internet varata dal parlamento su spinta del potere islamo-conservatore e difesa dal Primo Ministro Recep Tayyip Erdogan (L'Express 2014) e più volte il governo ha bloccato l'accesso alle piattaforme social, come nel febbraio 2023 a seguito delle lamentele sulla risposta di Ankara al terremoto che ha coinvolto Turchia e Siria (Hamdi Firat Buyuk 2023). Se questa disparità di intervento sottende un chiaro intento di procedere con politiche più incisive rispetto all'ottenimento della destituzione del governo dei clericali in Iran, politiche che passano anche attraverso *l'information warfare*, in campo militare il confronto è ormai apertamente dichiarato.

III.   Guerra ibrida

La tesi che questa analisi intende dimostrare è che gli Stati Uniti e Israele potrebbero ingaggiare una guerra con l'Iran. In realtà, l'assunto di partenza è già di per sé inesatto perché a ben vedere una guerra di natura non convenzionale fra questi attori è già in corso da anni. Il confronto fra i tre Stati ha tutti gli elementi caratterizzanti una guerra ibrida: scontri con *proxies* in territori extranazionali, attacchi cyber, tentativi di influenzare la politica interna della controparte perseguendo un cambio di governo.

Per quanto concerne i *proxies*, Iraq, Yemen, Siria, Libano e Palestina sono alcuni dei contesti mediorientali in cui si consuma la lotta fra le milizie sciite armate e addestrate dalle diverse falangi del Corpo delle Guardie Rivoluzionarie iraniane ed il blocco statunitense-israeliano. Va sottolineato che vi sono delle eccezioni all'omogeneità religiosa di questi gruppi che afferiscono all'Asse della Resistenza iraniana, un caso esemplare è Hamas in Palestina, movimento islamico sunnita, che proprio per questo tratto distintivo ha avuto rapporti altalenanti con il governo iraniano dei Mollà.

Di particolare rilievo è lo scontro in Yemen fra il gruppo di ribelli Huthi (al-Ḥūthiyyūn) e la coalizione a guida saudita che ha ricevuto armi, supporto logistico e di intelligence da Washington. La fornitura di armi statunitensi è molto discussa sia nel Paese che sui media internazionali. Iniziata nel 2015 sotto il governo Obama, l'attuale amministrazione statunitense sotto la leadership di Joe Biden aveva preannunciato una interruzione che, secondo diverse inchieste giornalistiche interne, non sarebbe avvenuta. Al di là del dramma umanitario a cui sia i ribelli che la coalizione a guida saudita hanno consegnato lo Yemen, il dato interessante ai fini di questa esposizione è il livello di difficoltà a cui gli Huthi hanno esposto la coalizione che vantava una netta superiorità militare (Amnesty International 2022).

Il gruppo a maggioranza sciita zaidita si è militarizzato nel 2000, lamentando l'emarginazione politica e socioeconomica da parte del governo yemenita. Benché abbiano mantenuto un certo grado di autonomia, i sedicenti Partigiani di Allah (*Anṣār Allāh*) si sono integrati nella resistenza armata iraniana e hanno sposato il modello della Rivoluzione Islamica iraniana come diritto a ribellarsi contro un governante ingiusto. Per cogliere la convergenza di politiche con Teheran si prenda in esame la bandiera che rappresenta gli Huthi e che recita in arabo: "Allah è il più grande, morte all'America, morte a Israele, maledizione sugli ebrei, vittoria per l'Islam" (Frantzman 2018). Va evidenziato che gli slogan e la lotta contro Israele e gli Stati Uniti non sono parte del gruppo sin dalla sua nascita, ma sono elementi subentrati con l'invasione dell'Iraq da parte degli Stati Uniti e di alcuni paesi europei nel 2003.

L'Iran ha colto nel gruppo la possibilità di insidiare i confini meridionali dell'Arabia Saudita e di espandere la propria influenza sul Mar Rosso (Jones et al. 2021). Sul profilo militare sono proprio gli armamenti iraniani trasferiti ai ribelli ad aver esteso il conflitto oltre i confini dello Yemen. Questo scontro ha rappresentato per Teheran la possibilità di testare sul campo i suoi missili balistici a lungo raggio ed i suoi droni (UAVs).

Infine, si può ravvisare in questo contesto uno schema perfettamente sovrapponibile ad altre aree mediorientali come quella siriana, ovvero il *modus operandi* iraniano per cui la Forza Quds (il corpo d'élite dei Pasdaran) e Hezbollah (movimento di resistenza sciita con sede in Libano) si occupino dell'addestramento dei *proxies*.

Se nello scenario iracheno vediamo gli Stati Uniti maggiormente attivi nel contrasto alle milizie iraniane che gravitano nell'orbita dell'Iran, in Siria è Israele che conduce le operazioni di contenimento. Negli ultimi anni sono stati diversi gli attacchi ai depositi di armi di Hezbollah e ai mezzi di trasporto che convogliano gli armamenti attraverso il Paese (Time News 2023).

Per quanto non sia intento di questa esposizione vagliare tutti i gruppi che operano sotto l'ombrello di Teheran è indispensabile capire come l'Iran utilizzi la medesima strategia, adeguata al singolo contesto, per reclutare, addestrare ed armare i suoi *proxies* contro i suoi nemici giurati.

In questo ambito sotto l'Amministrazione Trump gli Stati Uniti hanno registrato un successo considerevole con l'uccisione il 3 gennaio 2020 di Qassem Soleimani, comandante della Forza Quds, attraverso l'utilizzo di un drone mentre era in visita in Iraq per incontrare un rappresentante del governo iracheno (Al Jazeera 2020). Soleimani era considerato l'architetto della strategia estera iraniana e l'artefice del successo che l'Iran ha guadagnato in termini di influenza in tutto il Medio Oriente. L'uccisione è stata seguita da una serie di condanne da parte della comunità internazionale, in particolare da alcuni rappresentanti delle Nazioni Unite che hanno accusato Washington di aver violato il diritto internazionale e non aver fornito alcuna prova sostanziale contro Soleimani prima di procedere alla sua eliminazione fisica (BBC 2020). La conseguenza più significativa ai fini del conflitto, però, è stata la reazione in patria e nella comunità sciita internazionale; per quanto non manchino le voci dissonanti, in generale il risultato dell'omicidio è stato la creazione di un martire e l'ulteriore aggravarsi della percezione degli Stati Uniti come minaccia alla sicurezza dell'Iran.

Per poter analizzare gli eventi in modo bilanciato è doveroso anche menzionare che le milizie sciite, particolarmente quelle irachene, hanno avuto un ruolo di primo piano nella lotta allo Stato Islamico, pagando un alto tributo in termini di vittime, e che le politiche statunitensi e talvolta europee in Medio Oriente hanno avuto un effetto destabilizzante, preparando il terreno per l'emergere di ulteriori gruppi terroristici, e di creare una certa narrativa locale dell'Occidente come 'aggressore' aprendo così la strada alla propaganda che oggi accomuna queste milizie (Muir 2014).

Un altro tassello vitale del confronto fra Israele/Stati Uniti e Iran è la *cyber warfare*. A partire dal 2004 il governo israeliano ha ordinato alla sua agenzia di intelligence, il Mossad, di impedire all'Iran di ottenere armi nucleari. Assieme all'eliminazione fisica di diversi scienziati iraniani accusati di lavorare al programma nucleare di Teheran, il più importante dei quali è stato Mohsen Fakhrizadeh, padre del programma nucleare iraniano ucciso in un agguato mentre era in auto con la moglie da una mitragliatrice potenziata e telecomandata, Israele ha condotto e ricevuto una serie di attacchi informatici al settore pubblico e privato, nonché ad importanti infrastrutture (Bergman e Fassihi 2021). Il più rilevante è senza dubbio l'attacco condotto da Tel Aviv che ha portato al danneggiamento delle centrifughe nel sito nucleare iraniano di Natanz attraverso il virus informatico di produzione statunitense *Stuxnet* (Corera 2021). Gli attacchi cyber iraniani, invece, si sono concentrati particolarmente sul settore privato e pubblico israeliano, portando al furto ed alla messa in rete di dati riservati sia dei rappresentati del governo che dei cittadini.

Infine, va menzionato lo scontro in ambito marittimo. La politica degli Stati Uniti nei confronti dell'Iran, infatti, oltre ad includere sanzioni e forniture di armi ai partner regionali, comprende anche due missioni marittime nel Golfo Persico: la *Combined Maritime Forces (CMF)*, una coalizione di 34 nazioni focalizzata sulla sconfitta del terrorismo e sulla prevenzione della pirateria e *l'International Maritime Security Construct (IMSC)*, una coalizione di dieci paesi focalizzata sulle rotte marittime, fornendo sorveglianza e pattugliamento nello Stretto di Hormuz e di Bab el-Mandeb.

Gli attacchi iraniani negli ultimi anni si sono rivolti a navi cargo e petroliere, lasciando alcune di esse fortemente danneggiate. Queste aree marittime sono vitali per il commercio internazionale, in particolare lo Stretto di Hormuz, che costituisce l'unico accesso all'oceano per i paesi che affacciano sul Golfo Persico e attraverso il quale passa un terzo del commercio di gas naturale mondiale e un quarto di quello di petrolio. L'Iran è riuscito ad assicurarsi de facto un forte controllo sullo Stretto utilizzato per far leva sugli attori internazionali 'ostili' (Boltuc 2021).

Secondo una società di intelligence marittima statunitense, il sequestro delle navi sarebbe 'la risposta iraniana a pressioni esterne, conflitti economici e altre presunte recriminazioni. Teheran prenderebbe di mira navi direttamente collegate a controversie in corso e navi che operano nello "spazio grigio" della legittimità, che potrebbero essere coinvolte in traffici illeciti'.

Così come il massiccio armamento degli Huthi in Yemen avvenuto sotto la campagna di *maximum pressure* del Presidente statunitense Donald Trump ha evidenziato i limiti dell'embargo all'Iran, tendenza a cui si sta assistendo anche nel conflitto in Ucraina dove Kiev avrebbe trovato dei droni iraniani con componenti statunitensi di ultima generazione, anche nel caso dello scontro marittimo è di primaria rilevanza lo spionaggio tecnologico (Starr e Liebermann 2022). È pratica ormai consolidata, infatti, catturare droni marini statunitensi, non solo banalmente per distruggerli, ma anche nella speranza di decodificare la tecnologia. Proteggere il proprio *know-how* è obiettivo anche di Teheran; L'Iran avrebbe scelto di non consegnare alcuni modelli di droni alla parte russa impiegata nel conflitto in Ucraina per evitare il rischio che le intelligence occidentale vi entrino in possesso e possano studiare i loro armamenti più all'avanguardia.

IV.   Il mancato accordo sul nucleare iraniano

Nell'Aprile 2021 l'Iran, il P5+1 (i cinque membri permanenti del Consiglio di sicurezza delle Nazioni Unite - Cina, Francia, Russia, Regno Unito, Stati Uniti - più la Germania) e l'Unione Europea, avevano ripreso i colloqui sul *Joint Comprehensive Plan of Action (JCPOA)*.

Nell'agosto 2022, dopo estenuanti trattative la sigla di un nuovo accordo sul nucleare sembrava ormai cosa fatta. Teheran, infatti, aveva compiuto un passo notevole rinunciando alla clausola che il Corpo delle Guardie

Rivoluzionarie Islamiche venissero rimosso dalla lista dei terroristi statunitensi, dove Trump le aveva inserite nel 2019 dopo che gli Stati Uniti avevano abbandonato unilateralmente il precedente accordo sul nucleare nel 2018. Inoltre, Teheran aveva fatto importanti concessioni anche sull'indagine dell'Agenzia Internazionale per l'Energia Atomica (AIEA).

Se nella primavera del 2022 il Presidente statunitense Joe Biden aveva ragionato sull'eventualità di rimuovere i pasdaran dalla lista dei terroristi, secondo quanto riportato dai media internazionali, sarebbero state le pressioni israeliane ad impedire che questo avvenisse (Haeck 2022). Sia l'allora Primo Ministro israeliano Yair Lapid che quello attuale, Benjamin Netanyahu, hanno infatti fatto della lotta all'accordo la loro battaglia politica (Toosi 2022).

La firma si è altresì bloccata sulle questioni in sospeso relative alle sanzioni e alle garanzie che Washington è in grado di offrire. Nello specifico, l'Iran ha reiteratamente chiesto di poter raccogliere i benefici economici di un accordo ripristinato e poter risollevare la propria economia. La presidenza Biden ha espresso la sua indisponibilità a garantire un simile risultato al punto che successivamente l'Iran si è visto imporre nuove sanzioni (Al Jazeera 2022). In questo quadro diversi attori europei si sono detti indispettiti di questa sferzata quando il patto sembrava ad un passo dall'essere concluso. Benché in seguito alle proteste popolari iraniane scoppiate nel settembre 2022 Bruxelles abbia approvato una mozione non vincolante che chiedeva di designare le Guardie Rivoluzionarie come organizzazione terroristica, tuttavia, negli incontri successivi, invece di inserire nella lista nera la forza d'élite iraniana, ha preferito imporre sanzioni a individui ed entità, tradendo il desiderio di lasciare uno spiraglio aperto per la ripresa dei colloqui sul nucleare.

V.   Conclusione

La Rivoluzione Islamica del 1979 in Iran ha rappresentato un punto di svolta nelle politiche estere del Paese e nelle sue alleanze. Se l'Iran monarchico vantava importanti collaborazioni con Israele e Stati Uniti, non ultime quelle sul contenimento della Russia sovietica, l'Iran post-Rivoluzione ha invertito la rotta, facendo di Tel Aviv e Washington i nemici giurati della Repubblica Islamica e di Mosca un alleato fedele.

Le tesi esposte in questa analisi, ben lontane dal presentare esaustivamente tutte le cause che hanno concorso alle attuali dinamiche in atto fra gli attori presi in esame, portano a presuppore l'eventualità di uno scontro militare diretto fra Stati Uniti e Israele da un lato e l'Iran dall'altro, scontro che allargherebbe il fronte di una guerra ibrida in atto già da diverse decadi.

La brusca inversione di marcia degli Stati Uniti, attribuita a pressioni israeliane, rispetto ai colloqui di Vienna per la sigla di un nuovo accordo sul nucleare iraniano suggeriscono un cambio di programma rispetto al dossier Iran. Sotto l'amministrazione Biden, complice anche il *Pivot to Asia* della politica statunitense, la strategia di Washington in Medio Oriente è stata piuttosto altalenante: si è assistito ad un generale disimpegno di truppe statunitensi con l'eccezione dei corpi di addestramento e delle missioni marittime e si sono registrati diversi incidenti con l'alleato storico saudita a causa, fra le altre cose, del caso Khashoggi.

Recenti eventi, fra cui le affermazioni di Biden mentre l'Europa è ancora in piena contrattazione con Teheran secondo cui "l'accordo sul nucleare è morto", tradiscono l'intento prioritario di contrastare la Repubblica Islamica dell'Iran (Euronews 2022). A conferma di questa tesi possono anche essere citate le parole del 13 gennaio 2023 del Tenente Generale Aviv Kochavi, il Capo di Stato Maggiore israeliano uscente, che ha delineato i piani di Tel Aviv per attaccare l'Iran (Iran International Newsroom 2023).

Israele e Stati Uniti hanno inoltre appena concluso la più grande esercitazione congiunta della storia dei due paesi, *Juniper Oak 2023*, che ha coinvolto 6.400 soldati statunitensi, 1.500 soldati israeliani e oltre 140 aerei, 12 navi militari e sistemi di artiglieria di entrambe le nazioni.

Va sottolineato che gli F-35 israeliani sarebbero penetrati ripetutamente nello spazio aereo iraniano già durante precedenti esercitazioni di guerra, e le Forze di Difesa Israeliane (IDF) avrebbero effettuato esercitazioni segrete congiunte con gli Stati Uniti sul Mar Rosso, simulando un attacco all'Iran ed il sequestro di navi da guerra iraniane (Fabian 2023).

In conclusione, l'espansione dell'influenza iraniana in tutto il Medio Oriente ha portato Israele e Stati Uniti a rinsaldare la cooperazione militare per contrastare Teheran ed il suo programma nucleare. Va sottolineato che effettivamente sono diversi gli attori regionali che hanno sviluppato un proprio programma nucleare e sono in possesso di armamenti di questa natura: India, Pakistan, Arabia Saudita e la stessa Israele. Come il Presidente Trump ebbe a sottolineare rispetto al programma nucleare saudita, è difficile chiedere ad un paese di non ricorrere al nucleare quando tutti gli stati limitrofi ne sono già in possesso (Boltuc 2022a).

Controverso è anche il ruolo dei *proxies* iraniani: se da un lato le milizie sciiti armate ed addestrate da Teheran hanno avuto e hanno tuttora un importante ruolo nella lotta al terrorismo e benché le Nazioni Unite abbiano condannato l'eliminazione arbitraria da parte degli Stati Uniti dei suoi esponenti come nel caso di Qassem Soleimani, per Washington e Tel Aviv questi stessi attori sono individuati come una minaccia diretta ai rispettivi paesi.

L'insieme di questi eventi, il sostegno alle proteste popolari iraniane e la peculiare politica che Israele e Stati Uniti stanno conducendo in Iraq delineano un quadro di aperto contrasto al governo Raisi ed al suo braccio armato che potrebbe sfociare in un nuovo conflitto in Medio Oriente.

VI.   Fonti

"A senior security official: "Iran may take advantage of the situation to transfer weapons", Time News, 10 febbraio 2023. https://time.news/a-senior-security-official-iran-may-take-advantage-of-the-situation-to-transfer-weapons/.

Bergman, R. e Fassihi, F., "The Scientist and the A.I.-Assisted, Remote-Control Killing Machine", The New York Times, 18 settembre, 2021. https://www.nytimes.com/2021/09/18/world/middleeast/iran-nuclear-fakhrizadeh-assassination-israel.html.

Boltuc, S., "The Goreh-Jask Oil Pipeline in the Iranian Geopolitical Chessboard", The Defence Horizon Journal, 2021. https://www.thedefencehorizon.org/post/the-goreh-jask-oil-pipeline-in-the-iranian-geopolitical-chessboard.

Buyuk, H., "Turkey Blocks Twitter After Public Criticism of Quake Response", Balkan Insight, febbraio 2023. https://balkaninsight.com/2023/02/08/turkey-blocks-twitter-after-public-criticism-of-quake-response/.

Corera, G., "Iran nuclear attack: Mystery surrounds nuclear sabotage at Natanz", BBC, 12 aprile, 2021. https://www.bbc.com/news/world-middle-east-56722181.

Fabian, E., "Israel, US wrap up largest-ever joint drill in message to Iran", The Times of Israel, 26 gennaio, 2023. https://www.timesofisrael.com/israel-us-wrap-up-largest-ever-joint-drill-in-message-to-iran/.

Frantzman, S., "Curse the Jews,' Yemen's Houthi rebel slogan handed out at university", The Jerusalem Post, 10 ottobre, 2018. https://www.jpost.com/middle-east/curse-the-jews-yemens-houthi-rebel-slogan-handed-out-at-university-569074.

"Geopolitica del programma nucleare dell'Arabia Saudita", CeSEM - Centro Studi Eurasia e Mediterraneo, 2022. http://www.cese-m.eu/cesem/2022/05/geopolitica-del-programma-nucleare-dellarabia-saudita/.

Haeck, P., "Iran drops 'red line' IRGC demand for nuclear deal: Report", POLITICO. 2022.
https://www.politico.eu/article/iran-drops-red-line-demand-for-a-nuclear-deal-report/.

"Iran-Iraq War", Encyclopedia Britannica, 29 novembre, 2022.
https://www.britannica.com/event/Iran-Iraq-War.

"Iran nuclear deal is "dead", claims US President Joe Biden", Euronews, 20 dicembre, 2022.
https://www.euronews.com/2022/12/20/iran-nuclear-deal-is-dead-claims-us-president-joe-biden.

"Iran's Qassem Soleimani killed in US air raid at Baghdad airport", Al Jazeera, 3 gennaio, 2020.
https://www.aljazeera.com/news/2020/1/3/irans-qassem-soleimani-killed-in-us-air-raid-at-baghdad-airport.

"ISIS Attack on Damascus Shia Shrine Opens Deep Wounds». Institute for Global Change", Tony Blair
Institute for Global Change, febbraio 2016.
https://institute.global/policy/isis-attack-damascus-shia-shrine-opens-deep-wounds.

Jones, S., Thompson, J., et al, "The Iranian and Houthi War against Saudi Arabia", CSIS, 21 dicembre 2021.
https://csis-website-prod.s3.amazonaws.com/s3fs-public/publication/211221_Jones_IranianHouthi_SaudiArabia.pdf?VersionId=fn1d98tAhj7yOUr.IncppMueLOC4kv83.

Lawrence, W. e Lanz, M., "How The CIA Overthrew Iran's Democracy In 4 Days", NPR. 7 febbraio 2019.
https://www.npr.org/2019/01/31/690363402/how-the-cia-overthrew-irans-democracy-in-four-days.

"Leaving His Post, Top Israeli General Speaks Of 'Targeting' Iran", Iran International Newsroom, 13
gennaio 2023. https://www.iranintl.com/en/202301139165.

Lo, K. e Ziwen, Z. "China's meetings with Middle East ministers sets the scene for Beijing to step up in region", South China Morning Post, 2022.
https://www.scmp.com/news/china/diplomacy/article/3163143/chinas-meetings-middle-east-ministers-sets-sc

ene-beijing-step.

Marshall, J., e P. Dale Scott. 1987. *The Iran - Contra Connection: Secret Teams and Covert Operations in Reagan Era*. Boston: South End Press.

Muir, J., "Iraq crisis: Islamic State accused of ethnic cleansing - BBC News", BBC, 2 settembre, 2014.
https://www.bbc.com/news/world-middle-east-29026491.

Nixon, R., "U.S. Groups Helped Nurture Arab Uprisings", The New York Times, 14 aprile, 2011.
https://www.nytimes.com/2011/04/15/world/15aid.html.

"Qasem Soleimani: US strike on Iran general was unlawful, UN expert says", BBC, 9 luglio, 2020.
https://www.bbc.com/news/world-middle-east-53345885.

Starr, B., e Liebermann, O. "Iranian Navy seized 2 US Navy maritime drones on Thursday", CNN, 2 settembre, 2022.
https://edition.cnn.com/2022/09/02/politics/iran-navy-us-maritime-drones/index.html.

Toosi, N. "Israelis press U.S. not to rejoin Iran nuclear deal" POLITICO, 23 agosto, 2022.
https://www.politico.com/news/2022/08/23/israelis-u-s-iran-nuclear-deal-00053363.

"Turkey started a military operation in northern Iraq in connection with gas pipelines", SpecialEurasia, 2022.
https://www.specialeurasia.com/2022/04/21/turkey-iraq-military-operation/.

"Turquie: la police disperse une manifestation pro-Internet", L'Express, 2014.
https://www.lexpress.fr/monde/turquie-la-police-disperse-une-manifestation-pro-internet_1321761.html.

"US to expand internet access to help Iranians evade state surveillance", The Guardian, 2022.
https://www.theguardian.com/world/2022/sep/23/us-iranians-internet-state-surveillance-protests-mahsa-amini.

"With new sanctions, US vows to 'severely restrict' Iran oil sales", Al Jazeera, 29 settembre, 2022.
https://www.aljazeera.com/news/2022/9/29/with-new-sanctions-us-vows-to-severely-restrict-iran-oil-sales.

"Yemen: US-made weapon used in air strike that killed scores in escalation of Saudi-led coalition attacks",
Amnesty International, 26 gennaio, 2022.
https://www.amnesty.org/en/latest/news/2022/01/yemen-us-made-weapon-used-in-air-strike-that-killed-score
s-in-escalation-of-saudi-led-coalition-attacks/.

Asia-Pacifico

India: la democrazia più grande del mondo è sempre meno democratica

Giorgio Giardino - Autore, Mondo Internazionale Post "Diritti Umani"

Abstract

L'India è un Paese sempre meno democratico: è questo quello che mostrano gli indici di alcuni dei principali istituti impegnati nel monitorare lo stato della democrazia nel mondo. Osservando lo stato delle istituzioni indiane, la crescente violenza nei confronti della minoranza musulmana e la sempre minore libertà di stampa, il processo di involuzione democratica sembra essere chiaro. Secondo diversi osservatori il principale artefice di questo declino sarebbe Narendra Modi, Primo Ministro dal 2014 e leader del partito nazionalista BJP. Gli effetti di questo cambiamento sono dunque ben visibili nella società indiana, ma le conseguenze potrebbero propagarsi anche a livello internazionale, in un momento in cui l'India si candida a diventare la quarta economia mondiale e punta ad avere un ruolo di primo piano mostrandosi come alternativa di sviluppo rispetto alla Cina. Sono dunque diversi i motivi che spingono a concentrarsi su Nuova Delhi e a comprendere le cause e le possibili prospettive di questo percorso, dal quale potrebbero dipendere i futuri equilibri mondiali.

Parole chiave: India, democrazia, Modi, diritti

Keywords: India, democracy, Modi, rights

I. La figura di Narendra Modi e il sistema istituzionale indiano

La più grande democrazia del mondo. È così che spesso viene definita l'India, secondo Stato più popoloso al mondo, con circa 1 miliardo e 412 mila abitanti. Eppure, molto è cambiato nel corso degli ultimi anni. Per la prima volta dal 1990 infatti il report di Freedom House del 2021, il cui giudizio è stato confermato anche per il 2022, ha modificato la propria valutazione sul regime politico indiano, da "Free" a "Partly Free" (Freedom House, 2022). A segnalare il declino avvenuto nella democrazia indiana ci sono anche altri istituti internazionali, come quello svedese Varieties of democracy e l'Economist Intelligence Unit. Gli indici sviluppati da queste organizzazioni sembrano indicare un qualcosa che i principali osservatori affermano da tempo: la democrazia più grande del mondo è in realtà sempre meno democratica. Ci si potrebbe opporre a questo giudizio affermando che in India sono presenti libere elezioni e i cittadini hanno la possibilità di scegliere fra varie proposte elettorali, ma questo non basta a rendere uno stato democratico. Serve che il potere giudiziario sia libero e indipendente da quello esecutivo, serve una stampa libera da qualsiasi condizionamento e che le persone possano esprimere il proprio pensiero senza il rischio di incorrere in censure, ed è necessario che sia presente un sistema istituzionale capace di assicurare i diritti fondamentali a tutti i cittadini, compresi quelli appartenenti alle minoranze. Questi elementi fondanti di un regime politico democratico stanno venendo a mancare in India.

Nuova Delhi è destinata a diventare un colosso sempre meno democratico? Si tratta di una tendenza che può essere invertita? Sono domande centrali non solo per il futuro dell'India, ma anche per gli equilibri mondiali. In un momento in cui il Paese si candida a diventare la quarta economia mondiale entro il 2027, superando la Germania, e punta ad avere un ruolo di primo piano mostrandosi come alternativa credibile di sviluppo rispetto alla Cina, è impossibile non tenere in considerazione gli sviluppi interni (Pant, 2022). E per comprenderli appieno è utile partire dall'uomo che secondo molti ha giocato un ruolo centrale nell'involuzione democratica indiana: Narendra Modi. È infatti a partire dal 2014, anno della sua ascesa al potere, che l'India ha accelerato questo processo. Si tratta di un personaggio carismatico, capace di attrarre intorno a sé un elevato consenso popolare puntando fortemente sul tema identitario, da sempre centrale nella società indiana, aumentando la tensione religiosa nel Paese. Modi è infatti il leader del Bharatiya Janata Party - traducibile come Partito del Popolo Indiano, d'ora in poi semplicemente BJP -, partito fondato nel 1980 e promotore dell'*Hindutva*, ovvero un'ideologia politica nata negli anni '20 che mira a stabilire la supremazia degli Hindu e dell'Induismo all'interno del Paese (Ellis-Petersen, 2022). Come vedremo successivamente, ciò ha comportato conseguenze principalmente per la minoranza musulmana del Paese.

Modi può essere definito un leader populista e nazionalista che nel 2014 è stato in grado di intercettare quel crescente sentimento, presente maggiormente nella classe media urbana, che aspirava ad avere un "uomo forte" al potere capace di portare un maggiore sviluppo economico (Price, 2022). Queste caratteristiche hanno portato spesso a comparare la sua figura con quella di altri leader, facenti anche loro parte dell'ondata populista a cui abbiamo assistito nel corso degli ultimi anni, come Donald Trump e Jair Bolsonaro. Secondo il noto storico e intellettuale indiano Ramachandra Guha, conosciuto anche per essere stato il biografo di Gandhi, esistono però degli elementi che differenziano Modi da personaggi di questo tipo. Fra di esse vi è l'esperienza maturata durante la carriere politica, in quanto il Primo Ministro indiano è un politico di lungo corso: da giovane ha fatto parte del movimento paramilitare di estrema destra Rashtriya Swayamsevak Sangh (RSS), mentre dal 2001 al 2014 è stato Primo Ministro a capo del Gujarat, lo stato federale indiano in cui è nato. E proprio questa sua grande esperienza sarebbe uno degli elementi alla base del suo successo politico. Secondo Guha, le figure a cui sarebbe più corretto paragonare Modi sarebbero quella del presidente turco Erdogan o del presidente russo Putin. Ed anzi, sempre a parere dell'intellettuale, il primo ministro indiano avrebbe portato a termine un lavoro molto più complesso rispetto a quello dei due leader autoritari citati, che sono riusciti a consolidare il loro potere in Paesi con istituzioni più deboli e meno sviluppate in senso democratico rispetto a quelle presenti in India (Agrawal, 2022). È infatti vero che il sistema istituzionale indiano è stato finora in grado di assicurare stabilità e garantire il mantenimento della democrazia, con la sola breve parentesi dello stato di emergenza dichiarato dal 1975 al 1977 da Indira Gandhi. All'epoca, dopo essere stata condannata per brogli elettorali, la prima ministra, che era riuscita a concentrare molti poteri nel governo centrale, rispose alle crescenti critiche proprio tramite la dichiarazione dello stato di emergenza e la conseguente sospensione di alcune libertà fondamentali (Price, 2022)

Il sistema istituzionale indiano, infatti, come delineato a partire dalla Costituzione approvata nel 1950, è stato costruito sul modello del Regno Unito, che fino all'indipendenza raggiunta nel 1947 era la potenza colonizzatrice del Paese. Ciò aveva fatto sì che si venisse a creare un sistema caratterizzato dal controllo da parte del Parlamento, composto da due camere -Rajya Sabha e Lok Sabha-, sul potere esecutivo rappresentato dal primo ministro, nominato dal Presidente della Repubblica sulla base del risultato elettorale. Un quadro, dunque, teoricamente solido che ha però alcune debolezze rilevanti. Nel 1985 venne infatti approvato un emendamento costituzionale, noto come "anti-defection law", che aveva l'obiettivo primario di combattere le defezioni da parte dei parlamentari e gli scandali legati alla corruzione. L'emendamento prevede dunque che i parlamentari che votano in maniera differente rispetto ai capigruppo possono essere rimossi dal loro ruolo, minando di fatto l'indipendenza dei singoli legislatori e ribaltando la logica che prevedeva il potere esecutivo sotto il controllo di quello parlamentare. Si tratta di un cambiamento tale da spingere a definire il sistema indiano come presidenziale con alcune caratteristiche parlamentari (Khosla, Vaishnav, 2021). Questo perché le discussioni in Parlamento hanno perso di funzionalità, in quanto i risultati delle consultazioni sono predeterminati all'interno dei singoli partiti.

Sempre con riferimento ai partiti, che, come si è visto, sono divenuti nel corso del tempo detentori di un sempre maggior potere, vi è stato un ulteriore cambiamento che, come mostrano i dati, ha avvantaggiato in particolar modo il BJP. Si tratta della riforma del sistema del finanziamento ai partiti introdotta nel 2018. Dipinta come una misura volta a contrastare i sistemi illeciti di finanziamento, ha invece diminuito notevolmente la trasparenza intorno al mondo politico. Si tratta del sistema degli "electorale bonds", in cui individui e società possono donare ai partiti tramite l'acquisto di obbligazioni al portatore, ovvero quei titoli obbligazionari che non risultano intestati ad alcun soggetto, in maniera illimitata (Khosla, Vaishnav, 2021). Ciò permette di mantenere l'anonimato da parte dei donatori, e l'unico dato a disposizione è l'ammontare totale raccolto dai singoli partiti.

Nel 2020 il BJP ha dichiarato 655 milioni di dollari raccolti, superando gli incassi di tutti e 51 partiti del panorama politico indiano (Economist, 2022). A questa graduale evoluzione del ramo legislativo, che ha di fatto comportato un sempre maggior accentramento del potere nelle mani del BJP ed in ultima istanza in quelle del Primo Ministro Modi, si aggiunge poi un altro elemento che ha destabilizzato ulteriormente la democrazia indiana: la crescente debolezza e minor indipendenza dell'apparato giudiziario. Se infatti i tribunali continuano ad evitare di prendere decisioni su questioni costituzionali rilevanti, come ad esempio proprio il nuovo sistema di finanziamento ai partiti, continuano ad esserci invece sentenze vicine alle posizioni del governo (Khosla, Vaishnav, 2021). Questo atteggiamento da parte degli apparati del sistema giudiziario indiano sembra poter essere spiegato principalmente come un tentativo di autoconservazione dinanzi ad una sempre maggiore assertività da parte dell'esecutivo. Una spiegazione che assume maggior senso se si tiene conto che i poteri formali in mano alle corti del Paese sono rimasti rilevanti. Questa graduale erosione delle istituzioni democratiche, con un Parlamento sempre meno capace di svolgere il proprio compito di controllo ed un sistema giudiziario impegnato a salvaguardare sé stesso, è stato accompagnato da una forte retorica nazionalista e da un attacco sempre più esplicito nei confronti delle minoranze presenti nel Paese, in particolare quella musulmana.

II. Violenza e discriminazione verso i musulmani indiani

L'ascesa di Modi è stata caratterizzata da un forte ricorso al tema identitario, che in ultima istanza ha significato, come anticipato in precedenza, un deciso aumento della tensione religiosa che, fin dalla sua nascita, ha caratterizzato l'India. A pagarne il prezzo è stata principalmente la minoranza musulmana, che rappresenta circa il 14% della popolazione, e che a partire dal 2014 ha iniziato a vivere in un clima di odio crescente. Già prima di divenire primo ministro, questo atteggiamento di Modi nei confronti dei musulmani era ben visibile. Il caso più eclatante in questo senso è quello avvenuto nel 2022, quando allora ricopriva la carica di Primo Ministro nello stato del Gujarat. Nel febbraio di quell'anno, a seguito della morte di 59 pellegrini Hindu avvenuta a causa di un incendio appiccato nel treno che li stava trasportando, scoppiarono una serie di rivolte che portarono alla morte di più di mille musulmani. Modi in quel caso fu accusato di non aver adottato le misure necessarie ad evitare la strage, ed anzi di esserne in parte complice (Mashal et al, 2022). Dalla vittoria del suo primo mandato a capo del governo centrale è dunque iniziata una normalizzazione dei discorsi d'odio nei confronti di questa minoranza, testimoniata anche dall'ascesa nello scenario politico nazionale di alcuni gruppi estremisti come l'Hindu Mahasabham, il più antico partito indiano nato nel 1907. L'organizzazione, di cui non è noto il numero esatto di membri, è nota per avere forti posizioni anti-musulmane ed in varie occasioni i leader hanno invitato ad utilizzare la violenza nei confronti della minoranza. La vicinanza di Modi a questo gruppo è stata dimostrata in varie occasioni, come quando nel maggio scorso ha deciso di ricordare e omaggiare uno degli storici leader, Veer Savarkar (Mogul e Gupta, 2022). Ma il clima d'odio crescente non è solo testimoniato da questi elementi, quanto da alcune misure legislative discriminatorie. Fra di esse vi è stata la decisione del 5 agosto 2019, quando il governo indiano ha revocato l'autonomia costituzionale fino ad allora concessa a due Stati a maggioranza musulmana, ovvero Kashmir e Jammu, rendendoli due territori governati a livello federale. La volontà dichiarata del governo era quella di riuscire ad aumentare la sicurezza nella regione, da sempre oggetto di contesa con il Pakistan e centro di violenti scontri, ed allo stesso tempo consentire una piena integrazione, mai realmente avvenuta, con il resto del Paese. Il risultato è stato però l'opposto: l'insicurezza e la violenza sono aumentati in maniera considerevole (Mangiarotti, 2022). Insieme ad esse, nella regione sono aumentati i casi di violazione dei diritti umani, come arresti arbitrari nei confronti di esponenti della società civile e giornalisti ed anche omicidi da parte delle forze di polizia indiane (HRW, 2022). Un'altra decisione che riflette la crescente discriminazione nei confronti della minoranza musulmana indiana è quella presa nel dicembre del 2019, con l'approvazione del Citizenship Amendament Bill. Attraverso questo emendamento, nonostante la Costituzione preveda che non vi siano discriminazioni in base al credo religioso, si stabilisce un percorso accelerato per buddisti, cristiani, hindu, ebrei, parsi e sikh provenienti da Afghanistan, Bangladesh e Pakistan per ottenere la cittadinanza. L'approvazione della norma ha generato delle proteste, che però sono sfociate nella violenza a causa degli scontri fra i manifestanti e le bande di ultranazionalisti hindu, che hanno portato alla morte di almeno

53 persone e più di duecento feriti, per la maggior parte musulmani. La nuova norma concernente la cittadinanza va poi letta alla luce della volontà espressa dal governo di aggiornare il National Population Register (NPR), ovvero il database in cui vengono inseriti tutti i residenti abituali presenti sul territorio nazionale a prescindere dalla loro nazionalità, e che è necessario a creare il National register of Citizen (NRC), dove invece vengono inseriti solo i cittadini, con il fine di identificare gli immigrati irregolari (Bajoria, 2020). Nel 2019 il primo Stato a terminare questo aggiornamento è stato quello dell'Assam, che si trova nel nord del Paese, lasciando però fuori dall'NRC circa 2 milioni di persone, per la maggior parte facenti parte della minoranza musulmana, attraverso un processo che sembra essere avvenuto in maniera arbitraria da parte dei funzionari pubblici e dunque con un'alta probabilità che siano stati commessi degli errori (Samuel, 2019). Tutto ciò è stato accompagnato dalla costruzione di diversi campi di detenzione destinati a tutte le persone in attesa di provare la propria cittadinanza, in un Paese in cui riuscire a ottenere la documentazione necessaria è spesso problematico (Bajoria, 2020).

Ma le violenze e le discriminazioni non avvengono solo nel mondo reale: l'odio nei confronti dei musulmani è divenuto infatti una presenza fissa sui social network indiani, dando spazio a diverse teorie cospirazioniste e dimostrando l'incapacità delle piattaforme nel contrastare contenuti capaci di provocare conseguenze nella vita delle persone. Se infatti anche nella società civile indiana è aumentata la polarizzazione che si osserva anche in molte nazioni a noi più vicine, un ruolo rilevante è stato giocato dai social media, ed anzi in India sembra che la situazione sia stata anche peggiore che altrove. Ad esempio, lo scandalo dei c.d. "Facebook Papers" ha dimostrato che la piattaforma si è concentrata soprattutto nel tentare di gestire i contenuti negli Stati Uniti, tralasciando quanto avveniva in molti altri Paesi, utilizzando per il resto del mondo sistemi automatizzati non abbastanza sviluppati per lavorare sulle lingue presenti nello stato indiano (Pahwa, 2021). Tutto questo nonostante l'India rappresenti uno dei mercati più grandi per il colosso americano. Un esempio pratico dell'inefficacia dei controlli messi in atto da parte della compagnia riguarda la cospirazione a lungo circolata sui social media indiani del c.d. "Jihad dell'amore". Sostanzialmente, secondo questa teoria cospirazionista, condivisa dai nazionalisti hindu, i musulmani starebbero tentando di trasformare l'India in uno stato islamico sposando e facendo convertire le donne hindu. Non solo vi sono stati degli attacchi violenti contro i musulmani che intrattenevano relazioni con ragazze hindu, ma in almeno dieci stati indiani sono state approvate leggi per il divieto di conversione religiosa forzata che in sostanza vengono utilizzate per ostacolare le relazioni fra uomini musulmani e donne hindu (HRW, 2022).

La società indiana è dunque sempre più attraversata dall'odio che circonda la minoranza musulmana, odio spesso alimentato da esponenti di governo, gruppi nazionalisti hindu, che trova ampio spazio nell'ecosistema digitale indiano e che comporta, come si è visto nelle pagine precedenti, una crescente violenza fisica e psicologica nei confronti di queste persone. Tutti questi elementi sembrano dunque indicare un graduale ma deciso allontanamento dalla laicità che, pur non senza momenti di tensione religiosa e scontri, ha caratterizzato fino a questo momento la democrazia indiana.

III.   Una stampa sempre meno libera

L'involuzione democratica indiana si riflette fortemente anche sulla salute del mondo della stampa nazionale, che nel corso degli ultimi anni è peggiorato in maniera rilevante. Un indizio viene offerto dalla classifica redatta da Reporters Without Borders che la posiziona al 150esimo posto su 180 Paesi revisionati, segnalando anche peggioramento tra il 2021 - quando era al 142esimo - ed il 2022 (RSF, 2022). La stampa della democrazia più grande del mondo è quindi sempre meno libera da condizionamenti e nei pochi casi in cui svolge il proprio lavoro in maniera indipendente si ritrova sotto attacco, da parte dei sostenitori del BJP e dalle autorità nazionali. Prima di passare all'analisi degli ostacoli che i giornalisti indiani incontrano quotidianamente nel corso della loro attività, occorre fare un passo indietro e osservare un problema sistemico dell'ecosistema mediatico del Paese: la concentrazione della proprietà. Seppure infatti esistano nel paese più di 100 mila giornali e poco meno di 400 televisioni, la proprietà è nella maggior parte dei casi concentrata nelle mani di pochi gruppi imprenditoriali che spesso condividono fra loro una peculiarità particolare: gli uomini d'affari che li controllano hanno forti legami con il Primo Ministro indiano. È il caso del gruppo Reliance Industries, che possiede diversi canali televisivi e che è controllato Mukesh Ambani, uno degli uomini più ricchi dell'India, molto vicino a Modi. E ha recentemente destato forti preoccupazioni l'acquisizione da parte di Gautam Adani, che alcuni definiscono "l'oligarca di Modi", per uno dei pochi network ritenuto indipendente dall'influenza governativa, il New Delhi Television Ltd (NDTV) (Economist, 2022). Questa concentrazione ha fatto sì che le voci critiche dell'operato del governo riescano ad avere sempre meno spazio, limitando quindi il diritto ad essere informati da parte dei cittadini e lasciando invece molto spazio alla propaganda nazionalista del BJP. A tutto ciò si aggiunge poi il fatto che, nonostante le spesso enormi valutazioni in borsa, la situazione finanziaria della stampa indiana è tutt'altro che stabile. Ed è qui che si inserisce un altro elemento di pressione da parte del governo, sia nazionale che locale, in quanto è proprio tramite i finanziamenti statali ed i contratti pubblicitari con questi enti che i media riescono a sostenersi (RSF, 2022).

Il governo indiano è riuscito poi ad aumentare il proprio controllo anche sull'informazione digitale e sui contenuti pubblicati sui social network, spesso richiedendo la censura di diversi account. Nel febbraio del 2021 infatti è stato approvato l'Information Technology Rules che in sostanza dà al governo l'autorità di richiedere alle società digitali di rimuovere dai social network contenuti considerati una minaccia per la sicurezza dello stato e dell'ordine pubblico. Oltre al tema della concentrazione della proprietà, quando si parla di libertà di stampa in India si pone un altro rilevante problema: con una media di tre o quattro giornalisti uccisi ogni anno nello svolgimento del loro lavoro il Paese è uno dei più pericolosi al mondo per i media (RSF, 2022). In tutta la nazione si susseguono infatti casi di aggressione nei confronti di giornalisti, sia fisica che psicologica, con ripetute campagne coordinate di odio online verso le voci critiche della politica nazionalista del BJP. Tutto ciò avviene poi, come anche nel caso delle violenze nei confronti della minoranza musulmana, in un clima di impunità, come denunciato da diverse organizzazioni non governative, tra le quali Human Rights Watch.

IV.   Quale futuro?

Un'inversione di tendenza nel percorso che allontana Nuova Delhi dalla democrazia sembra difficile. Un uomo forte in grado di mantenere i consensi, istituzioni democratiche sempre più deboli e incapaci di opporsi a questo processo di involuzione, un'intolleranza crescente nei confronti delle minoranze e l'obiettivo di un'India omogenea dal punto di vista religioso. E dunque quale futuro? Quando Ramachandra Guha indica una vicinanza di Modi con personaggi come Putin o Erdogan sembra offrire una lettura che potrebbe avvicinarsi alla realtà. L'India si avvicina infatti sempre più a divenire un regime illiberale come quello russo o quello turco (Price, 2022). Fare previsioni rimane però molto complesso. Ciò che però si deve tenere a mente è che le conseguenze di un'involuzione di questo tipo difficilmente si limiterebbero a modificare unicamente l'assetto interno indiano. Sul piano internazionale la posizione indiana è oggi ambigua, vicina alla Russia, di cui non ha mai condannato l'invasione dell'Ucraina, e allo stesso tempo alleato sempre più scomodo dei partner occidentali (Terao, 2022). Non resta dunque che osservare quali saranno gli sviluppi futuri, per capire quanto ancora la più grande democrazia del mondo rimarrà tale.

V.   Fonti:

Agrawal, R. "Is India Losing Its Claim to Being a Democracy?", Foreign Policy, 14 dicembre 2022. https://foreignpolicy.com/2022/12/14/india-democracy-decline-ramachandra-guha/

Bajoria, J. "Shoot the Traitors - Discrimination Against Muslim under Indi's New Citizenship Policy", Human Rights Watch,   aprile   2020. https://www.hrw.org/sites/default/files/report_pdf/india0420_web_0.pdf

Ellis-Petersen, H. "What is Hindu nationalism and how does it relate to trouble in Leicester?", The Guardian, 20 settembre 2022. https://www.theguardian.com/world/2022/sep/20/what-is-hindu-nationalism-and-who-are-the-rss

"Freedom in the world 2022 Country Report: India", Freedom House.   https://freedomhouse.org/country/india/freedom-world/2022.

Guha, R. "Ramachandra Guha on the Growth of the cult of Modi",   The   Economist,   8   novembre   2021. https://www.economist.com/the-world-ahead/2021/11/08/ramachandra-guha-on-the-growth-of-the-cult-of-modi

"India: Government Policies, Actions Target Minorities", Human   Rights   Watch,   febbraio   2021. https://www.hrw.org/news/2021/02/19/india-government-policies-actions-target-minorities

"India: Suppression of Free Speech, Minorities", Human Rights   Watch,   gennaio   2023 https://www.hrw.org/news/2023/01/12/india-suppression-free-speech-minorities

"India",   Reporter   Without   Borders,   2022. https://rsf.org/en/country/india

Khosla, M., Vaishnav, M. "The Three Faces of the Indian State",   Journal   of   Democracy,   gennaio   2021. https://www.journalofdemocracy.org/articles/the-three-faces-of-the-indian-state/

Mangiarotti, E. "India, cosa c'è dietro la nuova ondata di violenze nel Kashmir, Istituto per gli studi di politica internazionale (ISPI), 9 giugno 2022. https://www.ispionline.it/it/pubblicazione/india-cosa-ce-dietro-la-nuova-ondata-di-violenze-nel-kashmir-35362

Mashal, M., Raj, S., Kumar, H. "As officials Look Away, Hate Speech in India nears Dangerous Levels", The New York Times, 8 febbraio 2022. https://www.nytimes.com/2022/02/08/world/asia/india-hate-speech-muslims.html

"Media freedom in India is under threat, again", The Economist, 29 agosto 2022. https://www.economist.com/asia/2022/08/29/media-freedom-in-india-is-under-threat-again

Mogul, R., Gupta, S. "India's Hindu extremists are calling for genocide against Muslims. Why is little being done to stop them?", CNN, 14 gennaio 2022 https://edition.cnn.com/2022/01/14/asia/india-hindu-extremist-groups-intl-hnk-dst/index.html

"The organs of India's democracy are decaying", The Economist, 12 febbraio 2022. https://www.economist.com/asia/2022/02/12/the-organs-of-indias-democracy-are-decaying

Pahwa, N. "The Facebook Crisis in India Might Be the Worst Facebook Crisi of All", Slate Magazine, 26 ottobre 2021. https://slate.com/technology/2021/10/facebook-papers-india-modi-misinformation-rss-bjp.html

Pant, H. "India", in "Il mondo nel 2023. Quiete dopo le tempeste…Really?", Istituto per gli studi di politica internazionale (ISPI), dicembre 2022, p. 61-64. https://www.ispionline.it/it/pubblicazione/il-mondo-nel-2023-quiete-dopo-le-tempeste-really-37321

Price, G. "Democracy in India", Chantam House, 7 aprile 2022. https://www.chathamhouse.org/2022/04/democracy-india

Saaliq, S. "At 75, India's democracy is under pressure like never before", Associated Press News, 12 agosto 2022.

https://apnews.com/article/religion-india-democracy-modi-ec43d9cb81c4f1b249b948e6f930fccf

Samuel, S. "India's massive, scary new detention camps, explained", Vox, 17 settembre 2019. https://www.vox.com/future-perfect/2019/9/17/20861427/india-assam-citizenship-muslim-detention-camps

Terao, J. "L'India alleata scomodo dell'occidente", Internazionale, 30 marzo 2022. https://www.internazionale.it/opinione/junko-terao/2022/03/30/india-russia-occidente

Varagur, K. "The clock is ticking: race to save 2 milion from statelessness in Assam", The Guardian, 20 novembre 2019. https://www.theguardian.com/global-development/2019/nov/20/race-to-stop-2-million-becoming-stateless-as-the-clock-starts-ticking-in-assam

"World Report 2023", Human Rights Watch, gennaio 2023. https://www.hrw.org/sites/default/files/media_2023/01/World_Report_2023_WEBSPREADS_0.pdf

Pechino, Tokyo e Seoul: Costruire un'Intesa Commerciale in Asia Orientale

Marco Zecchillo - Head Researcher, Mondo Internazionale G.E.O. Economia

Abstract

Negli ultimi 30 anni, Pechino è emersa come protagonista del commercio e dei mercati regionali e globali, a distanza di anni dal boom economico sperimentato prima dal Giappone e, successivamente, dalla Corea del Sud. L'adesione della Cina alla World Trade Organisation e la sua socializzazione con l'economia mondiale hanno reso il Paese uno degli attori più importanti, in particolare per quanto concerne il commercio regionale.

Nel cosiddetto "sistema Noodle-Bowl" costituito dall'intreccio di accordi commerciali nell'Asia Orientale e Sud-Orientale, arricchito dall'ultima entrata in vigore del RCEP (Regional Comprehensive Economic Partnership), un accordo di libero scambio formalizzato tra questi tre Paesi è ancora assente. In particolare, le tre componenti dell'Asia Orientale sono coinvolte in diverse iniziative regionali, tra cui il già citato RCEP, i forum ASEAN+3 e +5 e il vertice trilaterale Cina-Giappone-Corea del Sud. Finora, tuttavia, non si è ancora giunti a un vero e proprio accordo che coinvolga esclusivamente queste tre parti.

Il presente articolo fornirà un'analisi delle posizioni economiche dei tre Stati e della regione e una valutazione di come questi possano trarre vantaggio da un livello più intenso di integrazione economica tra di loro.

Parole Chiave: Asia Orientale, Investimenti, Commercio, ASEAN, RCEP.

Keywords: East Asia, Investments, Trade, ASEAN, RCEP

I.   Dare un Senso al Regionalismo nell'Asia Orientale

Le teorie che spiegano il motivo per cui nascono l'integrazione o la cooperazione ipotizzano che nella propensione dei Paesi a istituire iniziative regionali concorrano più fattori oltre al puro commercio. A tale riguardo, il regionalismo non è necessariamente caratterizzato da incontri diplomatici tra negoziatori finalizzati alla firma di un trattato ufficiale. Le costruzioni regionali si sviluppano a partire dalla reciproca socializzazione dei Paesi e, con lo scorrere del tempo, tramite interazioni reiterate, dall'identificazione di interessi comuni. In seguito alla globalizzazione, è sempre più probabile che, in primis, i Paesi si trovino a interagire gli uni con gli altri. In secondo luogo, è a partire da questi legami tra i Paesi che si instaurano relazioni di interdipendenza, che potrebbero favorire il regionalismo. Tale discorso, inoltre, può essere applicato, oltre al mondo politico, anche a quello commerciale e aziendale (Purba, 2021).

È opportuno distinguere, inoltre, tra la cooperazione e l'integrazione. Quest'ultima, ad esempio, presuppone la nascita di strutture di governance intergovernative o addirittura sovranazionali, il che non è scontato quando si intende solo la cooperazione. Ciò per sottolineare che, sebbene non siano ancora presenti meccanismi di governance comuni che coinvolgano solo la Cina, il Giappone e la Corea del Sud, ciò non implica necessariamente che non vi siano spinte verso il regionalismo tra di esse.

Benché il commercio non possa fungere da unica determinante del motivo per cui l'integrazione si manifesta, costituisce di fatto un significativo fattore esplicativo (Dent, 2017). In tal proposito è necessario, al fine di comprendere al meglio la regione, discernere tra il regionalismo e la regionalizzazione. Nella teoria politica, il regionalismo viene generalmente inteso come una volontà politica di creare strutture sovranazionali (*top-down*), mentre la regionalizzazione concerne un processo spontaneo tra differenti società che vanno a integrarsi tra di loro (*bottom-up*). Quest'ultima viene definita non solo da fattori politici, ma anche, tra gli altri, dalla demografia di una particolare regione, fattore che poi è esacerbante di determinate conseguenze legate ai flussi commerciali (Hoshiro, 2010). In questo senso, un'ulteriore sfida consisterebbe nel comprendere la direzione del fattore che provoca la conseguenza. Problematicamente, è il commercio a favorire l'integrazione o viceversa? O ancora, è il commercio la conseguenza della prossimità geografica tra due o più Paesi (che aumenta la probabilità di sviluppare interdipendenza?).

Cina, Giappone e Corea del Sud hanno considerevoli relazioni commerciali tra di loro. I dati della Harvard University evidenziano che la Cina è la principale destinazione delle esportazioni di Giappone e Corea del Sud, laddove il Giappone risulta essere il terzo partner delle esportazioni cinesi. La Corea del Sud si colloca al 5° posto ("Atlas of Economic Complexity", 2022).

Un aspetto interessante del processo di sviluppo commerciale dell'Asia orientale è il fatto che i tre Paesi abbiano attribuito nel tempo una crescente rilevanza l'uno nei confronti dell'altro. In gergo commerciale, ciò implica che gli scambi con i Paesi dell'Asia (e, più specificamente, con i membri dell'ASEAN) ricoprono attualmente una quota più ampia degli scambi complessivi di Giappone, Cina e Corea del Sud. Nel caso della Corea del Sud e del Giappone, il rafforzamento della quota del commercio intra-asiatico è riconducibile alla rilevanza acquisita da Pechino tra la fine degli anni '90 e l'inizio degli anni 2000. Diversamente, nel caso della Cina, è possibile apprezzare come il volume degli scambi con i partner del Sud-Est asiatico abbia subito un incremento sia in termini assoluti che in termini relativi (ovvero, come percentuale del totale delle esportazioni cinesi e in termini di volume complessivo).

Per citare un breve esempio quantitativo, la percentuale di export volto alla Cina sul totale delle esportazioni del Giappone è passata dal 6,7% del 2000 al 22,7% del 2020. Nel caso della Corea del Sud, la percentuale legata alla Cina è aumentata dall'11,2% al 27%.

Ciò va a denotare una prospettiva per un avvicinamento più serrato. L'aumento degli scambi commerciali, tuttavia, definisce in genere un livello di dipendenza e di interdipendenza più alti. Questo aspetto potrebbe spingere, inversamente, Cina, Corea del Sud e Giappone a tentare di diversificare le proprie importazioni e destinazioni di export, il che appare come non direttamente favorevole per un accordo commerciale tripartito.

Un successivo sviluppo nella regione che è in grado di indurre i Paesi a desiderare una più stretta cooperazione o integrazione può essere identificato nell'esistenza di delle catene del valore regionali (Pomfret, 2014). In una catena del valore regionale si riscontra la contemporanea esistenza di fasi produttive a monte, centrali o primarie e a valle in un'area circoscritta del pianeta.

In tale contesto, le operazioni a monte si concentrano in particolare sulla Ricerca e Sviluppo e sui servizi correlati ai mezzi di produzione, le attività primarie si focalizzano sulla parte materiale della produzione (la fabbricazione, nel caso dei beni), mentre le attività a valle si riferiscono alle pratiche di marketing e ai servizi correlati alla vendita.

Nelle prime fasi della sua apertura economica, il costo del lavoro relativamente modesto della Cina ha attratto le società multinazionali provenienti dal più industrializzato Giappone alla ricerca di soluzioni efficienti e di vantaggi di localizzazione. L'industrializzazione della Repubblica Popolare Cinese, la sua ascesa come fulcro della produzione regionale e l'aumento della porzione di commercio totale verso i partner dell'Est e del Sud-Est asiatico testimoniano l'esistenza di tali catene del valore e del fenomeno della specializzazione verticale. L'intensità delle catene del valore in Asia Orientale ha acquisito maggiore velocità negli ultimi due decenni, ed esse risultano essere robuste nei confronti dei cambiamenti nei costi del commercio (Shepherd et al., 2021).

I dati recenti, tuttavia, sembrano confermare un cambiamento nel ruolo svolto dalla Cina nell'area, la quale sta acquisendo una certa appetibilità per gli Investimenti Diretti Esteri (IDE) non più per la sua manodopera a basso costo, ma per il suo vasto mercato di consumo e per le prospettive di sviluppo tecnologico (Zhang, 2011). Un'idea che è possibile allargare all'intera regione. Nella prospettiva del Fondo Monetario Internazionale, Pechino è ora una realtà sempre meno orientata alla produzione o all'assemblaggio di input intermedi e maggiormente al consumo (Rhee, 2022), sebbene questo slittamento sia destinato a rallentare. Allargando brevemente la visione alle catene del valore in Asia Orientale e Sud-Orientale, esse paiono essere dirette verso tali mutamenti dei ruoli svolti dai paesi. Il lavoro di assemblaggio che precedentemente era svolto dalla Cina potrà divenire una prerogativa di alcuni membri dell'ASEAN, tra i quali spicca il Vietnam (Khor et al., 2020).

Parallelamente a tali aspetti, nella regione dell'Asia Orientale si è osservata una tendenza alla proliferazione di iniziative di cooperazione commerciale promosse in un primo momento prevalentemente dal Giappone (Pomfret, 2014), benché nessuna di esse si sia mai rivolta alla costituzione di impegni più estesi di un'area di libero scambio (vale a dire, l'istituzione di unioni doganali con la definizione di una tariffa esterna comune e condivisa).

Un accordo di libero scambio Cina-Giappone-Corea del Sud si innesta in tale contesto di intrecci di impegni, accordi bilaterali e più ampi, detti anche "Noodle-Bowl" per il loro complesso intersecarsi.

Nel paragrafo seguente, dato lo status dell'area, si delineeranno i risultati previsionali di un accordo di libero scambio completo tra questi tre nodi cruciali per l'economia regionale e globale.

II.   Valutazione della Praticabilità dell'FTA

La concretizzazione dell'FTA CJK, come accade nel caso di ogni accordo commerciale, comporta lunghi negoziati e un'attenta riflessione da parte dei *policymaker* a livello nazionale, affinché la partnership non risulti dannosa per la propria economia. I negoziati per il conseguimento di questo accordo hanno avuto origine già nel 2012 (la cui prima proposta risale al 2002). Da allora si sono succeduti 16 cicli di negoziati riguardanti una serie di questioni inerenti il commercio di beni, i servizi e gli investimenti.

In linea generale, si ritiene che il successo di un'integrazione economica dipenda dall'assenza di eterogeneità eccessive fra i membri che vi aderiscono. In particolare, nel caso di un FTA, questo si riferisce all'esistenza di livelli di sviluppo comparabili e di redditi similari. D'altra parte, tuttavia, si può affermare che redditi simili tra i Paesi possano costituire un effetto endogeno conseguente all'avvio dell'integrazione e che la convergenza avvenga in maniera automatica con il passare del tempo (Estrada et alia, 2012).

Il GNI pro capite della Cina (per riferimento, il Gross National Income è il restante reddito dei residenti di un'economia al netto dei pagamenti dei debiti verso l'estero e dei crediti dall'estero verso i cittadini) è stato stimato a poco più di 19.000 dollari all'anno, aggiustato per la PPA (Parità del Potere di Acquisto) (Banca Mondiale, 2022). Un fenomeno interessante è il sorpasso della Corea del Sud a scapito del Giappone, avvenuto nel 2019. La Corea ha accelerato la sua crescita, mentre il GNI pro capite del Giappone ha mostrato segni di stagnazione per diversi anni. I livelli attuali, secondo l'analisi della Banca Mondiale, si situano a 47,5 mila dollari per la Corea del Sud e 44,6 mila dollari per il Giappone, adeguati in base alla PPA.

Ciò lascia supporre che la Corea stia ancora perseguendo il suo percorso per mostrarsi come una media potenza, il che potrebbe determinare un caso singolare o peculiare, dato che le medie potenze tendono a mostrare un livello considerevole di specializzazione in questioni ristrette o mercati di nicchia.

È ancora presto, tuttavia, per affermare la convergenza della Cina verso i suoi vicini. In ogni caso, le proporzioni della Cina rispetto alle altre due nazioni rendono ogni confronto difficile da comprendere. In base all'ipotesi precedente, condivisa anche da altri economisti come Richard Baldwin, la convergenza è un fenomeno endogeno che deriva dall'atto stesso di istituire un'area di libero scambio.
In più, come afferma la famosa teoria di Walter Isard, è più probabile che i vicini abbiano più scambi tra loro che con Paesi lontani, in virtù dell'idea che esista un modello di gravità, simile alla legge di Newton, anche per gli scambi commerciali.
È curioso notare che, proprio secondo tale modello, il PIL combinato di due ipotetici partner commerciali appare correlato (e non causato), in quasi tutti i casi, a una maggiore crescita degli scambi. Pertanto, seguendo il modello, che non presuppone che l'aumento del PIL porti a un aumento del commercio reciproco in tutti i casi, è possibile prevedere che se gli output dei tre Paesi aumentano, è molto più probabile che essi effettuino più scambi tra loro. Un aspetto in controtendenza a tal proposito è il caso del Giappone, il cui PIL complessivo è rimasto stazionario negli ultimi 27 anni (WB, 2022), dopo aver raggiunto un picco nel 1995, superato solo di poco dal massimo storico del 2012.

Secondo gli analisti (Lim, 2001), i flussi di investimenti diretti esteri (che si riferiscono a iniziative a lungo termine volte a stabilire un controllo di minoranza o di maggioranza su un'azienda straniera da parte di un residente di un'economia) sono tendenzialmente più elevati quando gli scambi commerciali sono più elevati. Nel caso dell'Asia orientale, questa affermazione del 2001 sembra essere dimostrata dall'evoluzione degli investimenti in questa regione. Secondo l'Asia-Pacific FDI Trends and Outlook in the Asia and the Pacific 2022/23 pubblicato dall'UNESCAP, alcuni tipi di investimenti in entrata verso quest'area dall'esterno sono rimasti resistenti sia alla pandemia che alle pressioni geopolitiche, aumentando del 6% nel 2022 (UNESCAP, 2022). Questo vale in particolare per gli investimenti *Greenfield*, che consistono in interventi finalizzati alla creazione di una struttura produttiva ex novo (a differenza degli investimenti *Brownfield*, in cui un'azienda è già esistente).

Nonostante ciò, gli investimenti intra-regionali hanno subito un rallentamento durante la pandemia, con impatti che sono stati particolarmente negativi per quanto riguarda le fusioni e acquisizioni (M&A).

Tuttavia, si sostiene in generale che le potenzialità dell'introduzione di un'area di libero scambio tra un insieme di paesi si rafforzano quando si registrano già ampi flussi di scambi di beni e investimenti.

Un importante indicatore della desiderabilità di un FTA, o un importante fattore del suo successo, è rappresentato dall'elevato livello di sostituibilità dei beni (Estrada et alia, 2012). Secondo questo criterio, un prerequisito dovrebbe essere la facilità di un Paese a spostare le proprie importazioni da Paesi terzi a Paesi membri dell'FTA senza comprometterne la qualità. Per quanto riguarda un accordo di libero scambio Cina-Giappone-Corea del Sud, Pechino ha la possibilità di spostare le sue importazioni di macchinari dall'Unione Europea e dagli Stati Uniti verso il Giappone e la Corea del Sud, innescando il fenomeno noto come "Trade Creation".

III.   L'RCEP: costituirà una spinta verso l'accordo di libero scambio?

In quanto a impegni, l'RCEP, il Regional and Comprehensive Economic Partnership, che è entrato in vigore nel 2022, manifesta sin d'ora la volontà delle parti di avviare un processo di riduzione delle tariffe doganali.

In questo accordo commerciale sono riuniti i Paesi dell'ASEAN, la Cina, il Giappone, la Corea del Sud, l'Australia e la Nuova Zelanda. Secondo Yu et al., gli obiettivi finali di massima liberalizzazione dei Paesi firmatari (che si riferiscono alla quota di merci sottoposte a un trattamento tariffario dello 0%) sono già a livelli molto elevati. Tuttavia, gli impegni più generosi da parte di Giappone, Corea del Sud e Cina non riguardano i rapporti reciproci, ma quelli con altri Paesi, in modo particolare con i membri dell'ASEAN. Ad esempio, la Repubblica Popolare Cinese ha concordato che il 90,5% delle merci scambiate con l'ASEAN sarà sottoposto a un trattamento tariffario dello 0% (Yu et alia, 2021). Questo dato è inferiore rispetto al Giappone (86%) e alla Corea del Sud (86%).

Questi livelli sono inferiori rispetto agli impegni dell'Australia, che si è impegnata ad applicare lo 0% di tariffe sul 98,3% delle merci scambiate con tutti i firmatari dell'accordo RCEP.

L'intesa si va a inserire, inoltre, in un contesto di crescita del volume degli investimenti diretti esteri di alcuni paesi verso altri partner regionali (Matsuura, 2022). In particolare, traspare una crescita di tali volumi verso i membri dell'ASEAN, ove sono presenti vantaggi in termini di ottimizzazione dei costi di produzione (ossia, nella fase "upstream" della supply chain).

Vi è quindi un margine per un'ulteriore liberalizzazione. Rimane una questione sostanziale, ossia la possibile ricaduta negativa di un accordo di libero scambio CJK sui Paesi della regione che non aderiscono all'accordo, che si concretizzerebbe con un calo del PIL e del welfare. Le ricerche antecedenti all'accordo hanno evidenziato come un FTA dell'ASEAN + 3 avrebbe aumentato sia il Prodotto Interno Lordo che il welfare dei blocchi commerciali firmatari del patto (Thorbecke, 2012). In aggiunta, fonti più recenti (Tian et alia, 2021), hanno evidenziato la presenza di un effetto positivo sui salari reali nei paesi firmatari a seguito dell'istituzione del RCEP.

Per quanto riguarda l'accordo trilaterale, alcuni analisti ritengono che un effetto sul welfare possa essere negativo per i Paesi extra-RTA, soprattutto all'interno della regione (Greenberg, 2015).

Da una certa prospettiva, un accordo di libero scambio tra Paesi vicini con PIL in espansione in due di essi su tre suggerirebbe un risultato vantaggioso per le parti firmatarie. Secondo un'altra prospettiva, la creazione di scambi commerciali deviati (trade diversion) che comportano un impatto negativo in termini di PIL e di welfare per i Paesi limitrofi può costituire un aspetto negativo anche per i tre Paesi. Questo fattore potrebbe creare un ostacolo nella visione della volontà della Cina di accreditarsi come attore regionale di primo piano e come forza positiva agli occhi dei suoi partner.

È incerto se questi sviluppi possano fungere da motore per favorire il raggiungimento dell'accordo di libero scambio CJK, atteso da tempo. Da un lato, gli obblighi di liberalizzazione assunti dalle tre parti sono già elevati tra di loro nel quadro dell'RCEP, il che potrebbe creare un problema di ridondanza. Nel quadro del cosiddetto sistema Noodle-Bowl esistente nell'Asia Orientale e Sud-Orientale, l'aggiunta di un ulteriore accordo potrebbe generare minimi effetti marginali.

D'altro canto, Cina, Corea e Giappone potrebbero percepire il raggiungimento di un Accordo di libero scambio tra loro come la chiave per garantire maggiore stabilità alle loro economie, visti gli attuali shock geopolitici in tutto il mondo, che hanno un impatto importante sull'inflazione e, di conseguenza, sul mercato e sulla competitività.

IV.   Conclusioni

L'accordo di libero scambio tra Cina, Giappone e Corea del
Sud è ancora in fase di elaborazione. Stabilire se i recenti
sviluppi determinino un ostacolo o una facilitazione
dell'accordo è ancora prematuro da definire. Siamo testimoni
di alcuni aspetti chiave in favore di esso, tra cui la tendenza
generale alla liberalizzazione, la proliferazione degli accordi
commerciali nella regione e gli shock geopolitici che
potrebbero spingere verso una maggiore integrazione. Al
contrario, il rischio di danneggiare altre economie e una
potenziale eccessiva eterogeneità tra i tre Paesi rischia di
minacciare le loro agende regionali, un fattore particolarmente
importante per quanto riguarda la volontà della Cina di
proporsi come forza economica benevola per la regione
dell'ASEAN e per partner al di fuori di essa. Per quanto
concerne il Giappone, la continua crescita della dipendenza in
termini commerciali e di investimenti con altre economie
regionali è rilevante nell'ipotizzare gli sviluppi per l'intesa
CJK. Da tenere in considerazione è, certamente, la
stagnazione del PIL del Sol Levante dalla seconda metà degli
anni Novanta, nonostante spesso il paese intenda accrescere la
sua proattività, anche in ambito economico-commerciale
(Black, 2017).
La lettura proposta dalla presente analisi è duplice. Da una
parte, la liberalizzazione e l'interdipendenza sono terreno
fertile per le intese commerciali. È vero, tuttavia, che tale
affermazione può anche essere soggetta a nessi di causalità
inversi. D'altro canto, le variazioni nei rapporti di forza
economica avvenuti negli scorsi decenni, le storiche questioni
geopolitiche e il bisogno di diversificazione paiono
allontanare la prospettiva dell'accordo a tre.

V.   Fonti:

Black L., *Japan's Aspirations for Regional Leadership,* vol. 37(2), Japanese Studies, pp. 151-170, giugno 2017.

Dent C., *East Asian Integration Towards an East Asian Economic Community,* n.665, ADBI Working Paper Series, Asian Development Bank, febbraio 2017.

Estrada G., Park D., Park I., Park S., *The PRCs FTA with ASEAN, Japan, and the Republic of Korea: A Comparative Analysi*s, n.92, ADB Working Paper Series on Regional Economic Integration, gennaio 2012.

Greenberg J., *The elusive China-Japan-South Korea Free Trade Agreement,* NPS Institutional Archive, Naval Post Graduate School, settembre 2015.

Hoshiro H., *Regionalisation and Regionalism in East Asia,* n.162, ISS Discussion Papers, Institute on the Study of Social Science, 2010.

Matsuura T., *Investment Liberalisation in East and Southeast Asia,* n. 457, Discussion Papers, ERIA, ottobre 2022.

Khor H., Foo S., *What Lies Ahead for Global Value Chains in Asia?,* East Asia Forum, ASEAN Macroeconomic Research Office, luglio 2020.

Pomfret R., Sourdin P., *Global Value Chains and Connectivity in Developing Asia-With Application to the Central and West Asian Region,* n.142, ADBI Paper Series on Regional Economic Integration, ADB, novembre 2014.

Purba A. Siahaan C., *The Effects of Globalisation on International Communication and World Business,* Christian University of Indonesia, novembre 2021.

Rhee C., Berger H., Chen W, *China's Shift to Consumption-Led Growth can Aid Green Goals,* Fondo Monetario Internazionale, gennaio 2022.

Shepherd B., Prakhash A., *Global Value Chains and Investments: Changing Dynamics in East Asia,* n.1, ERIA Research Project Report, ERIA, aprile 2021.

Tian K., Zhang Y., Li Y., Ming X., *Regional Trade Agreement Burdens Global Carbon Emission Mitigation*, Chinese Academy of Sciences, agosto 2021.

Thorbecke W., Salike N., *Understanding FDI in East Asia*, n. 290, ADBI Working Paper Series, Asian Development Bank, giugno 2011.

UNESCAP, *Asia-Pacific Foreign Direct Investment Trends and Outlook in Asia and the Pacific*, in *Asia-Pacific Trade Briefs*, novembre 2022.

Zhang N., *Foreign Direct Investment in China: Determinants and Impacts,* University of Exeter, settembre 2011.

Dati sugli scambi commerciali sono derivati da *Atlas of Economic Complexity* e dai database della *Banca Mondiale*. Consultati a gennaio 2023.

Ulteriori informazioni sulle negoziazioni del trattato sono disponibili al sito del Ministero degli Affari Esteri del Giappone, all'interno della sezione *Economic Diplomacy*.

www.ingramcontent.com/pod-product-compliance
Lightning Source LLC
Chambersburg PA
CBHW070325220526
45467CB00001B/36